AF468242

ESSAI
PHISIQUE
SUR
L'OECONOMIE
ANIMALE.

2 feuillets, p. LVI ; 48 feuillets, p. 296
et table

ESSAI
PHISIQUE
SUR
L'OECONOMIE
ANIMALE.

Par FRANÇOIS QUESNAY, *Maitre ès Arts, Chirurgien reçu à S. Côme, Membre de la Societé Academique des Arts, & de l'Academie des Sciences & Belles Lettres de Lyon; Chirurgien de* MONSEIGNEUR LE DUC DE VILLEROY.

A PARIS.

Chez GUILLAUME CAVELIER, près la Fontaine saint Severin au Lys d'or.

M. DCC. XXXVI.

Avec Approbations & Privilege du Roi.

A TRES-HAUT

ET TRES-PUISSANT SEIGNEUR

MONSEIGNEUR

ADRIEN MAURICE

DUC

DE NOAILLES,

Pair & Maréchal de France, Grand d'Espagne de la premiere Classe, & Capitaine Géneral des Troupes de S.M. Catholique, Chevalier des Ordres du Roi & de celui de la toison d'or, Premier Capitaine des Gardes du Corps de Sa Majest., Gouverneur & Capitaine Ceneral de la Province du Rouſſillon, Conflans & Cerdaigne, Gouverneur des Ville & Citadelle de Perpignan, Gouverneur & Capitaine des chaſſes de S. Germain en laye, Verſailles, Marli & dépendances, Géneral des Troupes de Sa Majeſté en Italie.

ONSEIGNEUR,

J'ai l'honneur de vous préſenter un livre dont Votre GRANDEUR *a paru approuver les premieres idées; préjugé favorable qui m'a engagé de l'entreprendre & de le mettre au jour. Heureux ceux qui peuvent entrer dans les vuës que vous avez*, MONSEIGNEUR, *pour la perfection des beaux arts, & pour le bien public ; ils trouvent un accès libre auprès de Votre* GRANDEUR, *toujours disposée à leur donner de sages conseils, à les animer au travail, à les soutenir de sa puissante protection. J'ai moi-même eu le bonheur d'éprouver ce que doivent attendre de vous, ceux que le goût pour les sciences engage dans d'utiles recherches, & il faut*, MONSEIGNEUR, *que vous me permettiez de le publier. Livré aux affaires les plus importantes ; fournissant glorieusement la carrie-*

re des Heros ; entierement occupé à defendre la patrie, Vous avez daigné cependant penser à moi, m'honorer d'un acceüil gracieux, me faire des offres avantageuses. Tant de bontés dont vous avez bien voulu me prévenir, m'engagent, & m'autorisent même, à saisir cette occasion pour vous marquer ma vive reconnoissance, & le profond respect avec lequel j'ai l'honneur d'être.

MONSEIGNEUR,

DE VOTRE GRANDEUR,

Le très-humble & très-obéïssant serviteur F. QUESNAY.

DISCOURS

SUR LA THEORIE & l'experience en Medecine ; ce que l'on doit entendre par ces deux choses, & quel est l'usage de l'une & de l'autre pour la pratique.

Présenté à l'Academie des sciences & belles lettres de Lion, le 15. Fevrier 1735.

MON établissement en province * m'a mis dans la nécessité absoluë de m'appliquer autant à l'étude de la Medecine, qu'à celle de la Chirurgie ; & pendant environ vingt ans que j'y ai exercé sans relâche, ces deux professions ensemble, j'ai été fort attentif à remarquer quelles sont les connoissances que l'on peut ac-

* L'Auteur étoit établi à Mante sur Seine, d'où Mgr. le Duc de Villeroy l'a retiré depuis peu, pour le placer auprès de lui.

querir dans l'art de guérir, par cequ'on appelle vulgairement expérience, & combien on peut compter sur les recherches que l'on fait du côté de la théorie, pour nous éclairer dans la pratique de cet art.

Ces deux parties, je veux dire la théorie & l'expérience, qui se concilient parfaitement bien, lorsqu'elles se trouvent réünies dans une même personne, se sont de tout tems, mais envain, livré une guerre continüelle, lorsqu'elles se trouvent séparées. Les combats entre les Medecins de cabinet, & les Medecins *Cliniques*, n'ont pû faire que l'une ait prévalu sur l'autre : les uns ont beau faire valoir les connoissances qu'ils acquierent par leur étude, & les autres celles qu'ils acquierent au lit des malades, l'on s'apperçoit toujours de l'insuffisance de ces connoissances de part & d'autre, lorsqu'elles sont ainsi désunies ; & l'on reconnoît même que cette théorie & cette expérience, ne peuvent exister qu'en se donnant réciproquement l'être : autrement ce sont des fictions ou des noms ſans réalité, puiſque la vraie théorie ne peut nous rapporter que des choſes expérimentées & obſervées dans la nature, & que l'expérience ne peut rien établir, ni conſtater avec préciſion, qu'en ſuppoſant au préalable, des connoiſſances ſuffiſantes pour diſtinguer les cas particuliers où nos expériences ont lieu. Car peut-on dire, par exemple, qu'un tel remede a guéri une ériſipelle, ſi on n'eſt pas inſtruit de la difference qu'il y a entre une ériſipelle & un œdeme, ou une autre maladie; en un mot qu'on ne ſache bien ce que c'eſt que cette maladie, à qui l'on a donné le nom d'ériſipelle : ainſi quiconque veut ſe prévaloir de ſon expérience, au préjudice de la théorie, n'agit point en homme ſage, il manifeſte ſon ignorance & ſon incapacité.

Cependant il faut convenir, que ſi l'on veut entendre ces noms d'expérience & de théorie, ſelon la ſignification qu'on leur donne vulgairement, lorſqu'on fait batailler ces deux parties l'une contre l'autre, on pourra mieux découvrir le fond de la dispute, & examiner en quoi consiste la question. Mais alors ces significations vulgaires, nous obligeront de distinguer trois sortes de théories, & trois sortes d'expériences.

La premiere de ces théories est simplement expositive, en ce qu'elle ne fait qu'exposer, décrire, détailler, & distinguer les êtres ou les choses qui dépendent de l'art de guérir; comme les differentes maladies, les differens remedes, les descriptions anatomiques, les divers phenomenes qui caracterisent les differens états du corps humain, soit en santé, soit en maladie; sans entrer au surplus dans l'explication de leurs causes, ou de tout ce qu'il y a de caché. Cette espece de théorie est si visiblement nécessaire, qu'il n'y a personne parmi ceux qui exercent l'art de guérir, qui ne se pique d'y être sçavant, ou qui ne rougît s'il s'y trouvoit pris en défaut: ainsi ce n'est point sur cette théorie que l'expérience veut l'emporter; car il est évident qu'elle est absolument indispensable, & que rien ne peut y suppléer.

La seconde espece de théorie, est l'histoire de la théorie même. Beaucoup pensent qu'il est honteux d'ignorer, qu'est-ce au juste, qui a découvert tel ou tel fait d'anatomie, de chimie, de botanique, de chirurgie, & de qui nous tenons telle doctrine, telle opinion, telle methode; depuis quel tems une maladie a commencé à paroître, d'où elle est venuë, ses progrès &c. Cette espece de théorie est plus curieuse qu'utile. C'est assez qu'on sache les choses telles qu'elles sont dans leur état présent; il importe peu pour la pratique, d'en connoître la datte, le lieu de leur origine, les Auteurs qui en ont traité les premiers, les changemens qui leur sont survenus, & toutes les circonstances qui y ont contribué. Au surplus un praticien un peu occupé, ne peut pas faire à fond cette étude par lui-même; elle demande une érudition immense, qui ne convient qu'à quelques particuliers dévoüés à faire sur ce sujet, toutes les recherches qu'ils jugent à propos, pour en composer des traités exprès, où l'on puisse ensuite à bien moins de frais, se donner, si l'on veut, ces sortes de connoissances. On s'apperçoit assez que ce n'est point encore de cette espece de théorie, dont il est question de faire militer contre l'expérience; parcequ'il est incontestable qu'indépendamment d'elle, on peut être fort bon Praticien.

Mais la querelle tombe précisément sur la théorie *Etiologique*, ou celle qui explique le mécanisme du corps humain, qui recherche les causes des maladies, qui rend raison de l'opération des remedes, qui leve ses indications sur l'état présent de la machine dérangée, qui regle selon le tems & les circonstances, l'administration des secours qui doivent être mis en usage dans le cours d'une maladie. Le malheur est que cette troisiéme espece de théorie, qui est si essentielle, est bien plus imparfaite, bien plus incertaine & bien plus difficile que les autres : delà vient que ceux qui n'ont pas beaucoup de goût pour l'étude, & qui se répandent au-contraire beaucoup dans le monde, dédaignent cette théorie, & se font valoir par une prétenduë expérience qui est le subterfuge de tous les ignorans, & que tout Praticien peut s'attribuer; parcequ'il suffit qu'on ait paru en exercice, pour avoir droit de s'en prévaloir. Mais aussi quiconque ne tire que delà son mérite, ne peut se distinguer du plus miserable empirique, qui, comme les autres, appuïe & fait valoir sa mauvaise routine par un grand nombre de guérisons qu'il croit avoir faites; au-lieu que celui qui fonde, autant qu'il est possible, sa pratique sur des indications solidement raisonnées, n'a pas moins d'expérience que les autres; mais avec un grand avantage de plus, qui est de n'être pas si facilement trompé par de fausses apparences, qui donnent continuellement le change à ceux qui se reglent sur une expérience aveugle. Ces reflexions & d'autres que je vais vous exposer, m'ont toujours fait sentir la nécessité indispensable qu'il y a de ne jamais négliger cette théorie, & j'ose dire plus, elles m'ont déterminé à faire de nouvelles recherches sur la phisique du corps humain sain & malade, à composer même un traité sur l'œconomie animale, qui va courir les risques de l'impression, & un autre ouvrage qui le doit suivre immédiatement, sous le titre de l'art *de guérir par la saignée*, où l'on examine les causes & les effets des principaux dérangemens, auxquels notre machine est continuellement exposée, avec les indications que l'on peut tirer de ces dérangemens mêmes pour y remedier. Je ne crois pas cependant, en donnant ces ouvrages; faire un grand présent au public; mais tout défectueux qu'ils peuvent être, je compte que je suis néanmoins fort excusable de ne les avoir pas rendus plus accomplis: la matiere que j'y traite, ne doit pas être plus facile pour moi, que pour tous ces grands maîtres qui s'y sont le plus appliqués, même dans ces derniers tems, & qui nous font assez connoître par leurs ouvrages, qu'il n'est pas encore possible, avec les connoissances où l'on est parvenu, de traiter parfaitement un sujet si vaste & si abstrus. D'où l'on peut encore remarquer que ce n'eſt que par degrés, & même fort lentement, qu'on fait du progrès dans ce genre de théorie, & qu'il eſt abſolument impoſſible par-conſéquent d'y travailler, qu'on ne s'expoſe ſucceſſivement à la critique les uns des autres ; plus ou moins cependant ſelon la méthode qu'on tient pour découvrir & pour aſſurer ce qu'on établit, comme nous allons le faire voir, après que nous aurons parcouru les diſtinctions qu'il convient de faire ici, par rapport à ce que l'on appelle expérience.

La premiere eſpece d'expérience, conſiſte principalement dans l'obſervation exacte, de tous les changemens ſenſibles que peuvent cauſer les maladies ſelon leur nature, & ſelon les accidens qui les accompagnent. C'eſt d'elle que nous tenons cette premiere eſpece de théorie dont nous avons parlé, qui nous donne l'hiſtoire des maladies, leurs ſignes, les apparences qui menacent, ou qui peuvent raſſurer par rapport à l'évenement. Cette partie ne s'appelle point expérience, par rapport à ceux qui ne connoiſſent encore ces choſes que par récit : elle n'eſt expérience que pour ceux qui ont appris à les connoître par eux-mêmes ſur les malades, & qui ont acquis à cet égard une telle habitude, qu'à l'examen ou à l'inſpection d'un malade, ils ſont frappés de toutes les particularités qui caractériſent ſa maladie ; ils en ſont frappés, dis-je, d'une maniere qui la leur fait connoître bien plus ſurement, & bien plus parfaitement, que par aucune deſcription qu'on pourroit leur en faire ; parcequ'il ſe remarque dans les maladies bien des choſes que les ſens, par un grand uſage, peuvent ſaiſir exactement, & qu'il n'eſt pas poſſible de bien faire comprendre par des termes ; du moins à ceux qui n'ont point encore cet uſage. Delà vient que cette habitude eſt regardée comme une expérience qu'il faut acquerir par ſoi même, & qui eſt incommunicable : expérience qui, par-conſéquent, donne l'avantage à un Praticien conſommé, ſur un novice (toutes autres choſes égales) car plus de genie, ou plus de ſcience dans le dernier, pourroit beaucoup déranger notre comparaison, qui décide en faveur du premier, c'est-à-dire en faveur de celui qui a le plus exercé. Cette expérience particuliere, fait bien à la verité appercevoir l'état du malade, mais elle ne nous apprend pas à y remedier ; ainsi ce n'est point d'elle que veulent parler ceux qui prétendent qu'on doit, dans la cure des maladies, préferer l'expérience à la théorie.

Ils entendent l'expérience de reüssite, c'est-à-dire celle qui est fondée sur les évenemens qui suivent les remedes mis en usage, & que l'on croit être l'effet de ces remedes ; ensorte que plus un Praticien a par de vers lui de ces faits de pratique, plus on dit qu'il a d'expérience, & voilà vulgairement ce que l'on entend presque toujours par expérience, du-moins lorsqu'il est question de faire valoir le mérite de quelqu'un pour la guérison des maladies, au préjudice d'un autre, qui auroit beaucoup travaillé à l'acquerir, ce merite, par l'étude. On n'exige pas même du premier, cette expérience de tradition de même genre, qui nous a été communiquée par ceux qui nous ont précedé; cette acquisition ne se peut faire que par la lecture; elle sent trop le medecin de cabinet; on se fait bien mieux valoir en étallant ses propres exploits.

Mais si cette seconde espece d'expérience vient à être examinée en rigueur, par des gens peu propres à se laisser éblouïr, & qui ne veuillent recevoir d'elle, que ce qu'elle peut nous apprendre avec certitude; ils trouvent que cette expérience, non-seulement celle d'un particulier, mais même toute celle qui nous est communiquée, se réduit presque à rien dans la plûpart des cas où l'on doit proceder avec methode, & où il est difficile de prendre le meilleur parti; soit parcequ'entre differentes causes qui peuvent produire une maladie, il n'y a que ceux qui ont connoissance de ces causes, qui puissent démêler celle qui a lieu; soit parceque la contrarieté des évenemens, quelque methode qu'on suive, semble ôter toute raison de préference, du-moins pour ceux qui veulent en juger par ces évenemens seulement. Il est vrai cependant, que nous ſommes redevables à cette eſpece d'experience, de la connoiſſance des remedes, du moins par rapport aux effets ſenſibles qu'ils operent. Par elle, nous connoiſſons ceux qui procurent des évacuations, ceux qui arrêtent ces mêmes évacuations, ceux qui excitent fortement le jeu des vaiſſeaux, ceux qui le calment, ceux qui procurent le ſommeil, ceux qui amoliſſent & relachent nos parties ſolides, ceux qui les reſſerrent & les rafermiſſent; mais ſi nous la conſultons ſur l'uſage de ces remedes généraux, pour apprendre d'elle dans quelles maladies, dans quel tems, dans quelles circonſtances ils peuvent être avantageux ou nuiſibles, ſes réponſes ſont preſque toujours ambiguës, incapables de nous décider, & quelquefois même trompeuſes. Conſultez-là, par exemple, ſur la ſaignée dans la petite verole, ſurtout après l'éruption, elle vous rappellera un malade qui a été ſaignée, & qui a guéri. Que pourez-vous en rigueur conclure de cet exemple? Rien de déciſif en faveur de la saignée : vous y remarquez seulement que ce remede n'est pas toujours mortel dans la petite verole ; mais vous n'y voiez point absolument que ce soit lui qui ait guéri ce malade : car cette sorte d'expérience vous en rappellera un autre dans les mêmes circonstances, & avec les mêmes indications, qui est mort après avoir été saigné. Convenez encore que ce second exemple n'instruit pas plus que le premier, qu'il ne vous apprend rien sinon que la saignée a été emploiée sans succès dans la même maladie. Ne seroit ce pas en effet juger trop legerement, que de passer outre, je veux dire d'avancer que c'est cette saignée qui a tué le malade ? De plus vous en avez vû beaucoup dans le même cas, selon toutes les apparences, dont les uns sont morts, & les autres guéris sans avoir été saignés de part ni d'autre. Avez-vous apperçû ici que la saignée eût surement changé le sort de ces malades (considerés chacun en particulier) que précisément elle eut été pernicieuse à celui-ci, & salutaire à celui-là ? Vous avez seulement remarqué par tous ces faits, que l'on meurt, & que l'on guérit de cette maladie, sans saignée comme avec la saignée. Ainsi à nous en tenir en toute rigueur, à ce que ces diverses expériences séparées de la théorie nous apprennent, il est impossible de décider si la saignée est utile on nuisible, ou simplement inutile dans la petite verole. Aussi est-il de fait qu'à cet égard, l'expérience n'a pû accorder les Praticiens, qui ne s'attachent qu'aux apparences & aux suites de ces maladies. Souvent l'expérience ne nous laisse pas dans le doute; elle nous jette quelquefois dans des préjugés qui nous maîtrisent. Pour fournir, seulement ici, un petit exemple de notre dévoüement aveugle, pour ne pas dire deraisonnable à son égard, on pouroit le remarquer dans l'usage de ces fameux vulnenaires ou *faltran* de Suisse, que nous faisons prendre interieurement pour dissoudre le sang extravasé, quoique nous n'aions aucunes expériences que ces remedes mêlés avec du sang, le dissolvent, ou l'empêchent de se coaguler, & que nous sachions d'ailleurs, que la plûpart d'entr'eux sont stimulans, plus propres à hâter le mouvement du sang qu'à moderer sa course, plus capables par conséquent d'augmenter l'extravasation que d'y remedier; l'expérience nous a cependant décidé à cet égard. Ce cas d'extravasation ne se trouve pas dans la plûpart des chûtes où l'on a recours à ces remedes : on guérit, & toutes ces guérisons sont autant d'observations de pratique ou de preuves, qui décident en faveur de ces vulneraires. Ainsi leur usage, tout ridicule qu'il est, se trouve si bien autorisé par l'expérience, qu'on taxeroit d'imperitie un Médecin ou un Chirurgien qui auroit manqué de s'y conformer.

Mais pour ne point faire connoître, à notre honte, les erreurs où l'expérience nous engage, cherchons-en chez les Anciens quelque exemple, dont le ridicule soit parfaitement reconnu, jusqu'à ne pouvoir pas même comprendre aujourd'hui, comment cette expérience a pû tenir pendant des milliers d'années, les plus grands hommes successivement dans une illusion en apparence la plus grossiere; comme lorsqu'ils ont cru que la saignée à la salvatelle étoit préferable à une autre dans la fiévre quarte; que la saignée à la basilique l'emportoit sur toutes les autres pour les maladies du foie; que celle de la cephalique étoit specifique pour les maux de tête, tandis que nous voions aujourd'hui avec la derniere évidence, que toutes ces saignées n'ont qu'un merite commun, qui dans les unes & dans les autres, ne peut être attribué qu'à la même cause, c'est-à-dire à l'évacuation.

Est-il donc difficile à présent, de se convaincre de l'insuffisance de l'experience d'un particulier; puisque l'experience de tous les plus grands maîtres, rassemblée à s'en tenir à ce qu'elle nous apprend, entant que fondée simplement sur cette multitude d'évenemens qui se remarque dans la pratique, ne peut servir à nous décider qu'en très-peu d'occasions, encore est-ce presque toujours, faute d'avoir un meilleur guide: du reste on ne voit que faits pour & contre qui s'entre-détruisent, & qui menent au pironisme. Les évenemens heureux ou malheureux dans les maladies, dépendent ordinairement de circonstances, ou de causes particulieres, qu'on ne peu distinguer par les évenemens mêmes : ce qui arrive dans la cure des maladies, n'est pas toujours, il s'en faut beaucoup, l'effet du procedé ou des remedes qu'on a mis en usage. Le *propter hoc* & le *post hoc* forment ici des équivoques continuelles, que ne peut débroüiller l'observateur le plus au guet, qui n'épie que par dehors, des démarches qui n'instruissent point assez de ce qui se passe au-dedans.

De tous tems on n'a fait qu'experimenter : tout ce qu'il y a eu de plus grands Praticiens depuis l'origine de la medecine jusqu'à présent, ont fait leur principal de bien remarquer ce qui arrive dans la cure des maladies. Certainement si cette voie étoit suffisante pour apprendre à guerir, il y a longtems que nous aurions dans cet art, des regles qui y feroient loi pour le traitement des maladies. Dans tous les âges nous avons eu des Praticiens qui ont écrit : quel cas fait-on de ces recueils d'obſervations de pratiques qu'ils nous ont laiſſés ? Ce ſont des hiſtoires qui, pour la plûpart, ſont remplies d'abſurdités, de credulités les plus ingenuës, même ridicules & ſouvent ſuperſtitieuſes ; en ſorte que la perfection de l'art de guérir, conſiſte autant à ſe déſabuſer aujourd'hui de quantité de fauſſes maximes, que cette eſpece d'expérience a introduite, qu'à enrichir cet art de nouvelles découvertes.

Nous avons, ce ſemble, aſſez rabattu l'audace de cette expérience, qui fait tout le merite de ceux qui déclament contre la théorie, c'eſt à dire contre cette théorie qu'un Medecin ſçavant prend pour guide dans la pratique, mais nous ne voulons pas au ſurplus tomber dans un excès oppoſé, comme de laiſſer penſer que cette expérience eſt abſolument inutile, & même nuiſible. Car elle a ſes avantages, qui ne ſont pas grands à la verité quand elle eſt ſeule, mais ſecondée d'une théorie ſolide, elle eſt la sonde avec laquelle nous osons peu à peu aller en avant ; c'est elle que nous emploions pour nous désabuser des faux préjugés qu'elle nous a inspirés elle même. Prévenus aujourd'hui par d'autres connoissances, nous osons insensiblement nous afranchir de ces préjugés, & nos premieres tentatives, se trouvent être autant d'expériences qui servent effectivement à nous détromper. Nous pouvons de même dire en sa faveur, que véritablement elle nous a souvent redressés dans la cure de plusieurs maladies, par exemple des maladies inflammatoires simples, où elle a resisté évidemment à de mauvaises pratiques, suggerées par des théories hazardées & purement conjecturales: je dis surtout par rapport aux maladies inflammatoires simples ; car pour les maladies inflammatoires malignes, il est constant que la simple expérience n'y a pas été d'abord bien favorable, & qu'il a fallu des coups de maîtres, pour dissiper de vaines erreurs qui empêchoient d'attaquer courageusement ces maladies.

Nous trouvons d'ailleurs une ressource dans l'expérience pour quelqu'autres maladies, où la théorie n'a pas encore pû percer; car alors ce n'est qu'un certain usage ou une certaine pratique établie, à ce qu'on croit, par l'expérience, qui peut bien ou mal nous y servir de guide. Mais l'utilité de l'expérience pour découvrir les vertus des medicamens, quoiqu'indépendemment du bon ou du mauvais usage qu'on en peut faire, nous fera toujours convenir qu'en ce point, elle triomphe absolument sur la théorie : car il est incontestable que l'experience a découvert dans les remedes, des proprietés qui nous paroissent inexplicables, & auxquelles la théorie ne nous auroit jamais conduit : delà vient que dans certaines maladies qui ne demandent qu'un traitement fort simple, & qui ont des specifiques certains, l'expérience y décide souverainement; mais par malheur cette souveraineté ne s'étend qu'à très peu de maladies, surtout en medecine, car en chirurgie l'expérience y est beaucoup plus fidele & beaucoup plus instructive. Quoiqu'il soit toujours vrai que celle d'un simple particulier, distinguée de l'habileté qui se peut acquerir par la pratique, ne soit pas de beaucoup plus recommandable ici que dans la medecine ; notamment lorsqu'il est question de la comparer avec les connoissances que l'on peut & que l'on doit acquerir par l'étude.

La troisiéme sorte d'expérience qui appartienne à l'art de guérir, est génerale, elle contient non-seulement les deux premieres dont nous avons parlé, mais encore tous les faits & toutes expériences prises des autres sciences qui peuvent servir à étendre les connoissances de notre art, comme l'anatomie, la chimie, la géometrie, la phisique, la mécanique, l'hidrostatique &c. C'est de tous ces faits rassemblées, & de toutes ces expériences de differens genres, que resulte la théorie qui nous doit éclairer dans la pratique ; mais cette théorie pour être sûre, doit être assujettie à des regles très-severes.

La premiere est de n'y jamais rien

ſuppoſer au-delà de ce que l'experience nous inſtruit en toute rigueur. C'eſt une regle à laquelle on a bien de la peine à s'aſſujettir ; elle gêne extrémement l'eſprit ; il faut prodigieuſement raſſembler de faits & d'experiences de toutes eſpeces, pour former un corps de doctrine, tandis que l'imagination, ſi nous voulions nous en rapporter à elle, peut former autant de ſiſtêmes qu'on voudra à bien meilleur marché. Mais ce qui engage même les perſonnes les plus ſages à ſortir de cette regle, c'eſt que nous n'avons pas encore aſſez de faits pour former un corps de doctrine complet ; & malheureuſement on y ſupplée par des conjectures, pour paſſer outre à bien des endroits où l'on ſeroit arrêté tout court : il eſt vrai que pour ces endroits, on peut repréſenter qu'on n'eſt point blamable d'en uſer ainſi, quand il n'eſt pas poſſible de faire mieux, pourvû cependant qu'il n'y ſoit queſtion que de quelques explications hazardées pour ſatisfaire l'eſprit ſeulement, & non à deſſein d'en tirer des conſequences pour la pratique ; car alors on ne seroit point excusable, surtout en les établissant sans hesiter & comme sures ; parceque c'est vouloir surprendre & tromper ceux qui ne sont pas en état de s'appercevoir de ces échappées, ou qui en lisant les ouvrages des autres, ne s'assujettissent pas non plus à la regle dont il est question présentement, par laquelle ils pourroient facilement juger de la solidité de ces ouvrages, & ne pas se laisser d'ailleurs prévenir par de fausses inductions que fournissent les histoires des cures & des guérisons rapportées pour nous instruire : car en effet que trouve-t'on, comme nous l'avons déja vû, dans la plûpart de ces observations, lorsqu'on les examine en toute rigueur ? On trouve seulement que des malades ont été guéris ou sont morts *avec* tels ou tels remedes ; mais on n'y voit point que ce soit *par* ces remedes qu'ils sont morts ou guéris, puisqu'ordinairement on ne peut pas conclure de ce qu'on a emploié un remede dans une maladie, que l'évenement qui suit soit l'effet l'effet de ce remede ; elles ne peuvent donc nous servir de modeles ces observations, à moins que les indications n'y soient bien exposées, & solidement raisonnées par le Praticien observateur ; ou que par elles-mêmes elles ne soient, ces observations, de nature à montrer évidemment la connexion qu'il y a entre le procedé qu'on a tenu, & l'évenement qui s'en est suivi, autrement on ne peut pas en tirer grand fruit, ces prétendus modeles peuvent même être très-dangereux pour ceux qui ne sont pas en état de les reduire à leur juste valeur.

Les experiences de phisiques, de chimie, & des autres sciences propres à éclairer la medecine, peuvent de même induire à erreur, quand on n'est pas assez circonspect pour s'en tenir précisément à ce qu'elles nous enseignent. Voici un exemple bien remarquable de cet inconvenient. On a observé que les acides végetaux coagulent le lait ; on n'a point hesité de croire delà qu'ils coagulent aussi le sang, & par une liberté effrenée qu'on se donne de raisonner en medecine, on a poussé plus loin, car on est parvenu par une suite de consequences, au point d'établir que les alcalis dissolvent cette même humeur. Voici le chemin qu'on a tient, les alcalis sont opposés aux acides; or les acides coagulent le sang; donc les alcalis le dissolvent. On a cherché ensuite à marier cette theorie avec la pratique. Des esprits un peu feconds en imagination, devinent bientôt qu'il y a des acides dans le sang, & que la plûpart des maladies viennent des coagulations qu'ils y causent; que ces coagulations, par exemple, forment dans les vaisseaux, des digues qui y arrêtent les cours des humeurs. Voilà selon eux les acides par leurs coagulations, la cause des inflammations, des autres interruptions de circulation, & de l'épaississement du sang dans le frisson des fiévres, dans l'escorbut, &c. Par une consequence assez naturelle, on conclut que les alcalis doivent être justement les remedes qui conviennent dans ces cas. Les drogues spiritueuses se présentent aussi comme très-efficaces pour penetrer, pour dissoudre ces coagulations chimeriques. Dès-là, une foule d'Auteurs écrivent pour avertir d'emploier en pareil cas des sels volatils concrets, des sels volatils huileux de differentes fabriques, des huiles étherées & alkoolisées, des eaux spiritueuses, des sels lixiviels & semblables drogues qui leur paroissent ici infiniment énergiques. Tandis que si on en vient aux experiences par le mélange de ces drogues avec le sang sortant de la veine, on découvre que les acides végétaux emploiés tels qu'ils se trouvent naturellement, & même les acides mineraux un peu délaiés dans l'eau, loin de coaguler le sang, le dissolvent; & qu'au-contraire les alcalis soit fixes soit volatils, n'y font rien non plus que les eaux spiritueuses, & que même les huiles étherées, comme on le remarque par l'huile de terebenthine, rendent son coagulum plus dur & plus racorni. Si dans nos corps ces remedes sont dissolvans, ce ne peut être que par contrecoup, en irritant les ſolides, & en excitant par là le jeu des vaiſſeaux; mais alors il arrive ſouvent que les circonſtances s'y trouvent tellement oppoſées, que cette irritation ne peut opérer qu'un effet tout contraire; car dans la fiévre & dans les maladies inflammatoires, le jeu des vaiſſeaux redoublé par l'activité de ces remedes, ne fera que racornir encore davantage le ſang & la limphe. Ainſi cette petite verité, *les acides coagulent le lait*, étenduë au-delà d'elle-même, & admiſe pour principe de toutes les conſequences qu'on en peut tirer directement ou indirectement, fournit une vaſte doctrine qui ne coûte pas beaucoup à celui qui l'a fait éclore, ni à celui qui l'étudie, & qui l'adopte. Vous trouvez dès le commencement d'une pareille doctrine, un enchainement ſimple qui vous conduit partout cet eſpace imaginaire, par un chemin unique & ſi égal que vous voiez devant vous tout le païs qu'on va vous faire parcourir. Cette ſimplicité & cette facilité ſont ſi ſéduiſantes, & préviennent ſi agréablement l'eſprit, qu'en un moment vous vous croiez ſçavant & habile dans l'art de guérir, plus que jamais on ne l'a été. N'étoit-il pas bien facile au reſte, d'être ainſi ſéduit par une experience ou par un fait qui nous mettoit ſi fort à portée de rendre raiſon de tout en medecine? Oui, mais il étoit cependant auſſi facile de ne s'y pas tromper; car y voit-on que cette vertu qu'ont les acides végétaux de coaguler le lait, s'étend juſqu'au ſang? Prouve-t'elle cette experience qu'il ſe trouve dans nos maladies de pareils acides, ou autres pour coaguler nos humeurs? Ne paſſe-t'on pas encore bien plus manifeſtement les bornes de ce qu'elle enſeigne, lorſque par des raiſonnemens frivoles on donne dans des remedes, qui abſolument n'ont aucune liaiſon avec le fait ſur lequel vous prétendez vous appuïer? N'eſt-ce pas là un exemple bien ſenſible de nos égaremens, lorſque nous allons audelà de ce que l'experience nous apprend rigoureuſement parlant? Delà viennent ces théories échappées & temeraires; qu'on ſe pique de donner comme le produit des nouvelles découvertes en medecine; parcequ'un Auteur ennivré de quelque nouveauté, s'imagine en voir partout les effets ou les suites. Dans cette prévention, cette eblouïssante nouveauté est pour lui une hipothese qui le mene à un sistême general, où tout se regle sur elle, où tout est assujetti à elle, sans que l'Auteur s'embarasse de la compromettre, ou de la comparer avec une infinité d'autres faits ou d'autres experiences, qui, pour ainsi dire, l'anéantiroient, ou la resserreroient, de façon qu'elle ne jouëroit plus qu'un fort petit rôle dans la doctrine qu'on veut expliquer. La fermentation & les coagulations, la trituration, la levigation, & l'autocratie, &c. ont ainsi été les heroïnes de divers sistêmes romanesques, qui ont occupé & seduit successivement dans ces derniers tems. De même genre, sont les ouvrages de ces visionnaires qui ne suivent que leur imagination, où le début pour chaque point de doctrine qu'ils veulent établir, pour chaque phenomene qu'ils veulent expliquer, quelquefois même pour tout un sistême general, est une simple conjecture, une prétenduë possibilité, un être de raison. Les ouvrages de ces Ecrivains qui bâtissent seulement sur les conjectures & sur les opinions des autres, & qui ne jugent de la bonté & de la solidité des sentimens qu'ils embrassent, que par le nombre & par la célebrité des Auteurs qu'ils citent, sans distinguer dans ces Auteurs, ce qui y est purement idéal, de ce qui y est véritablement constaté ou démontré par des faits. Enfin ces ouvrages captieux, qui à la verité sont remplies de faits; mais de faits vagues, équivoques, ou tout-à-fait étrangers, de comparaisons ou d'analogies déplacées, d'inductions mal tirées, d'observations de pratique où l'on ne juge que sur les apparences. Tous défauts soutenus souvent par un stile triomphant, chargé d'épitetes & de metaphores outrées, plus propres à faire sensation ou à étourdir, qu'à enseigner de bonne foi & avec précision.

La seconde regle que nous devons suivre pour établir en toute rigueur une théorie exacte & sûre pour nous guider dans la pratique, est de ne point faire valoir par un simple enchainement de consequences, les verités que l'expérience nous découvre; tout est tellement compliqué dans la medecine, que nous ne pouvons nous abandonner entierement aux raisonnemens, que nous ne tombions dans l'erreur. Cette seconde regle nous prescrit au-contraire, de nous attacher à découvrir & à marquer au juste les bornes des verités que nous connoissons, car autre chose est d'avoir découvert par quelque expérience une verité, ou de découvrir par d'autres expériences, les limites de cette même verité. Une seule expérience peut suffire pour trouver une verité; mais il en faut pour l'ordinaire beaucoup, si j'ose le dire, pour la circonscrire ou pour en fixer l'étenduë. Une expérience peut dans le premier cas, être comparée à un coup de sonde, qui découvre dans la terre une pierre qui y est cachée; mais qui ne suffit point seul pour en déterminer la grandeur, & pour en marquer la circonference ou les bords. Il n'y a personne qui n'ait dû s'appercevoir que ce qui nous dégoûte le plus de la théorie, vient de ce qu'ordinairement on étend trop, tant en elles-mêmes que par les consequences qu'on en tire, les verités sur lesquelles on bâtit, & que de-là resultent toutes ces fausses doctrines, dont on vient de parler, & qui ne fournissent pour la pratique, que des préceptes erronés, ou du moins des préceptes trop vagues, qui portent à faux presque partout. Quelques expériences avoient appris, par exemple, que la fermentation peut causer une chaleur semblable à celle du sang : on s'est imaginé par *analogie* (source ordinaire de nos plus ridicules hipotéses en medecine) que cette chaleur du sang étoit l'effet d'un pareil mouvement; mais d'autres expériences ont montré que la fermentation n'a lieu qu'où l'air exterieur a un libre accès, comme dans les premieres voies, & non dans les vaisseaux. Voilà donc ce mouvement qu'on étendoit par tout le corps, cantonné maintenant dans l'estomac & dans les intestins seulement. On a experimenté qu'il n'y a que certains sucs qui en sont susceptibles, & que parmi ceux qui se trouvent dans les premieres voies, une grande partie n'est point de ce genre : cette fermentation se trouve encore par là plus resserrée. On a remarqué de plus qu'elle est toujours suivie de certains effets, dont nous ne nous appercevons que rarement quand tout s'execute bien en nous. Tous ces faits réunis réduisent à rien, ou presque à rien, cette fermentation de laquelle on faisoit tout dépendre dans la santé & dans la maladie ; c'est ainsi qu'en accumulant faits sur faits, on peut de plus en plus réduire ou restraindre à leurs justes bornes, des verités qui d'abord ne nous sont connuës, pour ainsi dire, que d'une maniere vague & indéfinie. C'est à quoi on doit entierement s'appliquer ; car c'est presque toujours ce défaut de précision dans nos connoissances, qui est la source de nos égaremens dans la pratique : l'étiologie des inflammations peut aisément vous le faire remarquer. On a apperçu que dans ces maladies, le sang est arrêté, & que s'il vient à reprendre son cours, l'inflammation disparoît; on a conçu delà que tout ce qui peut arrêter le sang, doit causer des inflammations. Mille causes se sont présentées à l'esprit, qui ont fourni au Praticien autant de points de vuë differens; puis on en est venu à remarquer que toutes les fois que le sang est arrêté, il ne s'enflamme pas, que souvent il se pourit presqu'aussitôt, que d'autres fois il ne se pourit, ni ne s'enflamme, ni ne se convertit en pus, qu'il reste longtems arrêté sans qu'il lui survienne de changement considérable. La station du sang n'est donc pas précisément la cause de l'inflammation; il faut en chercher une plus particuliere pour prendre des indications plus justes. Dans cette vuë nous devons rechercher & rassembler tous les faits qui ont rapport à l'inflammation, les passer tous en revuë, examiner ce que chacun en rigueur peut nous apprendre, & ne pas aller au-delà; alors nous nous trouverons justement, ou du-moins à peu près au point de précision que nous desirons, je dis à peu près, car si dans notre recherche nous manquons quelques faits essentiels, quiconque s'en appercevra ne fusse qu'en partie, en approchera encore plus près que nous. C'estpourquoi les livres que l'on fait, bien entendu selon les regles que l'on vient d'établir, sont meilleurs que ceux des siecles passés, & pour la même raison ceux que l'on fera après nous, seront meilleurs que les nôtres.

Vous appercevez bien présentement, que pour réduire les verités dans leurs justes bornes, on doit avoir recours à des faits & à des expériences, & que pour déterminer *quand*, *où*, & *comment* une verité phisique déja trouvée, peut avoir lieu, il faut recourir à l'alembic, au scalpel, au microscope, &c. ramasser enfin autant qu'on le peut toutes les expériences, & tous les faits qui ont rapport avec la verité qu'on veut connoître avec précision, pour comparer & accorder cette verité avec toutes celles que ces experiences nous forcent encore de reconnoître, mettre chacune d'elles à la place qu'elle doit occuper, pour reconnoître les bornes qu'elles se prescrivent les unes aux autres. C'est de cette maniere qu'on peut trouver dans l'expérience, un guide sur & fidele pour nous conduire dans les routes ténebreuses de l'art de guérir. Mais appercevez-vous bien que pour en tirer cet avantage, il faut raisonner sur les faits, rechercher & rassembler ce qui est épars, arranger & apparier, si j'ose ainsi parler, ce qui est confondu, en un mot bâtir un sistême, un sistême qui, à la verité, tienne tout de cette expérience génerale dont nous avons parlé; mais sans lequel cette expérience de son côté paroît toujours discordante, & incapable de nous fixer sur aucune verité. Vous voiez que j'appretie l'expérience tout ce qu'elle peut valoir; puisque je reconnois qu'elle doit être la base de toutes nos connoissances; mais je suis convaincu d'ailleurs qu'elle ne peut nous servir de regle pour la pratique, qu'il faut entre elle & les préceptes, un milieu. Ce milieu est cette théorie qui rassemble, qui place, qui ajuste, qui concilie, & qui détermine le plus précisément qu'il est possible, les verités que cette expérience nous découvre.

Il faut convenir cependant, que quelque fond de connoissance, & quelque capacité qu'ait un Auteur assujetti à la Phisique & à la Medecine expérimentale, il ne peut travailler sur cette matiere, qu'il ne laisse après lui, toujours beaucoup à faire pour d'autres; car il ne se peut qu'il n'ignore encore beaucoup de faits, & que parmi ceux dont il a la connoissance, une partie ne lui échappe lorsqu'il devroit les avoir présens, ou bien il n'est pas toujours assez heureux pour les appercevoir par le côté où ils pouroient être appliqués le plus utilement; de plus il y a encore beaucoup d'experiences à faire, & beaucoup de celles qu'on a données, qu'il faudroit recommencer, pour les avoir plus sures & plus exactes. Ces reflexions font assez volontiers penser, qu'un Auteur se donne bien de la peine envain, en travaillant sur un fond d'experiences qui, eu égard aux connoissances que nous avons à aquerir, est si borné & si défectueux; mais si l'on examine bien attentivement ce que vaut cependant dès à présent ce fond, on ne le croira pas si inutile; on sera même forcé de convenir, qu'il contient déja les principaux faits nécessaires pour faire du-moins une ébauche, qui peut commencer à prendre forme, & à représenter la plûpart des choses, à peu près telles qu'elles sont véritablement.

Les faits qui nous manquent, pouroient à la verité, fournir ou contribuer à établir beaucoup de points de doctrine que nous ignorons, ou qui ne nous sont point encore prouvés, ce qui est à peu près la même chose que si nous les ignorions; & à l'égard de ceux qui nous sont connus, il y en a beaucoup qu'ils pouroient rectifier & rendre plus exacts & plus utiles: ainsi on pourra toujours enrichir & reformer nos connoissances, même une partie de celles qui sont établies sur des experiences vraies, incontestables & décisives; mais on ne parviendra jamais à les détruire, à les renverser, ni même les changer dans la partie qui est déja solidement prouvée, car un fait bien constaté ne sçauroit être contredit par un autre fait, il est vrai qu'un point de doctrine établi par l'un de ces faits, peut empieter sur ce qui doit resulter de l'autre; d'où il s'ensuit seulement que ce dernier en nous donnant du nouveau, découvre encore plus au juste ce qu'il faut croire à l'égard du premier: ainsi loin de détruire ce que celui-ci nous a enseigné & prouvé, il le perfectionne, il le rend plus exact, plus fidele, plus précis pour la pratique. Par-là on voit assez la difference qu'il y a entre la théorie, ainsi établie sur l'experience, & celles qui sont de l'invention des Auteurs, qui tôt ou tard se trouvent toujours renversées de fond en comble, sans aucunes apparences de pouvoir jamais être établies. La nôtre fait à la verité un progrès moins rapide que les premieres, qui sont le produit d'une imagination que rien n'arrête, tandis que cette derniere, qui est unique, & nullement à la diſcretion de ceux qui travaillent à la dévoiler, ne ſe montre que peu à peu, & n'avance qu'imperceptiblement, mais ſurement & pour toujours vers la perfection. En preuve de cette verité, ramenons ici le plegmon, il nous fournira une théorie de ce genre, une théorie de tout tems établie ſur des faits, & nous verrons comme elle s'eſt toujours ſoutenuë, & toujours perfectionnée de plus en plus. Les Anciens ont d'abord reconnu que cette maladie dépendoit d'un ſang accumulé, ce qui eſt inconteſtable; mais ils n'avoient point remarqué, ainſi qu'on a fait depuis, que ce n'eſt point par extravaſation, comme ils le croioient, que ce ſang eſt arrêté, mais par ſtation dans ſes vaiſſeaux. On peut de plus prouver aujourd'hui que c'eſt dans des vaiſſeaux arteriels, & non dans d'autres; ainſi cette théorie en devenant de plus en plus, exacte, approche peu-à-peu, & uniment de cette préciſion rigoureuſe, qui eſt le dernier terme de la perfection où nous tendons par toutes nos recherches, ſans que pour cela nous renversions les premiers fondemens d'une théorie que l'experience a autorisée dès les commencemens.

Il est donc évident que quoiqu'il ne soit pas encore possible, à beaucoup près de faire un ouvrage achevé, dont la théorie soit en toute rigueur, fondée sur des faits ou des experiences, il y a toujours beaucoup à gagner, à travailler soigneusement & scrupuleusement sur des faits, & qu'il y a pareillement beaucoup à profiter pour ceux qui s'appliquent à la lecture des livres uniquement restraints à la théorie experimentale; car telle qu'elle peut être, elle est l'unique bousole que nous puissions prendre pour nous guider, avec toute la certitude dont l'art de guérir soit susceptible. Jugez delà combien nous avons interêt de la cultiver & de nous livrer entierement à elle.

Quoique je dise que le fond de cette experience n'est point suffisant, pour mettre à son dernier degré de perfection la théorie qui doit nous éclairer dans la pratique, je ne veux pas dire pour cela que ce fond ne soit très-étendu ; car graces aux academies, & a nombre d'observateurs de renom en anatomie, en chimie, en phisique, &c. les faits deviennent très-abondans; & d'ailleurs c'est que du côté de l'experience que nous fournit la pratique, nous avons à peu près dès à présent, tout ce que l'on peut en attendre ; parceque depuis tant de siecles qu'on pratique la medecine, & qu'on observe journellement les effets des remedes qu'on met en usage, il n'est pas possible qu'on ait laissé échapper beaucoup de ces faits, qui répondent regulierement & visiblement à nos procedés. Si nous avons quelque chose à attendre encore dans ce genre, ce ne peut gueres être que du côté des découvertes que l'on poura faire des remedes qui nous sont encore inconnus, & en particulier sur certains specifiques, dont nous avons besoin pour plusieurs maladies qui sont actuellement au-dessus des forces de l'art de guérir ; quoique ces maladies ne soient peut être pas absolument incurables par elles-mêmes : car si on a trouvé un remede capable d'exterminer le virus venerien, pourquoi ne s'en pouroit il pas trouver aussi, qui soient capables de dompter de même les virus chancreux, scrophuleux, psoriques &c. qui soient capables de détruire l'humeur de la goute, & ces sucs incompatibles au genre nerveux, qui causent toutes ces differentes especes d'ataxies habituelles, éplieptiques, histeriques, astmatiques & autres? Ne concluez pas delà néanmoins que je veux favoriser les empiriques, & les autres marchands d'arcanes & inspirer de la confiance en leurs prétendus specifiques. Cette redoutable engence s'est renduë trop odieuse par son avidité & par sa mauvaise foi : d'ailleurs comme de telles découvertes sont des prodiges des plus étonnans à cause de leur rareté, on doit être fort circonspect à y ajouter foi : au surplus ce sont des faveurs que l'on ne peut attendre que du hazard, à la difference de la plûpart des faits & des experiences qui nous viennent d'autre part, & où nous pouvons sans conséquence, faire toutes les épreuves & tous les procedés que notre curiosité, nos doutes & nos conjectures peuvent nous inspirer, comme capables de nous fournir de nouvelles lumieres, ou comme propres à confirmer ou à démentir les idées que l'imagination peut fournir d'avance. On s'est apperçû dans ces derniers tems plus que jamais, de l'utilité de ces recherches, par les lumieres qu'elles ont répandu dans la phisique; on s'y est appliqué de maniere, qu'aucun de tous les sistêmes qu'on a imaginés en medecine, n'a pu tenir contre la multitude de découvertes que l'on a fait. Nous pouvons donc nous flatter d'avoir déja un fond d'experiences, qui bien mis à profit, peut en attendant mieux, & comme par provision, nous favoriser dès à présent, de connoissances beaucoup plus étenduës & plus sures que celles des siecles passés. Le progrès d'un art si important, mérite bien que nous ne renvoions pas aux siecles futurs, un avantage dont nous pouvons jouir dès à présent.

Au surplus faut-il nous en tenir là? Ne pouvons-nous pas examiner les ſujets, qui faute de faits capables de nous inſtruire, n'ont pas encore été traités ſolidement? Ne pouvons-nous pas travailler par nous-mêmes, pour avoir quelque part aux connoiſſances qu'on peut acquerir ſur de pareils ſujets? La matiere medicale, par exemple, doit ſans doute s'offrir aſſez à tout le monde, comme un de ces ſujets dont la théorie eſt encore très-obſure & très-incertaine. Car nous ſommes fort ignorans ſur les differentes manieres dont les remedes agiſſent, notamment ſur les effets qu'ils produiſent immédiatement ſur nos liquides. En effet nous ne pouvons point encore diſtinguer parmi les differens remedes dont nous nous ſervons, ceux qui par eux-mêmes, attendriſſent & pénétrent la ſubſtance de nos humeurs, d'avec ceux qui la racorniſſent; ceux qui épaiſſiſſent le ſang, d'avec ceux qui le liquifient; ceux qui empêchent la deſtruction de ſes globules, d'avec ceux qui y cauſent une diſſolution glaireuſe, ou une diſſolution ſereuſe; cependant ces differens effets doivent en quelque ſorte avoir lieu. Car il ſuffit de mêler avec du ſang ſortant de la veine, diverſes drogues, ou des ſucs de differentes plantes, pour avoir des exemples de tous ces differens effets.

Mais pour s'éclaircir au juſte & amplement ſur cette matiere, il faudroit faire prodigieuſement d'experiences, & c'eſt une entrepriſe qui demande beaucoup de zele & de conſtance. Ceux qui nous donnent des traités ſur les vertus des medicamens, ont bien plutôt fait de ſe copier les uns les autres, ou de faire faire aux remedes ſur nos liqueurs, les opérations qu'ils jugent à propos, comptant aſſez ſur la crédulité de leurs lecteurs, pour ſe donner à cet égard toute liberté. Il eſt vrai qu'on a déja fait quelques expériences par le mélange de diverſes drogues avec le ſang; mais elles n'ont pas eu toute l'utilité qu'on en eſperoit; parcequ'on s'eſt attaché à les faire ſeulement avec les principaux genres de ſels & de ſouphres, & qu'on a voulu en faire, comme à l'ordinaire, des applications trop générales, lorſque pour chaque drogue, pour chaque plante, il faudroit faire plusieurs experiences, tant sur la partie rouge, que sur la partie blanche de nos humeurs, tant dans leurs dispositions naturelles, que dans les divers changemens qui leur arrivent dans les maladies; car par les expériences faites sur les sels ou sur les souphres, il n'est pas possible de connoître si une plante peut dissoudre le sang ou non. Comment ces experiences générales pourroient-elles nous apprendre que le *Bella dona* par exemple, dissoud beaucoup plus le sang que les autres especes de *solanum*; que les racines de chicorée sauvage, n'agissent pas sur le sang comme les feüilles; que de deux amers du premier ordre & de même genre, la fumeterre & la petite centaurée, le suc de la premiere y cause une dissolution glaireuse fort considérable, que l'autre n'y cause pas? Ce n'est donc que par des experiences particulieres & multipliées, qu'on pouroit au juste découvrir les effets propres des medicamens sur nos humeurs; encore faudroit-il concilier ces effets avec ceux que ces mêmes remedes operent sur les soli-

des,

des, avec ceux que les solides de leur côté doivent alors produire sur les mêmes liquides, & avec les vertus ou les proprietés qui appartiennent certainement à chaque classe de remedes; comme d'être purgatifs, astringens, ou émolliens, &c. pour n'admettre que ce qui peut resulter de toutes ces combinaisons. Car ayant égard, par exemple, à l'action des vaisseaux, on peut en bien des cas, regarder un stimulant ou échaufant, comme dissolvant ou attenuant, quoique dans d'autres cas ils puissent produire un effet tout opposé; comme les huiles volatiles qui seront attenuantes dans la crudité des humeurs, en excitant le jeu des vaisseaux trop foible, & qui donneront au-contraire trop de densité & trop de tenacité au sang & aux limphes, si on les emploie, lorsque ce jeu est déja excessif. De même, si un remede capable de dissoudre nos humeurs hors de nos vaisseaux, est plus sedatif par rapport au jeu de ces vaisseaux, que dissolvant par rapport aux liquides, il pourra produire l'efſet d'un incraſſant ou d'un coagulant ; parcequ'en arrêtant le jeu des vaiſſeaux, il diminüe, ou éteint la chaleur naturelle, les humeurs perdent leur fluidité ; comme il arrive aux animaux que l'on fait perir par des injections de liqueurs acides, faites immédiatement dans leurs vaiſſeaux, où le ſang ſe trouve enſuite tout congelé ; ce qui a beaucoup contribué à faire croire que les acides ont par eux-mêmes, la vertu de coaguler le ſang. Effet qui ne conclüe rien cependant pour cette opinion, car on peut fournir beaucoup d'exemples de coagulations ſemblables, où aſſurément il n'eſt pas queſtion d'acides, ni même d'autres drogues introduites dans le ſang ; & où il eſt manifeſte que ce changement dépend uniquement de l'état des vaiſſeaux. Tous les remedes raffraîchiſſans, c'eſt-à-dire ceux qui diminuënt l'action des vaiſſeaux, peuvent donc quelquefois contribuer à l'épaiſſiſſement des humeurs, ſurtout lorſque le jeu des vaiſſeaux eſt trop languiſſant pour entretenir parfaitement ces humeurs dans leur fluidité. Ces mêmes remedes pouront au-contraire, ſervir à entretenir cette fluidité en moderant ce même jeu des vaiſſeaux, lorſque par ſa violence, il eſt capable de racornir & d'épaiſſir les ſucs. Ainſi on jugeroit fort legerement de la vertu diſſolvante ou coagulante d'un remede, ſi on en jugeoit ſimplement ſur ce que ce remede diſſoud ou coagule nos humeurs dans la pallette, ſans avoir égard à toutes ces circonſtances. Mais ſi tout bien examiné, vous avez interêt que le diſſolvant que vous preſcrivez ne ſoit point ſtimulant, il eſt néceſſaire que vous connoiſſiez ceux qui ſont de ce genre, tels ſont les aceteux, le criſtal mineral, les racines d'ozeile, de piſſenlit, de chicorée, &c. Si au-contraire vous aviez beſoin d'un remede qui fut tout enſemble ſtimulant & diſſolvant, comme l'enula-campana, le ſel armoniac & autres, il faut être en état d'en faire le choix. Il y a la même diſtinction à faire dans les autres claſſes de remedes; par exemple, parmi ceux qui pouſſent les regles, vous avez d'un côté la matricaire, la ſclarée, la meliſſe, qui par eux-mêmes ſont diſſolvans, & d'un autre côté la ruë, l'abſinthe, l'ariſtoloche, &c. qui ne le ſont pas, du-moins par eux-mêmes. Les claſſes des purgatifs, des hepatiques & autres, fourniſſent, comme je l'ai obſervé, ces mêmes differences; ce qui donneroit lieu de croire qu'en général, la vertu des remedes conſiſte plus dans l'impreſſion que ces remedes font immédiatement ſur les ſolides, que dans les changemens qu'ils operent, du-moins par eux-mêmes, immédiatement ſur les liquides; autrement ceux qui auroient la même vertu, produiroient ſur ces liquides, le même effet; ce qui eſt contraire à l'expérience, puiſque dans une même claſſe, il y en a qui ſont diſſolvans, & d'autres qui ne le ſont pas; ainſi la vertu commune des remedes d'une même claſſe, doit venir d'ailleurs. Cependant ces changemens que les remedes produiſent dans nos humeurs, ne doivent pas être négligés, surtout en chirurgie. 1°. Parcequ'on applique les remedes en si grande dose sur les parties malades, qu'on peut beaucoup compter sur les effets dont ces remedes sont capables par rapport aux liquides immédiatement. 2°. Parceque beaucoup de remedes qui produisent de grands effets sur les liquides, & qui ne peuvent pas être emploiés interieurement, le peuvent être exterieurement. 3°. C'est que souvent l'état présent des humeurs, par rapport à leur consistence, fait le principal de l'indication; avec des circonstances cependant, qui quelquefois demandent qu'on soit fort retenu, sur l'usage des remedes qui pouroient causer du mouvement ou de l'agitation dans ces humeurs, ou qui au contraire demandent d'autres fois qu'on les remue, & qu'on les agite en excitant les solides. 4°. Parcequ'enfin il arrive souvent que les remedes qu'on applique exterieurement, agissent sur des sucs extravasés, ou qui sont retenus dans des vaisseaux, dont l'action est détruite, & que l'effet que l'on peut desirer de la part de ces remedes, doit s'opérer par conséquent sur les sucs absolument, & sans l'entremise des solides. Toutes ces raisons prouvent assez qu'on peut encore acquerir beaucoup de connoissances très-utiles, par les expériences qui nous restent à faire par rapport aux remedes.

Ces remarques que nous venons de faire sur l'obscurité de la matiere medicale, ne sont que trop suffisantes pour faire appercevoir, que les Praticiens les plus sages, sont ceux qui sont les plus retenus sur l'usage des médicamens, & surtout de ces grandes compositions extemporanées que le caprice suggere; qu'au contraire les Praticiens les plus à craindre, sont ces *polipharmaques*, qui s'attachent à décorer leurs ordonnances par des assemblages fastueux d'un grand nombre de remedes differens, dont il est alors absolument impossible de connoître l'effet : ces remarques, dis-je, sont suffisantes pour faire appercevoir combien nous avons encore besoin de faits & d'experiences dans l'art de guérir, malgré ce que nous en possedons, pour le pratiquer avec tout l'avantage qu'on pourroit en retirer ; & combien ceux qui écrivent aujourd'hui, doivent présumer qu'il y a d'imperfections dans leurs ouvrages, lesquelles peu-à-peu pouront être reconnuës, & rectifiées par ceux qui écriront après eux, sur un fond d'expériences plus riche & plus exact.

On demandera peut être si, la théorie devenant plus parfaite, on peut esperer que l'art de guérir deviendra plus étendu ; si on parviendra à dompter des maladies, qui jusqu'à present se sont trouvées au dessus de ses forces, & qui sont un sujet du moins apparent, de reproche contre cette théorie, dans le tems même qu'elle pourroit se prévaloir de ses progrès ; parce qu'en effet presque toutes les maladies autrefois incurables, le sont encore aujourd'hui ? Mais, comme nous l'avons remarqué cidevant, c'est moins cette théorie que le hazard, qui peut nous fournir ces remedes spécifiques & victorieux, auxquels nous aspirons envain depuis tous les tems, pour vaincre ces terribles maladies. Il n'en n'eſt pas de même des maladies traitables ; car il eſt évident que plus la théorie ſe perfectionnera, plus la pratique non ſeulement pour ces maladies, mais encore pour les maladies incurables même (du moins par rapport aux adouciſſemens dont elles ſont ſuſceptibles) plus la pratique, dis-je, deviendra exacte, plus elle ſera épurée de procedés ou médications inutiles, déſagréables, même nuiſibles ; moins elle ſera ſujette aux mépriſes ; moins elle fondera des eſpérances ſur de faux ſecours ; moins elle ſera retenuë par de vaines terreurs ; plus elle tirera des indications juſtes. Quand donc elle ne guériroit pas plus de maladies, elle ſoulagera & guérira du moins beaucoup plus de malades.

Ce diſcours a été lû par Monſieur François Queſnay, dans l'Aſſemblée de l'Académie des ſciences & belles Lettres, établie à Lyon dans l'Hôtel de Ville, le Mardi 15. de Fevrier 1735.

BROSSETTE Directeur & Secretaire perpétuel.

APPROBATION De Messieurs les Maîtres Chirurgiens-Jurés de Paris.

Nous soussignés Membres de la Compagnie des Maîtres Chirurgiens-Jurés de S. Côme, nommés par délibération du Conseil de ladite Compagnie du Mercredi 3. Août 1735. pour examiner un Ouvrage dont la premiere partie est un *Essai physique sur l'Oeconomie animale*, & la seconde *un Traité de l'Art de guérir par la saignée & les autres remedes, composé par M. QUESNAY Maître ès Arts, Chirurgien reçu à S. Côme, &c.* croions que ceux qui sçavent ce que la Medecine & la Chirurgie ont de commun, ne seront pas surpris de voir que l'Auteur ait, dans ces deux Traités, remonté jusqu'aux premiers principes de l'Art de guérir; qu'il ait examiné avec beaucoup de soin, la nature, les effets & les signes des differens temperamens; qu'il ait recherché les causes generales des maladies internes & externes, & qu'il ait tiré des indications raisonnées pour la cure de ces maladies. Toutes ces connoissances ne sont pas moins nécessaires au Chirurgien qu'au Medecin. *Nec*

Chirurgiæ alia, quam Medicinæ principia, nec alia demonstrandi sunt leges, dit le celebre *Fernel*. En effet, les maladies externes que les Chirurgiens traitent, sont de même nature que les maladies internes qui sont du ressort particulier des Medecins : & ces maladies, qui appartiennent à la Chirurgie, ont des accidens & des dépendences qui portent presque toujours le trouble dans toute l'Oeconomie animale. Deplus ces mêmes maladies se trouvent souvent accompagnées de maladies internes, qui y causent des effets que le Chirurgien ne peut ignorer, sans commettre des fautes considérables dans la pratique de son Art. Il est donc absolument nécessaire que les Chirurgiens soient parfaitement instruits de la Phisique du corps humain, sain & malade, aussi bien que de la nature & des effets des remedes que l'on doit emploier pour le rétablir ou pour le conserver en santé. C'est ce qui nous engage à exhorter les Chirurgiens, sur tout ceux qui servent dans les Vaisseaux, dans les Armées, dans tous les Regimens, dans certains Hôpitaux & à la Campagne, qui sont presque toujours destitués du conseil des Medecins, à faire une étude particuliere de cet Ouvrage, dans lequel ils trouveront des regles capables de les conduire sûrement dans la cure des maladies tant médicinales que chirurgicales. Fait à Paris le 5. Septembre 1735.

BERTRAND, MALAVAL,
MOUTON, CUQUEL.

Vû le raport ci-dessus, consentons que l'Auteur le fasse imprimer. Fait & deliberé à S. Côme le 7. Septembre 1735.

TURSSAN, *Lieutenant du premier Chirurgien du Roi, & Prevôt perpetuel.*
ROUHAULT, *Prevôt en charge.*
DORLET, *Prevôt en charge.*
GERARD, *Prevôt en charge.*
ANDOUILLE', *Prevôt en charge.*

EXTRAIT DES REGISTRES
De la societé des Arts.

Du Dimanche 5. Juin 1735.

CE jour Messieurs les Associés soussignés, nommés Commissaires par déliberation de la société des Arts, du 12. Novembre 1734. pour l'examen d'un livre intitulé, *Essai phisique sur* L'OECONOMIE ANIMALE, *avec un Traité de* L'ART DE GUE'RIR PAR LA SAIGNE'E composée par M. QUESNAY, & qu'il desire donner au Public, ont fait leur rapport à la Compagnie contenant ce qui suit.

La petitesse de ces deux traités ne paroît pas répondre au sujet annoncé par les titres. Cependant tout ce qu'il y a de plus interessant sur ces matieres, nous a paru y être fort approfondi. Des faits y sont partout, les principes & les preuves sur lesquels l'Auteur bâtit; mais ces faits ne peuvent ennuïer: ils sont exposés avec une telle brieveté, & paroissent dans un si beau jour, que quoiqu'ils ne fassent, pour ainsi dire, que passer rapidement, ils n'en sont pas moins frappans, & ne produisent pas moins leur effet. De plus ils sont distribués dans un ordre si judicieux & si naturel, qu'il en resulte un sistême rempli de nouveautés, sans avoir cependant le défaut d'être nouveau. Car en Medecine comme dans les autres sciences, il n'y a qu'une doctrine qui puisse être vraie: ce qu'on peut faire de mieux, est de la mettre de plus en plus en évidence, de diminuer les faussetés qui s'y trouvent & d'y ajouter de nouvelles verités.

Les raisonnemens tiennent ici peu de place : on n'y trouve que ceux qui sont nécessaires pour exposer & pour démontrer avec précision, la doctrine qui doit naître immédiatement des expériences & des observations sur lesquelles l'Auteur s'appuïe. Il est si persuadé qu'au-delà des faits il n'y a plus rien de sûr, que les premieres causes qu'il reconnoît, ne sont que de premiers effets sensibles & généraux, qu'ordinairement il n'entreprend point d'expliquer, mais qui lui servent à en expliquer une infinité d'autres qui sont du ressort de l'art de guérir.

Ainsi nous croïons que cet ouvrage sera utile & agréable, non-seulement aux personnes de l'art, qui aiment à agir avec connoissance de cause dans le traitement des maladies, mais encore à ceux qui ont du goût pour la phisique, surtout pour la phisique du corps humain. A Paris ce 22. Mai 1735.

BOTTE'E, *Directeur.*

HYNAULT, *Secretaire.*

CROISSANT DE GARENGEOT, *Trésorier.*

BASSUEL, *Associé assidu.*

En conſéquence de ce rapport, la ſocieté aïant déliberé en la maniere accoutumée, a permis à Mr. QUESNAY, de donner ſon ouvrage au Public ſous ſon nom, & ſous la qualité d'aſſocié de la ſocieté des Arts.

Je ſouſſigné Secrétaire de la Societé des Arts, certifie que l'extrait ci-deſſus, a été tiré du regiſtre des délibérations de la Societé, & qu'il eſt en tout conforme à l'original. A Paris ce 5. Juin 1735.

HINAULT.

EXTRAIT DES REGISTRES

De l'Academie des Sciences & Belles-Lettres, établie à Lyon.

Du Mardi 10e. de Mai 1735.

LE ſieur Queſnay Maître ès Arts, & Chirurgien reçû à S. Côme, Aſſocié & Correſpondant de l'Academie des Sciences & Belles-Lettres de Lyon, aïant fait préſenter à cette Academie, ſon Traité DE L'ART DE GUERIR PAR LA SAIGNE'E, avec un traité DE L'OECONOMIE ANIMALE; elle a nommé pour l'examiner, Mrs. Peſtallozzi & Rey Doćteurs en Medecine, qui en aiant fait aujourd'hui un rapport fort avantageux à la Compagnie, elle a permis à Monsieur Quesnay de faire imprimer son Livre, avec la qualité d'Associé & Correspondant de l'Academie des Sciences & Belles Lettres de Lyon. En foi de quoi je lui ai délivré le présent Certificat, à Lyon ce 10e. de Mai 1735.

BROSSETTE, Secretaire perpetuel.

A Toutes ces Approbations, l'Auteur avoit crû ajoûter celle de la Faculté de Medecine de Paris, parce qu'elle avoit nommé deux de ces Membres pour examiner cet Ouvrage, & que par le rapport que ces deux sçavans Docteurs en ont fait à la Faculté, il a paru digne de leurs éloges: mais la Faculté a depuis, par des motifs qui ne regardent ni l'Ouvrage ni l'Auteur personnellement, jugé à propos de supprimer ce témoignage. De nouvelles refléxions lui ont fait envisager certaines conséquences qui l'ont déterminée à ne pas rendre ce rapport public. L'Auteur auroit pû en donner ici une copie, pour prévenir les impressions que cette décision peut faire sur quelques particuliers incapables de se décider par leurs propres lumieres ; mais les égards qu'il a pour plusieurs Docteurs de cette Faculté, & pour la Faculté même, l'en ont empêché : il n'en auroit pas même parlé, si les demarches de la Faculté n'avoient pas été divulguées.

APPROBATIONS des Censeurs Royaux.

J'Ai lû par ordre de Monseigneur le Garde des Sceaux, un Manuscrit qui a pour titre *l'Art de guérir par la saignée*, où l'on examine les autres secours qui doivent concourir avec ce remede, ou qui doivent lui être préferés dans la cure des maladies ; avec un traité sur l'*Oeconomie animale*. Cet ouvrage m'a paru digne de l'impression. A Paris le 5. Janvier 1735.

VERNAGES.

J'Ai lû par ordre de Monseigneur le Garde des Sceaux, un Manuscrit intitulé *Essai phisique sur l'Oeconomie animale*, avec un Traité de *l'Art de guérir par la saignée*, où l'on examine en même tems les autres secours qui doivent concourir avec ce remede, ou qui doivent lui être préferés dans la cure des maladies. J'ai jugé ces ouvrages très-dignes de l'impression. A Paris ce 20. Decembre 1734.

PETIT.

PRIVILEGE DU ROY.

LOUIS PAR LA GRACE DE DIEU ROI DE FRANCE ET DE NAVARRE: A nos amez & feaux Conseillers les Gens tenant nos Cours de Parlement, Maistres des Requêtes ordinaires de notre Hôtel, Grand-Conseil, Prévôt de Paris, Baillifs, Sénéchaux, leurs Lieutenans Civils & autres nos Justiciers qu'il appartiendra, salut. Notre bien amé GUILLAUME CAVELIER, Libraire à Paris, Ajoint de sa Communauté, Nous ayant fait remontrer qu'il souhaiteroit faire imprimer & donner au Public *l'Art de guérir par la saignée avec un Traité sur l'Oeconomie animale par le sieur François Quesnay: Abregé de toute la Medecine pratique, par Jean Allen, avec la methode de Sydenham, & quelques formules: Traité des Maladies des Os par Jean-Louis Petit; les vertus Medicinales de l'eau commune, avec la dissertation de M. Moreau sur la glace, & celle du sieur Frederic Hoffeman sur les Remedes Domestiques*, s'il nous plaisoit lui accorder nos Lettres de Privilege sur ce nécessaires; offrant pour cet effet de les faire imprimer en bon papier & beaux caractéres suivant la feuille imprimée & attachée pour modele sous le contrescel des Présentes. A ces causes voulant traiter favorablement ledit Exposant, Nous lui avons permis & permettons par ces Présentes de faire imprimer lesdits Livres ci-dessus spécifiez en un ou plusieurs volumes, conjointement ou séparément, & autant de fois que bon lui semblera, sur papier & caractéres conformes à ladite feuille imprimée & attachée sous notredit contrescel, & de les vendre, faire vendre & débiter par tout notre Royaume pendant le tems de six années consécutives, à compter du jour de la date desdites Présentes. Faisons défenses à toutes sortes de personnes de quelque qualité & condition qu'elles soient, d'en introduire d'impression étrangere dans aucun lieu de notre obéissance, comme aussi à tous Libraires, Imprimeurs, & autres d'imprimer, faire imprimer, vendre, faire vendre, débiter ni contrefaire lesdits Livres ci-dessus exposez, en tout ni en partie, ni d'en faire aucuns extraits sous quelque prétexte que ce soit, d'augmentation, correction, changement de titre, ou autrement, sans la permission expresse & par écrit dudit Exposant, ou de ceux qui auront droit de lui; à peine de confiscation des Exemplaires contrefaits, & de trois mille livres d'amende contre chacun des contrevenans, dont un tiers à Nous, un tiers à l'Hôtel-Dieu de Paris, l'autre tiers audit Exposant, & de tous dépens, dommages & intérêts; à la charge que ces Présentes seront enregistrées tout au long sur le Registre de la Communauté des Libraires & Imprimeurs de Paris dans trois mois de la date d'icelles; que l'impression de ces Livres sera faite dans notre Royaume & non ailleurs; & que l'Impétrant se conformera en tout aux Reglemens de la Librairie, & notamment à celui du dixiéme Avril 1725. & qu'avant que de les exposer en vente les Manuscrits ou Imprimez qui auront servi de copie à l'impression desdits Livres, seront remis dans le même état où les Approbations y auront été données, ès mains de notre très-cher & feal Chevalier Garde des Sceaux de France le Sieur Chauvelin ; & qu'il en sera ensuite remis deux Exemplaires de chacun, dans notre Bibliotheque publique, un dans celle de notre Château du Louvre, & un dans celle de notredit très-cher & feal Chevalier Garde des Sceaux de France le Sieur Chauvelin ; le tout à peine de nullité des Présentes : du contenu desquelles vous mandons & enjoignons de faire jouir l'Exposant ou ses ayans cause, pleinement & paisiblement sans souffrir qu'il leur soit fait aucun trouble ou empêchement. Voulons que la copie desdites Presentes qui sera imprimée tout au long au commencement ou à la fin desdits Livres, soit tenuë pour duëment signifiée ; & qu'aux copies collationnées par l'un de nos amez & feaux Conseillers & Secretaires, foi soit ajoutée comme à l'original. Commandons au premier notre Huissier ou Sergent de faire pour l'execution d'icelles, tous actes requis & nécessaires sans demander autre permission, & nonobstant clameur de Haro, charte Normande, & Lettres à ce contraires : Car tel est notre plaisir. Donné à Versailles le seiziéme jour du mois de Juillet l'an de grace mil sept cent trente-cinq, & de notre Regne le vingtiéme. Par le Roy en son Conseil.

SAINSON.

Régistré sur le Registre IX. de la Chambre royale des Libraires & Imprimeurs de Paris, N°. 121. Fol. 121. conformément aux anciens Reglemens confirmé par celui du 28. Février 1728. A Paris ce 18. Juillet 1735. Signé,

G. MARTIN *Sindic.*

FAUTES A CORRIGER

*Celles qui changent le ſens ſont marquées par *, afin qu'on ſe donne la peine de les corriger. Pour les autres il ſuffit de jetter les yeux deſſus à chaque article, avant que de le lire.*

DANS LE DISCOURS.

Page 4. lig. 11. qui dépendent, *liſez* qui concernent.

p. 5. l. 3. beaucoup, *ajoutez* de perſonnes.

p. 5. l. 5. qu'eſt-ce, *liſez* qui eſt-ce.

p. 6. l. 1. où l'on puiſſe, *liſez* où les autres puiſſent.

ibid. l. 6. dont il eſt queſtion, *liſez* qu'il eſt queſtion.

p. 12. l. 8. & ailleurs en rigueur, *liſez* à la rigueur.

p. 17. l. 1. *effacez* en apparence.

p. 20. l. 12. * de meme. *effacez* de * *ibid.* erreurs, *liſez* terreurs.

p. 21. l. 12. qui appartienne, *liſez* qui appartient.

p. 23. l. 1. ce que l'expérience nous inſtruit, *liſez* que l'expérience nous apprend.

p. 25. l. 20. à erreur, *liſez* en erreur.

p. 41. l. 5. en preuve, *liſez* pour preuve.

p. 44. l. 22. que je veux, *liſez* que je veüille.

DANS LE PREMIER CHAPITRE

ART. III.

p. 13. l. 24. où cette matiere eſt excluë, *liſez* en des endroits d'où cette matiere eſt excluë.

p. 14. l. 13. & 14 feux dioptriques & catoptriques, *lisez* feux de dioptrique & de catoptrique.

p. 18. l. derniere, *lisez* particules ignées qui y abordent continuellement.

* p. 21. l. 26. *effacez* qui.

* p. 24. l. 11. dans la détermination de la plûpart, *lisez* par la détermination qu'elles leur donnent.

ibid. l. 26. cela est *lisez* cet effet est.

* p. 25. l. 27. fabriqué depuis peu en Angleterre, *lisez* qui a paru depuis peu en Angleterre, & auparavant à Lyon, où il a été fabriqué.

* p. 26. l. penul. Sel, *lisez* sol.

Art. IV.

p. 36. l. 2. par l'air, *lisez* par celui de l'air.

* ibid. l. 11. 212., *lisez* 2112.

ibid. l. antepenul. de façon qu'un, *lisez* de la même maniere un.

pag. 37. l. 17. des effets infiniment, *lisez* des effets qui paroissent infiniment.

p. 39. l. 8 toutes les tranches imaginables, *lisez* la plus mince tranche.

p. 41. l. 12. auparavant qu'il, *lisez* avant qu'il.

* p. 43. l. 23. auteurs, *lisez* acteurs.

p. 49. *seconde note*, difference de l'une à l'autre, *lisez* Difference entre l'une & l'autre.

p. 52. l. derniere, & les autres, *lisez* & que les autres.

* 53. l. 14. dispofer, *lisez* dépofer.

ART. VI.

p. 63. l. 15. qu'au préalable, *lisez* qu'indépendemment.

ART. VII.

* p. 71. l. 17. après animaux, *ajoutez* & peut être de quelques plantes extremement *alcalescentes*, comme le coclearia, le senevé, & peu d'autres, car du reste.

p. 74. l. 48. réduite, *lisez* reduit.

p. 77. l. 18. modele, *lisez* exemple.

* p. 79. l. premiere, découvrir, *lisez* entretenir.

p. 82. l. 10. lubrifique, *lisez* lubrifiante.

p. 89. l. 29. démembrent, *lisez* décomposent.

p. 95. l. 17. & malignité, *lisez* & une malignité.

* p. 97. l. 7. contagieuse, *lisez* pernicieuse.

ART. VIII.

p. 105. l. 9. fosphore, *lisez* phosphore.

* ibid. l. 22. qui passent l'action du feu, *lisez* qui passent par l'action du feu.

p. 107. l. 9. qui machés crus, *lisez* qui mâchées cruës.

* p. 108. l. 25. *effacez* pour nos humeurs.

p. 114. l. 13. n'est aussi actif, *lisez* n'est si actif.

* ibid. l. derniere soit, *lisez* ne soit.

p. 117. l. 19. subtiles, *lisez* subtils.

ibid. l. 26. dépende, *lisez* ne dépendent.

* ibid. l. derniere, ces huiles dépoüillés par la putréfaction, *lisez* les huiles animales dépoüillées par la distillation.

* p. 123. l. 27. *après le mot* susceptibles, *ajoutez* comme lorsque le vin devient vinaigre.

* p. 1[illegible] l. 9. par la fermentation, *lisez* dans ce second degré de fermentation.

* p. 129. l. 15. les sels des mixtes, *lisez* les sels des végétaux.

* ibid. l. *antepenult.* après le point, *ajoutez* cependant.

p. 131. l. penult. qui avoient entre, *lisez* qui étoient entrées.

* p. 142. l. 11. que celui-ci, *lisez* que ce dernier *à cause* que celui-ci *fait équivoque*.

* p. 148. l. 14. contre la putréfaction, *lisez* contre leur putréfaction.

CHAPITRE SECOND.

ART. I.

* *Lig. premiere.* La fermentation du chile, *lisez* la formation du chile.

p. 154. l. 4. ne fût pas de part, *lisez* n'eut quelque part.

p. 159. l. 2. qu'ils n'échappent, *lisez* qu'ils n'échappassent.

* p. 160. l. 4. nous n'y remarquons pas, *lisez* nous ne remarquons pas.

* ibid. l. 6, quoiqu'elles, *lisez* ; quoique cependant ces matieres.

ART. IV.

pag. 171. ne leur donne-t'elle pas, *lisez* ne leur donne pas.

p. 191. l. 23. avant, *lisez* auparavant.

p. 198. l. 271. *& autres on trouve* globulettes, *j'aurois dû dire* globulets; *parceque ce diminutif est formé sur un substantif masculin, mais* globulettes *semble moins étrange.*

CHAPITRE TROISIEME.

p. 217. l. 24. qui ne fasse effort, *lisez* qu'ils ne fassent effort.

* p. 216. l. 10. pour la distribuer, *lisez* la reçoivent, dis-je, pour la distribuer.

* p. 219. lig. antepenult. Ce dernier, *lisez* mais ce dernier.

* p. 260. l 18. *effacez* & qui lui étoit déchûe, ou *lisez* dont il étoit déchu.

p. 161. l. 6. ces filles se rencontrent bientôt, *lisez* ces filles se retrouvent bientôt.

p. 178. l. 18. *effacez* à leur égard.

p. 179. l. 25. dont l'aspect de beaucoup d'objets, *lisez* où l'aspect de beaucoup d'objets

On n'a pas jugé à propos de ramasser ici plusieurs fautes d'ortographe, & autres fautes qui sont sans conséquence, ou qui sont très-faciles à remarquer.

CATALOGUE

CATALOGUE
DE LIVRES DE MEDECINE, CHIRURGIE, &c.

Qui se trouvent à Paris, chez CAVELIER, Libraire, rue S. Jacques, au Lys d'or.

ABREGE' de toute la Medecine Pratique, ou Sentimens des plus habiles Medecins sur la nature des Maladies, de leurs causes, & des remedes qui leur conviennent, 5. vol in-12. *sous presse*.

Alpinus Prosper de præsagienda vita & morte Ægrotantium, cum præfatione Boerhaave, curavit Gaubius in-4. Hambiergi 1734.

Astruc, de Morbis Venereis libri VI. in-4. Paris 1736.

Anatomie du Corps de l'Homme en abregé, ou Description exacte de ses Parties, par *Noguez*, seconde Edition, augmentée de 20. Planches en tailles douces, in-12. fig. Paris, 1726.

Boerhaave (*Herm.*) Aphorisini de cognoscendis & curandis Morbis in usum doctrinæ domesticæ digesti. in-12 Parisiis 1728.

——— Ejusd. de Materia Medica & Remediorum Formulis, quæ serviunt Aphorismis de cognoscendis & curandis Morbis. in-12. Parisiis, 1720.

——— Ejusd Institutiones Medicæ in usus annuæ exercitationis domesticos. in 12. nova editio aucta. Parisiis 1735.

——— Ejusd. Elementa Chemiæ, quæ anniversario labore docuit in publicis privatisque Scholis. Editio altera, aucta Opusculis Auctoris, 2. vol. in-4. fig. Parisiis 1733.

——— Ejusd. Tractatus de Viribus Medicamentorum, Editio nova, priori longè auctior. in-12. Paris. 1727.

Codex Medicamentarius, seu Pharmacopœa Parisiensis, ex mandato Facultatis Medicinæ Parisiensis, in lucem edita. in-4. Parisiis, 1732.

Davach de la Riviere, Miroir des Urines, où l'on voit les différens temperamens & les causes des Maladies d'un chacun. in 12. Paris 1722.

Deventer, Observations importantes sur le Manuel des Accouchemens, où l'on trouve tout ce qui est necessaire pour les Opérations; traduites en François par *M. d'Ablaincourt*, qui les a augmentées de Réflexions sur les points les plus intéressans. in-4. figures, Paris, 1734.

Douglas, Nouvelle maniere de faire l'Opération de la Taille; l'on y a joint *Rousset* & *Cheselden*, sur l'Opération de la Taille par le haut Appareil, traduit de l'Anglois par *Noguez* in-12. fig. Paris, 1724.

Le François, Réflexions Critiques sur la Médecine, où l'on examine ce qu'il y a de vrai ou de faux dans les jugemens que l'on porte au sujet de cet Art. 2. vol. in-12 Paris, 1723.

Freind, Emmenologia, in qua fluxus muliebris menstrui Phœnomena, Periodi, Vitia, cum medendi Methodo: accedunt ejusdem Autoris Prælectiones Chymicæ, in-12. Parisiis, 1727.

——— Ejusd. Opera omnia Medica, Editio altera. Londinenſi multò correctior in-4. Pariſiis, 1735.

Garengeot, Traité des Opérations de Chirurgie, fondé ſur la Mecanique des Organes de l'homme, & ſur la Théorie & la Pratique la plus autoriſée. 3. vol. in-12. fig. Paris, 1731.

— Du même, Nouveau Traité des Inſtrumens de Chirurgie les plus utiles, & de pluſieurs nouvelles Machines propres pour les Maladies des Os, ſeconde Edition, augmentée. 2. vol in-12. fig. Paris, 1727.

Hecquet, de purganda Medicina à curarum ſordibus ubi detecto Evacuantium fuco, Purgationum Fraudes & Impoſturæ revelantur, purgandi leges & tempora reſtituuntur. in 12. Pariſiis, 1714.

— Hippocratis Aphoriſmi, ad mentem ipſius, artis uſum & corporis mechaniſmi rationem expoſiti. Gr. Lat. 2. vol. in-12. Paris, 1724.

— La Médècine Théologique, ſortie des mains de Dieu, & régie par ſes loix. Ouvrage où s'explique l'Hygieine par les principes du Mécaniſme, l'on y découvre les cauſes des maladies & leurs vrais Remedes. On y a joint les Théſes de Médecine de l'Auteur 2. vol. in 12. Paris, 1733.

La Motte (Guil. Mauquest) Traité complet de Chirurgie, contenant des Obſervations & des Réflexions ſur toutes les Maladies Chirurgicales, & ſur la maniere de les traiter, ſeconde Edition, revûe, corrigée & augmentée, 4, vol in-12 Paris, 1732.

Malouin (*Médecin de Paris*) Traité de Chimie, contenant la maniere de préparer les remedes qui ſont le plus en uſage dans la

Pratique de la Médecine. in-12. Paris, 1734.

Morand, Traité de la Taille au haut appareil, où l'on a rassemblé tout ce qu'on a écrit de plus intéressant sur cette opération ; avec la Lettre de M. Winslow sur cette matiere. in-12. Paris, 1728.

Palfin (Jean) Nouvelle Osteologie ou Description exacte des Os du Corps Humain ; accompagnée des Remarques Chirurgicales sur le traitement de leurs Maladies. in-12. fig. Paris, 1731.

—— Anatomie Chirurgicale, ou Description exacte des Parties du Corps Humain ; avec des Remarques utiles aux Chirurgiens dans la pratique de leur Art. Nouvelle Edition corrigée & refondue par *M. Boudon, Docteur en Médecine*. On y a joint les Observations Anatomiques & Chirurgicales de M. RUYSCH, & celles de M. BRISSEAU, 2 vol. in-8. avec 58. Planches ou Figures en taille douce. Paris, 1734.

Petit (J. Louis) Traité des Maladies des Os, avec les Machines & Appareils qui servent à leur guérison ; nouvelle Edition corrigée & augmentée. 2. vol in 12. Paris, 1736.

Quesnay, Essai phisique sur l'Oeconomie animale. in-12. Paris, 1736.

—— L'Art de guérir par la Saignée, où l'on examine en même tems les autres secours qui doivent concourir avec ce remede, ou qui doivent lui être préférés dans la cure des Maladies in 12. Paris, 1736.

Outre les Livres ci-dessus, on trouve chez le même Libraire un grand nombre de Livres sur toutes sortes de Sciences, tant imprimés en France que dans les Pays Etrangers, où il a grand commerce.

L'ŒCONOMIE ANIMALE

DIVISÉE

EN TROIS CHAPITRES

I. Des Elemens.

II. Des humeurs.

III. Des parties solides.

CHAPITRE PREMIER

DES ELEMENS.

Art. I. Ce que c'est.
Art. II. Leurs mouvemens
Art. III. Le feu.
Art. IV. L'air.
Art. V. L'eau.
Art. VI. La terre.
Art. VII. L'huile.
Art. VIII. Le sel.

ARTICLE PREMIER.

CE QUE C'EST QU'ELEMENT.

POur comprendre ce que c'est qu'Element, il faut avoir l'idée de la matiere; parceque la matiere est la substance commune de tous les élemens, & en general de tous les corps.

La matiere *est une substance étenduë*,

1. Définition de la matiere. *impenetrable ou solide, divisible, & mobile.*

Par le mouvement & par la division dont la matiere est susceptible, elle est partagée en des parties d'une petitesse énorme, differentes entre elles par leur figure, par leur mobilité & même par leur grandeur.

2. Définition de l'element. On appelle Elemens, celles de *ces petites parcelles de matiere qui sont emploïées à la composition & à l'entretien des mixtes*, c'est à-dire, *des corps composés, & qui dans la dissolution parfaite de ces mixtes, se retrouvent dans leur simplicité & dans leur premier état* *

La connoissance de petits atômes ou corpuscules, que la nature emploïe regulierement à la construction des corps,

* L'extrême petitesse de ces Elemens, les rend absolument imperceptibles : nous n'en pouvons donc connoitre avec certitude, que les proprietés ou les effets sensibles. Aussi est-ce là en toute rigueur, où doit commencer la doctrine de l'Art de guérir. On doit pour cette raison, regarder comme sans consequence ce que nous avons osé hazarder de plus; car qu'il y ait par exemple du vide ou non dans la nature; qu'il y ait une matiere infiniment fluide & sans action, ou que cette matiere soit elle-même le principe de toute activité; que les molécules du feu soient des globules solides, ou comme le veut le P. M. des tourbillons de matiere subtile; que la pesanteur, la fluidité, l'élasticité, & la rarescibilité de l'air dépendent de celui-ci, ou de quelqu'autre matiere qu'il renferme; toutes ces premieres connoissances nous sont inutiles, l'Art de guérir ne peut rien que sur les causes immédiates des phenomenes qui le concer-

a toujours extrémement occupé les Phiſiciens, pour en conſtater la forme & le nombre. Par les lumieres de la raiſon on croit appercevoir que la matiere eſt toujours diviſible ; d'où il paroît qu'il ne peut y avoir aucune portion de matiere conſtamment aſſujettie à la même étenduë & à la même forme. Cette diviſibilité ſans borne, doit rendre ſes parties toujours fragiles, toujours muables, & incapables par-conſéquent d'être réduites ſous aucun genre particulier & fixe.

3. La raiſon & l'expérience ſuggerent des ſentimens opposés entr'eux au ſujet des Elemens.

Par l'expérience, nous ſommes au contraire comme convaincus, que la diviſion de la matiere ſe trouve arrêtée à certains genres de molécules, qui tiennent contre tous les efforts de la nature & de l'art; telles ſont, par exemple, les particules de l'eau & de la terre : car encore que quelques-uns n'aïent pas cru celles-ci même ſi immuables, qu'elles ne leur aïent paru réciproquement convertibles d'un genre en l'autre, il eſt certain cependant qu'on n'a point encore pû fournir de faits qui prouvent clairement cette mutabilité.

nent. Sa doctrine par-conſéquent, doit être indépendante de toutes les hipotheſes des Phiſiciens ſur la nature des Elemens & des cauſes premieres, & de toutes leurs differentes façons de faire jouer la matiere ſubtile & d'animer l'univers.

4. Le nombre des Elemens. Les Chimistes ont poussé l'analise de la plûpart des mixtes, jusqu'à les réduire en terre & en eau, du-moins à en juger par ce qui reste de sensible après leurs opérations ; mais ils y entrevoient de plus une matiere particuliere, qui constamment & préalablement, ou plutôt exclusivement à toute autre, porte les marques, & produit tous les effets qui caracterisent & manifestent le feu.

On ne peut pas confondre avec ces trois substances, l'air pur, cette matiere fine, fluide, élastique qui se trouve par tout, même dans les corps les plus massifs, & qui n'est point selon toutes preuves de fait, composée de principes plus simples qu'elle. Qui peut donc lui refuser de mettre ses particules au rang de ces atômes primitifs, immuables, & universels, dont les corps commencent à se composer, & où se termine leur division.

[2.] *Les quatre Elemens des Anciens admis, avec le sel & l'huile, pour principes des mixtes.* Voilà donc les quatre Elemens des Anciens, le *feu*, l'*air*, l'*eau*, & la *terre*, plus vraiment que les autres qu'on a imaginés les premiers materiaux, dont sensiblement les corps sont, du-moins en partie, composés. Je dis du-moins en partie, car dans la dissolution des corps, surtout des corps vivans & d'une partie des mineraux, deux autres genres de corpuscules (*l'huile* & le *sel*) s'y font remarquer très ſenſiblement : il eſt vrai que ces ſubſtances ſont d'abord ſuſceptibles d'une analiſe qui conduit à croire qu'ils ne ſont que des compoſés. L'huile avant que d'être épurée, fournit de l'eau, de la terre, même du ſel ; de façon qu'il ne reſte preſque plus rien ſous la forme d'huile, & le peu qu'il en reſte, ſemble par l'embraſement, ſe convertir totalement en feu. On parvient auſſi à décompoſer le ſel ſenſible, de maniere que quand on a enlevé l'eau & la terre qui entre dans ſa compoſition, le reſte devient imperceptible.

Il eſt donc queſtion à préſent de ſçavoir, ſi cette huile épurée ou afinée ſe convertit en feu, & ſi le ſel n'étoit que de la terre & de l'eau. J'avouë que la queſtion n'eſt pas facile à décider ; parceque quand on veut pouſſer cet examen juſqu'où la curioſité peut l'exiger, l'objet devient ſi fin & ſi imperceptible, qu'il diſparoît entierement ; enſorte qu'il eſt impoſſible qu'on puiſſe jamais parvenir à fournir des preuves ſenſibles de la deſtruction entiere de ces deux genres de molécules : ce qui ſuffit déja pour ne pouvoir pas les exclure du nombre des Elemens, ſurtout en Médecine, où preſque tout s'opere par leur moien : mais nous avons, comme nous le verrons par la suite, quelques expériences qui assûrent en quelque sorte, que véritablement l'huile & le sel ne périssent point entierement. Il me semble que pour s'en convaincre dès à présent, il suffiroit de reflechir sur la nécessité qu'il y a de fumer les terres qu'on veut rendre fertiles ; car ce n'est point pour les refournir des autres Elemens, ils y abondent sans cette précaution ; elle n'a donc lieu, cette précaution, que parcequ'il faut que les sels & les souphres des mixtes qui se detruisent, retournent au sein de la terre, afin d'y contribüer de nouveau à la réproduction de ces mixtes.

5. Elemens actifs & passifs.

De ces six principes, il y en a deux sçavoir le feu & l'air, qu'on peut regarder comme actifs. Le feu comme le premier moteur, ou premier agent materiel que nous puissions découvrir par la voie des sens ; & l'air, quoiqu'il se laisse fixer & enfermer dans les mixtes au point d'y perdre toutes ses proprietés actives, ne peut manquer d'être reconnu, comme on le remarquera ailleurs, pour l'instrument le plus universel qu'il y ait dans la nature. Les quatre autres, peuvent être regardés comme passifs, non-seulement à cause qu'ils se laissent lier & assujettir dans les mixtes, mais encore parcequ'ils y sont soumis à l'activité des deux premiers ; & que sans ceux-ci, ils sont incapables d'aucun effet.

ART. II.

Les mouvemens par lesquels les Elemens agissent les uns sur les autres.

LA génération, les altérations & la destruction des mixtes, dependent regulierement de certains genres de mouvemens qui se remarquent sensiblement dans ces mixtes, principalement des végetaux & des animaux. Ces mouvemens que nous devons regarder comme les causes les plus génerales que nous puissions découvrir par la voie des sens, se réduisent à cinq : sçavoir le mouvement de *chaleur*, celui d'*électricité*, celui de *fermentation*, celui de *putréfaction*, & celui que produit le jeu des vaisseaux. *a*

6. Cinq mouvemens principaux.

a Ces mouvemens sont ou *spontanés*, ou *excités*. *Spontanés* s'ils arrivent comme d'eux-mêmes, sans y faire intervenir aucune cause particuliere & sensible. *Excités*, s'ils sont visiblement produits ou suscités par quelque cause particuliere & sensible. L'embrasement, par exemple, est excité, lorsqu'on le fait naître en frappant deux corps durs ; il est spontané au-contraire, lorsqu'un corps exposé à l'air, s'embrase de lui-même comme le phosphore. La fermentation, la putréfaction, l'electricité, sont

7. Le mouvement de chaleur. Le mouvement de *chaleur* est la cause premiere & générale de tous les autres, & de tout ce qui se produit dans les mixtes ; mais par lui, les particules du feu peuvent agir simplement & immédiatement dans les mixtes, comme lorsqu'elles entretiennent la fluidité des sucs qu'elles raréfient, qu'elles dessechent, qu'elles embrasent, qu'elles fondent les métaux, qu'elles font boüillir les liquides, &c. Alors, nous distinguons ce mouvement des autres où les particules du feu n'agissent que par l'entremise des autres Elemens, ou de quelqu'autres causes qui les excitent ; comme dans les mouvemens de fermentation, de putréfaction, &c. desquels on ne distingue point le mouvement de chaleur qui s'y trouve.

8. Mouvement Electrique. Les Elemens comme les autres corps, sont sujets à un mouvement d'*électricité*, par lequel les particules d'un Element vont s'unir & s'attacher, comme par choix ou par preference, à celles d'un autre Element plutôt qu'à celles des autres, comme il arrive à cet espece de sel qu'on tire des cendres d'un mixte, qui lorsqu'il est bien desseché, semble attirer toutes les particules d'eau

presque toujours des mouvemens spontanés, mais on ne peut pas en dire de même des mouvemens qui dépendent du jeu des vaisseaux.

diſperſées dans l'air d'une chambre où il eſt exposé, parceque effectivement ces particules d'eau vont s'unir & s'attacher fortement, & en grande quantité à ce ſel. a

9. Mouvement des vaiſſeaux

Le mouvement que produit le jeu des vaiſſeaux, eſt celui qui donne aux molécules des ſucs qui parcourent ces vaiſſeaux, la forme & la qualité qui conviennent aux mixtes auxquels ces ſucs appartiennent, du moins tant que ce

a Ce mouvement dépend en general de deux cauſes. 1°. d'un fluide qui tranſporte ces particules les unes où ſont les autres, auxquelles par rencontre elles s'uniſſent. L'air dans l'exemple que nous venons de rapporter, eſt ce fluide qui promene continuellement des particules d'eau, & qui leur procure la rencontre du ſel ; car il eſt certain que ſans l'entremiſe d'un fluide quelconque, ce mouvement en général n'a point lieu. 2°. Il y a une cauſe particuliere d'où dépend l'affinite qui ſe trouve entre ces particules qui ſemblent ſe chercher, & qui s'uniſſent enſemble ; ſoit que cette cauſe conſiſte dans la figure de ces particules, ou dans d'autres particules actives qui pénétrent, ou qui environnent celles qui s'uniſſent, ou qui pour s'unir en expulſent d'autres, ce qui forme quelquefois une eſpece de conflict ou de mouvement tumultueux très ſenſible ; telles ſont ces *effervescences* que nous voions arriver par differens mélanges. Les Anciens ont donné le nom de qualité occulte ou cachée, aux cauſes de ce mouvement électrique, auxquelles on peut rapporter ce qu'ils appelloient *simpatie, ou antipatie & antiperiſtaſe*. Les modernes ont taché d'expliquer ces cauſes par des raiſonnemens abſtraits, les uns d'une façon les autres d'une autre. Mais ces diverſes explications qui ſe contrediſent, ne peuvent rien conſtater.

mouvement persiste dans l'ordre naturel ; car autrement il produit des sucs vicieux, qui causent dans les mixtes où ils se forment, surtout dans les animaux, des dérangements fort remarquables.

10. Mouvement de Fermentation. Le mouvement de fermentation est celui qui survient à la plûpart des sucs extraits des mixtes, surtout des végetaux; tel est celui qui arrive aux sucs exprimés des fruits, lesquels par ce mouvement, deviennent vineux ou aigre, comme le vin, le cidre, le vinaigre, les levains, &c.

11. Mouvement de Putréfaction. Le mouvement de *putrefaction* est celui qui cause dans les mixtes une destruction totale, & qui produit dans les sels & dans les huiles, des effets tout opposés à ceux qui resultent de la fermentation : car le mouvement de putréfaction donne aux huiles qu'il exalte, une puanteur extraordinaire & insupportable, & fait dégenerer en une espece de sel, qu'on nomme alcali volatil, les sels naturels du mixte qu'il corrompt ; au-lieu que celui de fermentation convertit les huiles qu'il volatilise, en esprits vineux

[2.] *Difference entre la putréfaction & la fermentation.* & en sel acide, les sels naturels qui en sont atteints ; ce qui met entre ces deux mouvemens une difference très-grande, laquelle merite beaucoup d'attention.

La plûpart de ces mouvemens, surtout l'embrasement, la putréfaction & la fermentation, ont la proprieté de s'étendre ou de se communiquer d'eux-mêmes d'une partie d'un corps à d'autres qui en sont susceptibles, & qui sont à leur portée. Cette proprieté est assez connuë ; car on sçait qu'une étincelle de feu peut brûler une ville, qu'un peu de levain fait fermenter une quantité considérable de pâte, & que les corps pouris sont contagieux, du moins à l'egard de ceux qui sont de même genre, les végetaux à l'égard des végetaux, les animaux à l'égard des animaux. [3.] *Proprieté a[...]ctifique des mouvemens spontanés.*

ART. III.

LE FEU.

I. Differens etats du feu.
II. Causes qui excitent le feu.
III. Degres de chaleur.
IV. Chaleur naturelle des animaux.

M. *Boerhaave* definit le feu, un amas de corpuscules ou d'atômes parfaitement solides, extrémement polis, les plus subtils, & les plus mobiles de l'univers. 12. Definition du feu.

Quoique cette definition du feu Elementaire, s'accorde parfaitement bien avec les effets qui caracterisent le feu vulgaire, elle ne représente point cependant celui-ci par aucun des attributs 13. Tout ce que le feu vulgaire a d'apparent, n'est que passager par rapport au feu Elementaire.

qui nous le rendent sensible ; tels sont la chaleur, la lumiere, la raréfaction, l'embrasement, l'ébulition, la fusion, &c. parceque toutes ces qualités-ci, sont passageres au feu Elementaire ; il n'y en a aucune d'elles qui ne l'abandonne tour à tour, & même quelquefois elles le quittent toutes ensemble. Souvent le feu nous paroît par une lumiere très-vive, sans aucune chaleur ni aucune autre qualité sensible.

14. Exemple.

A l'aide des verres & des miroirs faits exprès, on ramasse par reflexion ou par refraction, beaucoup de ce feu avec lequel la lune nous éclaire pendant la nuit, sans que ce feu rassemblé, fournisse rien autre chose qu'une lumiere, dont on ne peut presque soutenir l'éclat. Nulle chaleur, nulle raréfaction, nul embrasement, nul autre impression sensibles ne se remarquent dans les corps qui lui sont exposés. D'autrefois ce feu se fait sentir par une chaleur extrême dans plusieurs corps, surtout dans les métaux & dans les pierres, & cela sans aucune lumiere, & sans presque de raréfaction : de même sans fournir de lumiere, il peut au-contraire dilater considérablement certains corps, sans presque y exciter de chaleur sensible, comme dans l'esprit de vin & d'autres.

15. Les modernes ont con-

Les modernes, entre autres les Cartesiens qui n'ont pas distingué le feu de

l'embrasement même, n'ont point reconnu de feu Elementaire, c'est-à-dire une matiere particuliere, à laquelle seule, & à l'exclusion de toute autre, on puisse attribuer les effets du feu. fondu le feu avec l'embrasement.

Selon eux le feu est une matiere grossiere, violemment agitée par une matiere subtile qui n'est assujettie à aucune étendüe, ni forme particuliere, qui est au contraire toujours dans la nécessité de varier à cet égard. Cette matiere subtile seule n'est point feu, la matiere grossiere seule ne l'est point non plus. Dans leur sistême il faut l'une & l'autre combinées ; encore faut-il pour rendre ce feu lumineux, le concours d'un troisiéme genre de matiere, dont les particules soient exactement rondes ou globuleuses, pour produire selon eux, ces reflexions & ces refractions regulieres auxquelles la lumiere est si fort assujettie. Mais indépendamment de cette matiere grossiere qu'ils croient inséparable du feu, on découvre du feu, où cette matiere est exclüe.

Ce qui détermine parfaitement pour un feu Elementaire, c'est qu'on est convaincu par mille expériences, qu'il n'y a qu'une seule & même matiere qui produise tous les effets que l'on remar- 16. Preuve du feu Elementaire.

que à la présence du feu sensible ; une même matiere, dis-je, qui non-seulement les produit tous ensemble, mais séparément aussi, & toutes les fois qu'on veut l'experimenter. Ces raions de lumiere, par exemple, qui nous viennent de la lune, ne sont autres que ceux du soleil, que celle-ci nous renvoie.

Voyez n. 13. (2.) Or ces raions qui venant de la lune ne fournissent que de la lumiere, ne sont pas simplement lumineux, quand le soleil nous les envoie immédiatement ; ils échaufent, ils rarefient. Dans les feux *dioptriques* & *catoptriques*, ces mêmes raions embrasent les corps combustibles. Ils font boüillir les liquides, ils fondent & vitrifient les mineraux. Voilà donc une même matiere qui produit tantôt séparément, tantôt ensemble, tous les effets qu'on peut attribuer au feu. Pour mieux faire entendre ceci, expliquons tous ces divers phenomenes.

17. Cas où le feu ne fait point d'impression sur les corps.

Par la chaleur qu'on attribüe au feu & à tous les corps chauds, je n'entends pas cette sensation que nous avons, lorsque nous approchons de ces corps ; mais j'entends la faculté qu'ont ces corps d'exciter en nous cette sensation. On a observé que le feu, tant qu'il se meut en ligne droite, tant que toutes ſes parties gardent la même direction, tant qu'elles ſe promenent de concert & uniformément dans les corps qu'elles parcourent, ou qu'elles traverſent, & tant qu'elles ne ſont point troublées dans leur marche par quelques rudes ſecouſſes ou tremouſſement de la part de ces corps, on a, dis-je, remarqué que dans ces cas le feu ne fait point d'impreſſion ſur ces corps. Il n'eſt capable que d'exciter de la lumiere, on eſt convaincu de cette verité par le froid, dont on s'apperçoit ſur le ſomet des montagnes fort élevées au-deſſus de la ſurface commune de la terre, & où l'air n'eſt point chargé de vapeurs capables de rompre la direction des raions du ſoleil. Les corps tranſparans, que la lumiere pénetre de toutes parts en ligne directe, fourniſſent la même preuve ſans même en excepter la glace, puiſque le feu qui traverſe cette glace continuellement, eſt capable, lorſqu'elle eſt taillée en verre ardent, non-ſeulement d'exciter de la chaleur, mais même d'embraſer. C'eſt ainſi que le feu ſe trouve de toutes parts, même où il ne paroît en aucune maniere.

II.

18\. Le feu peut être rassemblé & excité en quatre manieres, par les vibrations, par le soleil, par les verres & miroirs ardens, & par communication.

Cet état caché du feu doit donc arriver toutes les fois que ce feu agit trop foiblement, qu'il se trouve en trop petite quantité, & qu'il suit tranquillement dans les corps, les routes qu'il y trouve, ou qu'il s'y est formé ; en sorte que tout ce qui est capable de le retarder, de le rassembler, de l'exciter, peut aussi nous le rendre sensible, ce qui arrive en quatre manieres, par des vibrations excitées dans les corps, par les verres & les miroirs ardens, par le soleil, par communication.

19\. Premiere maniere de rassembler & d'exciter le feu, les vibrations.

Ainsi dès que vous le voudrez, ce feu insensible se manifestera. Excitez dans les parties d'un corps de fortes vibrations, ce feu ne pourra plus, tant que ces vibrations dureront, traverser ce corps ni le parcourir, sans être arrêté, retenu, & violemment agité, sans que sa détermination, qui auparavant rendoit sa course si paisible, ne soit entierement troublée. La chaleur, la rarefaction, s'y trouvent aussitôt à proportion de la vehemence de cette incitation tumultueuse ; en sorte que si l'on frotte, ou s'il l'on frappe l'un contre l'autre, deux corps assez durs pour soutenir un choc, ou un frottement des plus violens, on peut susciter dans les particules du feu, un mouvement capable d'embraser les corps, du moins les plus combustibles, c'est-à-dire un mouvement capable d'exciter dans les corps des vibrations suffisantes, pour faire que le feu se rassemble, & s'entretienne lui-même dans ce mouvement impétueux & dévorant.

Quand le dérangement & l'agitation des particules du feu, sont portées à cet excès, plusieurs causes concourent aussitôt à l'entretien & à l'accroissement de l'incendie ; mais l'air surtout, tant celui qui est enfermé dans le corps combustible, que celui qui l'environne, agit ici par son ressort & par ses vibrations, avec une force difficile à concevoir pour ceux qui ne sont pas instruits des proprietés de cet Element ; mais ils appercevront dans l'article suivant, où ces proprietés seront détaillées, que nous n'aurons pas grossi les objets pour faire valoir l'explication que nous allons donner. 20. Embrasement.

De la part du corps combustible, il faut d'abord faire attention qu'il est rempli de petites parties huileuses, d'elles-mêmes très-souples, qui se trouvent engagées avec les autres principes ; car on ſçait que c'eſt par ces parties oleagineuſes qu'un corps eſt inflammable. Ces particules prêtent & obéiſſent facilement à la violence des atômes du feu, & leur donnent entrée juſques dans la tiſſure la plus intime, de quelqu'endroit de la ſurface du mixte qu'ils forcent, qu'ils écartent peu à peu, & où ils ſe raſſemblent de plus en plus. Le mixte alors ſe rarefie puiſſamment ; ſes parties entrent dans des vibrations violentes, qui de la ſurface de ce corps, ſe communiquent à l'air exterieur. Celui-ci pouſſé par ſes vibrations, revient avec beaucoup de force fraper ſur ces mêmes parties ; répercution qui les renvoie ſur les atômes du feu, dont le mixte embraſé eſt extraordinairement rempli, ce qui redouble l'agitation de ceux-ci. Toutes ces vibrations reciproques, qui du feu ſe communiquent aux parties du mixte, de ces parties à l'air extérieur, & de celui-ci par retour à ces mêmes parties du mixte, & de ces mêmes parties aux atômes du feu, s'entretiennent & s'augmentent continuellement, à proportion que le mixte ſe remplit de ces particules ignées ; & il s'en remplit toujours de plus en plus, à mesure que ces vibrations qui en augmentent l'activité, les chassent entre les parties sulphureuses, & les font pénétrer de plus en plus dans la tissure intime du mixte.

Pendant ces mouvemens, l'air qui est emprisonné dans le mixte, se prépare à des effets encore plus violens; car à mesure que la rarefaction du mixte augmente, à mesure cet air emprisonné se trouve contraint. Son ressort se bande de plus en plus à proportion de la contrainte où il se trouve, & il acquiert enfin une force contre laquelle les parrois des pores qui le renferment, ne peuvent plus tenir. C'est alors qu'il s'ouvre un passage avec un effort & un fracas proportionnés à la résistance qu'il a eüe à vaincre. Car les expériences qu'on a faites sur le ressort de l'air, nous apprennent que la moindre portion d'air qui se trouve enfermée dans un corps, peut acquerir seule, une force capable de vaincre une résistance égale à un poids de plus de 200. livres. Voici dans cette échappée impétueuse, un surcroît de force pour exciter davantage les atômes du feu. Voici une rupture qui donne entrée à l'air exterieur où sa pesanteur l'oblige de s'introduire, & d'y agir par ses vibrations encore plus puissamment qu'il ne faisoit en dehors. Outre l'air qui se trouve exactement enfermé au-dedans, il y en a encore d'autre qui est moins gêné, qui remue & qui circule intérieurement dans les petits intervalles & dans les petits conduits libres, d'où il sort comme un vent impétueux qui produit continuellement l'effet d'un soufflet, en animant de plus en plus les secousses & les vibrations de l'air extérieur. C'est ainsi que toutes les causes, capables d'entretenir & d'augmenter dans un corps combustible l'action du feu, s'entretiennent & s'accroissent aussi elles-mêmes de plus en plus, jusqu'à ce que le mixte soit totalement consumé ou détruit. Il ne s'agit d'abord que de les mettre en branle ; mais pour cet effet il faut un choc & un frottement des plus violens, qui puisse produire dans les atômes du feu, une agitation capable de les faire pénétrer dans l'instant jusques dans la tissure la plus intime de quelque endroit du corps combustible.

Pour se convaincre de la verité de cette explication, il suffit d'examiner de près les mouvemens qui peuvent facilement s'appercevoir dans un embrasement. Ces trémoussemens qu'on observera dans la flamme, & à la superficie de l'endroit embrasé; ces torrens d'air qui se glissent par les petites ouvertures d'un lieu fermé où il y a du feu; ce souffle, ces bruissemens, ces petillemens, ces éclats, &c. mettent assez en évidence tout ce qu'on a dit.

Il est connu de tout le monde, que plus les corps qui s'embrasent sont durs, pesants, & élastiques, plus le feu y est ardent, & plus il a de force; qu'au-contraire plus ces corps sont poreux, frêles, legers & souples, moins le feu y est vif & puissant; mais qu'en récompense ceux-ci s'embrasent plus promtement que les premiers où il y a une plus grande résistance à vaincre, & où il faut qu'une quantité de feu se rassemble avant qu'il puisse y avoir assez de force pour exciter dans leurs parties, trop roides & trop serrées, de fortes vibrations pour parvenir enfin jusqu'à rompre la tissure de ces corps. Mais d'un autre côté les effets qui se trouvent proportionnés aux efforts, & à la quantité prodigieuse d'atômes de feu qui s'y sont rassemblés, avant que ces corps puissent même commencer à s'embra-

27. L'air & la densité des corps combustibles, reglent l'état, la vitesse & la force de l'embrasement.

ſer, à la difference des autres où tout cede au moindre effort du feu. Une force médiocre ſuffit pour les embraſer & les détruire promptement ; c'eſt pourquoi la violence du feu n'y atteint jamais un degré extrême. Si l'air de ſon côté manque d'agir avec la force qui convient, comme dans une chambre trop petite & trop clauſe, où il reſte preſqu'immobile ; comme auſſi lorſqu'il eſt trop humide, par conſequent trop peu élaſtique, ou lorſqu'il eſt trop dilaté dans un tems fort chaud : car autant que la rarefaction augmente le reſſort de l'air étroitement empriſonné, autant elle diminuë celui de l'air qui eſt libre, dans tous ces cas l'embraſement & l'ardeur du feu languiſſent. Ils prennent beaucoup de vigueur au-contraire, quand l'air eſt froid & ſec, quand il eſt libre & ſuffiſamment agité : alors non-ſeulement il excite fortement le feu par ſon agitation & ſa grande élaſticité, mais cet air d'autant plus condenſé qu'il eſt froid, s'oppoſe plus puiſſamment aux atômes du feu qui tendent à s'échapper, & les retient plus long-temps.

22. La flamme. Ce feu qui eſt prêt à s'échapper avec les petites parcelles les plus legeres qu'il

enleve & détache, trouve encore plus de résistance à vaincre vers en bas que vers en haut, parceque l'air toujours un peu plus pesant & plus gêné en bas qu'en haut, lui fait plus d'obstacle dessous & par les côtés des corps embrasés que par-dessus. C'est en effet par cet endroit-ci plus libre, qu'il se fait place peu-à-peu, c'est où il se rassemble d'abord, & où l'air le retient encore un peu, avant qu'il puisse se disperser, surtout avec les petits débris qu'il entraîne, qui sont principalement les parties sulphureuses ou inflammables du mixte embrasé. Voilà ce qui produit & entretient cette flamme qui accompagne plus ou moins ces corps, à mesure qu'ils brûlent & se consument plus ou moins facilement & promptement, à proportion qu'ils abondent plus ou moins en parties huileuses.

23. Seconde maniere de rassembler & d'exciter le feu. Le soleil.

Quoique le soleil ne dirige vers nous les atômes du feu que d'une maniere qui les rend presque insensibles, & sans effet tant qu'ils ne rencontrent rien qui les dérange, il n'est pas moins la cause générale de tous les mouvemens spontanés qui s'operent continuellement dans la nature par le moien de ces atômes. Il suffit qu'il s'approche, ou qu'il s'éloigne de nous pour nous convaincre de cette verité. Car soit qu'il nous procure une plus grande quantité de ces atômes en les déterminant vers nous, soit qu'il en augmente le mouvement, on s'apperçoit assez que sa présence fait tout ici-bas. Ces atômes qu'il lance avec force sur la surface de la terre, se reflechissent en partie dans l'air voisin qui est toujours fort rempli de parties grossieres, capables de causer dans la détermination de la plûpart, ce desordre qui les met en état d'agiter, d'échauffer, & de rarefier cet air, du moins jusqu'à une certaine distance de la terre ; l'autre partie de ces atômes s'est insinuée au dedans de la terre & des autres corps, où ils reçoivent les mêmes changemens dans leur détermination ; & c'est à l'agitation, à la rarefaction qu'ils y causent, qu'il faut attribuer l'élaboration & le mouvement des sucs dans les plantes, l'élévation des vapeurs au-dessus de la surface de la terre, la liquidité de l'eau, celle des sucs des plantes, & même des humeurs des animaux. Cela est manifesté par ce qui paroît dans plusieurs de ces animaux, qui perdent tout mouvement, tout sentiment pendant les grands froids. M. *Gautier* en rapporte

(1) *La cause primitive du mouvement dans les animaux, ne dépend pas des parties solides.*

porte dans sa biblioteque des philosophes un exemple assez curieux, qui m'a été raconté par la personne qui le lui a communiqué. C'est M. de Fayol Inspecteur des ponts & chaussées, qui au mois de Janvier 1710. trouva dans un gravier où il faisoit creuser, de gros lezards enterrés à la distance de deux toises les uns des autres, tout debout, la queüe droite & en bas : ils étoient aussi roides que des pierres, & si étroitement engagés dans le gravier, qu'on avoit de la peine à les en tirer. M. de Fayol eut la curiosité de faire porter auprès du feu, quelques uns de ces lezards qui paroissoient glacés & sans vie ; on les vit aussitôt remuer & mordre fortement, sans vouloir quitter prise, une pele qu'on leur présenta.

24. Troisiéme maniere de rassembler & d'exciter le feu. La Dioptrique & la Catoptrique.

Le plus puissant moien qu'il y ait pour rassembler beaucoup de feu, mais de feu pur, ou sans mêlange d'autres corps nécessaires pour le retenir, ce sont les verres & les miroirs ardens. Par exemple ce miroir ardent fabriqué depuis peu en Angleterre, qui réünit en un même endroit 7396 fois plus de raions du soleil, que le soleil n'y en envoioit immédiatement auparavant. Le bois verd qu'on y expose, s'embrase auſſitôt ; les cendres des vegetaux, la brique, le talk même, les métaux s'y vitrifient en un moment.

25. Quatriéme maniere de raſſembler & d'exciter le feu. La communication.

Le feu ſe raſſemble par communication, lorſqu'on expoſe un corps dans un lieu où beaucoup de ſes atômes ſont déja raſſemblés. Par exemple une pierre, un morceau de metail qu'on jette dans un braſier, s'échauffe, ſe rarefie, & devient enfin tout ardent, ſans cependant que la cauſe de cette augmentation progreſſive du feu qu'on y remarque, ſe trouve dans ces corps. Il ne s'y trouve que la cauſe de la détention & de l'incitation de ces atômes de feu. C'eſt dans l'endroit d'où ces atômes leur ſont communiqués que ſubſiſte la premiere cauſe. Qu'on retire de cet endroit, cette pierre, ce métail quelqu'ardens qu'ils ſoient, leur chaleur diminuë peu-à-peu. Les vibrations excitées dans ces corps par le feu qui leur avoit été communiqué, ſe ralentiſſent & ſe calment enfin tout-à-fait. C'eſt de cette derniere maniere que le feu ſe trouve par tout, & qu'il opere par tout dans le cours ordinaire de la nature. L'air, le ſel de la terre, & tous les corps, reçoivent le feu que le ſoleil leur proeure & continuë de leur procurer. Ce feu trouve effectivement dans ces corps, une cause qui l'excite & qui le retient un peu de tems ; mais peu après que le soleil les a abandonnés, ils laissent échapper ce feu, leur chaleur, & leur rarefaction (car l'une ne va jamais sans l'autre) augmentent ou diminuënt selon que le soleil paroît ou disparoît, selon qu'il s'en approche ou qu'il s'en éloigne : mais parceque le soleil, soit de près, soit de loin, n'abandonne jamais entierement ces corps, leur feu ne s'y trouve pas non plus en aucun tems parfaitement calme ; car on a experimenté qu'il n'y a naturellement point de froid si grand qu'il soit, qui ne puisse encore devenir plus grand.

Il y a ici une remarque à faire par rapport à la communication de la chaleur d'un corps à l'autre, qui est que cette communication n'est pas toujours proportionnée au degré de chaleur du corps qui la communique ; cette chaleur suit la nature du corps qui s'échauffe, de-là vient qu'une chaleur médiocre dans un corps, peut en se communiquant à une autre sorte de corps, s'y surpasser de beaucoup, tandis qu'elle ne pourra pas s'égaler dans un autre d'un genre different. Le soleil par exemple peut échauffer plusieurs corps jusqu'à les rendre brûlans, lorsqu'il ne fait tout au plus que tiédir l'eau. C'est ainsi que les huiles appliqués dessus une inflammation, peuvent y acquerir une ardeur extrême, & qu'au-contraire les remedes aqueux peuvent servir à temperer l'inflammation même.

III.

26. La rarefaction & la chaleur sont toujours proportionnées entr'elles dans un même corps; l'une peut servir à mesurer l'autre.

La rarefaction ou le gonflement que le feu cause dans les corps, n'est pas égale dans tous par rapport à l'activité & à la quantité du feu qui s'y trouve. Quelques-uns augmentent considérablement de volume à un feu ou à une chaleur médiocre, où d'autres resteront à peu près dans le même état. Mais toujours il est vrai que par rapport à chaque espece de corps en particulier, la chaleur & la rarefaction y sont toujours proportionnées, de maniere que l'une peut y être la mesure de l'autre. C'est ce qui a donné lieu à l'invention des thermomêtres qui servent à mesurer la chaleur par le moien de la rarefaction d'un corps solide ou liquide. D'ordinaire on se sert de l'esprit de vin, mais le vif argent a parû plus convenable ; il fournit une mesure plus étenduë, il peut marquer la chaleur jusqu'à 600. degrés, au-lieu que l'esprit de vin ne la marque que jusqu'à 175.

27 La chaleur est bornée dans les corps, à l'embrasement, à l'ébulition & à la fusion.

Chaque corps ne peut retenir qu'une certaine quantité de feu. La chaleur & la rarefaction ont dans chacun, leur terme qui est le même pour l'une & pour l'autre. Dans les corps combustibles c'est l'embrasement qui est le plus haut degré de chaleur & de rarefaction, dont ces corps puissent être susceptibles. Dans les liquides c'est l'ébulition : c'est la fusion dans les métaux. La chaleur de l'eau, par exemple, peut aller jusqu'à 212 degrés ou environ : arrivée là, l'eau bout ; cette chaleur ne peut aller plus loin quelque violent que soit le feu auquel l'eau se trouve exposée. Les feux de Dioptrique & de Catoptrique qui la font bouillir dans l'instant qu'elle leur est présentée, ne peuvent malgré toute leur force, lui faire passer ces 212 degrés, surtout si elle est bien pure. L'esprit de vin ne va qu'à 175 degrés, alors il bout. Le vif argent commence à boüillir à 600 degrés. Les huiles grossieres vont au-moins aussi loin, mais les huiles distilées, par exemple, l'huile de terebentine commence à boüillir un peu plutôt, c'est-à-dire environ à 560 degrés.

24. Degrez du feu selon les Chimistes.

Les Chimistes divisent à présent le feu en six classes ou degrés. Le premier s'étend depuis le plus grand froid qui arrive naturellement, c'est-à-dire, depuis la plus grande diminution de chaleur, jusqu'au quarantiéme degré qui est l'étenduë où la végetation peut déja avoir lieu.

Le second s'étend depuis le 40e. degré jusqu'au 94e. qui est l'étendüe de chaleur qui peut appartenir aux animaux, du-moins à l'homme.

Le troisiéme s'étend depuis le 94e. degré jusqu'au 213. qui est le terme de la plus grande chaleur, dont l'eau soit susceptible.

Le quatriéme s'étend depuis le 213e. degré jusqu'au 600e. où le vif argent commence à boüillir, où le plomb & l'étain se fondent, où les parties solides des végetaux & des animaux se réduisent en cendre.

Le cinquiéme s'étend depuis le 600e. dégré jusqu'à la fusion & vitrification de tous les corps vitrescibles.

Le sixiéme comprend les feux de Dioptrique & de Catoptrique les plus violens, c'est-à-dire, ceux qui se rassemblent par le moien des verres & des miroirs ardens. On a dû appercevoir qu'on ne peut gueres évaluer la grandeur de la chaleur des feux de ces deux dernieres classes, puisque le termomêtre qui va le plus loin, c'est-à-dire, celui de Mercure, ne passe pas la quatriéme classe. On en fabrique aussi avec des lames de fer ou d'autres metaux, mais toutes ces matieres ne peuvent gueres tenir au-delà de cette quatriéme classe, puisque la cinquiéme est celle où toutes ces substances se fondent & se vitrifient. Cependant il semble qu'on peut évaluer les degrés de chaleur des feux de Dioptrique & de Catoptrique, en s'assurant par le diamettre des verres & miroirs ardens, de la quantité de raions qu'ils réünissent à leur foier : car si le miroir de Villette, par exemple, réünit 7396 fois plus de raions dans un endroit qu'il n'y en avoit auparavant, & que l'air en cet endroit ait déja 60 degrés de chaleur, la chaleur augmentera de 7396 fois 60 degrés, elle sera par-consequent de 443760 degrés.

IV.

29. Chaleur naturelle des animaux. Voyez 19.

Dès qu'il est connu jusqu'où le frottement & les chocs peuvent exciter la chaleur, il n'est plus difficile de trouver la cause de cette chaleur considérable que nous remarquons dans les corps des animaux, surtout dans l'homme ; & si l'on fait attention aussi que c'est de la dureté & de l'élasticité des corps qui agissent les uns contre les autres, que dépend la vigueur de cette chaleur, on s'appercevra aisément que pour juger de l'état de la nôtre, il ne faut pas seulement se regler sur la vîtesse du jeu des arteres qui excite cette chaleur, mais

30. La seule vîtesse du pouls ne regle pas la chaleur naturelle.

on doit encore faire attention à la fermeté des membranes de ces vaisseaux & à la force de leurs vibrations ; car un pouls acceleré, mais relâché ou mou avec des vibrations peu vigoureuses, ne peut produire une chaleur aussi considérable, que celle qui doit accompagner un pouls qui seroit aussi fréquent, mais qui d'ailleurs seroit plus dur & plus vigoureux. Nous voions en effet des fievres très-considérables, sans cette grande ardeur qui se trouve quelquefois avec une fievre bien moindre en apparence.

La chaleur ſelon ſes differens degrés, produit des effets bien differens ſur nos humeurs, car cette chaleur naturelle qui ſert à donner à quelques-unes de l'activité, & à d'autres le degré de coction requis, ne s'étend que depuis le 40e. degré, juſqu'au 94 au plus. Depuis ce 94e. degré juſqu'au 276, nos humeurs, ſurtout le ſang & les lymphes, ſe prennent & ſe durciſſent, comme il arrive au blanc d'œuf que l'on fait cuire. Au-deſſus de ces 276e. degrés elles ſe volatiliſent & ſe détruiſent. 31. Differens effets de la chaleur ſur nos humeurs, ſelon ſes differens degrés de force.

ARTICLE IIII.

De l'Air.

I. Proprieté de l'Air.
II. L'Air cauſe les mouvemens ſpontanés de putréfaction & de fermentation.
III. Uſage de l'Air que nous reſpirons.

I.

L'Air eſt un amas de particules qui compoſent un fluide élaſtique & extrêmement ſuſceptible de rarefaction. 32. Définition.

Nous avons d'abord à examiner quatre proprietés principales de l'air, par leſquelles cet Element jouë un grand 33. Proprietés generales de l'air.

rôle dans la nature : sçavoir sa fluidité, sa pesanteur, son élasticité & sa *raresscibilité*.

34. Fluidité de l'air.

Nous ne sommes point certains si l'air a en propre la cause de sa fluidité, mais du-moins est-il d'expérience qu'il en est si susceptible que jamais il ne la perd. Par cette fluidité il se répand partout où il peut pénétrer, & où il ne trouve point une résistance insurmontable.

35. Pesanteur de l'air.

Sa pésanteur, soit qu'elle vienne de lui, soit qu'elle vienne des Elemens passifs dont il est rempli (car quelques expériences semblent décider pour le dernier cas) cette pésanteur, dis-je, est si considérable, qu'une colonne de cet air pese sur la surface de la terre ou d'un autre corps, autant que peseroit une colonne d'eau de pareille grosseur qui auroit trente un pied & demi de hauteur. Mais comme il pese à la maniere des fluides, cette proprieté se trouve dans bien des cas extrêmement multipliée. Pour le comprendre, représentez-vous, par exemple une bouteille pleine d'air, dont le col n'est point fermé, la colonne de cet air, qui du fond de la bouteille monte dans le col jusqu'à l'ouverture, pour communiquer

36. La pesanteur de l'air est quelquefois prodigieuse.

avec l'air extérieur, forme avec cet air exterieur, une colonne suivie, aussi grosse que l'ouverture de la bouteille est grande. Cette colonne pese par-consequent sur le fond de la bouteille, autant qu'une colonne d'eau de pareille grosseur & de trente un pied & demi de haut : mais si le fond de cette bouteille est 100 fois plus étendu que l'ouverture n'est grande, tout l'air renfermé dans cette bouteille, pesera sur le fond 100 fois autant que la colonne même qui passe par l'ouverture, & qui est continuée par l'air de dehors. Cependant cet air enfermé qui ne se trouve point vis-à-vis l'ouverture, est borné par la voûte de la bouteille, à une hauteur qui n'a aucun rapport avec celle de cette colonne qui sort dehors. Ce n'est pas tout, car cet air enfermé pese sur le même pied en haut contre la voûte & sur les côtés de la bouteille, de façon que la pesanteur de la colonne d'air qui passe par l'ouverture, est autant de fois repetée, que l'air enfermé peut former de colonnes égales en grosseur à cette premiere colonne, qui cependant les surpasse infiniment en hauteur. Ainsi cette bouteille qu'on regarde comme vide, auroit à soutenir de toutes parts un effort contre lequel elle ne pouroit pas tenir, s'il n'étoit pas contre-balancé par l'air exterieur qui lui résiste partout avec la même force ; car supposé que cette bouteille eût un pied de diamêtre, quoique d'ailleurs si peu élevée qu'on voudra, l'effort qu'elle auroit à soutenir seroit égal à un poids de plus de 2000 livres, parceque la pesanteur d'une colonne d'air d'un pied de base, est évaluée à 212 livres. Cet exemple peut faire comprendre avec quelle force l'air agit par sa pesanteur, dans un corps qui n'est point soutenu de toutes parts par-dehors. C'est en quelque sorte le cas où se trouvent les poumons, lorsque l'air y entre, quand on respire.

(2.) *Une legere cause peut par le moïen de l'air ou d'un autre liquide, produire de très-grands effets.*

Cette proprieté nous conduit à remarquer l'extrême force de l'air en certaines circonstances ; sçavoir que comme dans l'exemple précedent, une colonne d'air ou d'autre liquide qui reçoit quelque degré de force de quelque part que ce soit, peut, sans rien perdre en son particulier de cette force, la communiquer ou plutôt la repeter beaucoup de fois dans l'air qui se trouve avec elle dans un même vase, de façon qu'un homme en souflant un petit tuiau qui communique à trois ou quatre vessies chargées d'un poids de 100. livres ou plus, peut par ſon ſeul ſoufle, comme on l'a experimenté, enfler ces veſſies & enlever le poids qui les charge. C'eſt de-là que les liquides tiennent cette force ou cette activité qui les fait pénétrer partout, qui les fait parcourir des conduits extrêmement étroits & d'une longueur immenſe, qui les fait monter juſqu'à la cime des arbres, qui les fait circuler dans les animaux, qui communique aux membres cette force, qui les fait agir avec tant de puiſſance. Un coup de piſton, un peu de rarefaction, une legere compreſſion, ſuffit pour fournir ce petit effort capable de produire des effets infiniment au-deſſus de lui.

La *rareſcibilité* de l'air n'eſt pas une de ſes qualités la moins remarquable, puiſqu'étant rarefié autant qu'il le peut être, il occupe une eſpace 520000 fois plus grand, que lorſqu'il eſt extrêmement condenſé. Bien entendu que cette rarefaction eſt toujours l'effet de la chaleur qui s'y trouve, & qu'elle eſt proportionnée à cette chaleur. C'eſt ce qui nous fait comprendre comment l'air enfermé dans les inteſtins & ailleurs, où la chaleur eſt conſidérable, peut y 37. Rareſcibilité de l'air.

causer des extentions surprenantes.

38. Ressort de l'air, son étendue.

Il est démontré par une infinité d'expériences, que l'air a un ressort qu'il ne perd jamais, & qui le rend susceptible d'une détente & d'une contraction si étonnantes, qu'un pouce d'air comprimé, autant qu'on croit qu'il le peut être, auroit étant délivré de toute contrainte, une détente immense. L'air qui est proche de la terre, ne peut être regardé comme libre, parceque la pesanteur de celui qui porte dessus, le resserre & réduit son volume presqu'à rien en comparaison de celui qu'il auroit sans cette pesanteur. Les observateurs les plus exacts croient que cet air inférieur peut être encore réduit à $\frac{1}{800}$e. du volume qui lui reste naturellement ici-bas.

39. Force du ressort de l'air.

On a observé que la force du ressort de l'air, est toujours proportionnée à la réduction du volume de l'air causée par la compression ; car pour réduire une colonne de nôtre air d'un pied de base à la moitié de sa hauteur, il faut un poids de 4224. livres : pour la réduire au quart, un poids de 8448. pour la réduire à un huitiéme, un poids de 16896. pour la réduire à un seiziéme, un poids de 33792. pour la réduire à un trente-deuxiéme, un poids de 67584, &c. de ſorte que la force du reſſort de l'air augmente dans la même proportion que le volume de cet air ſe trouve reſſerré.

Il y a encore quelque choſe de plus ſurprenant par rapport au reſſort de l'air ; c'eſt que toutes les tranches imaginables d'une colonne d'air comprimé, ont autant de force chacune ſéparément, que la colonne entiere quelque grande qu'elle puiſſe être. Par exemple, l'effort que peut faire une colonne d'une ligne de haut, ſera auſſi conſidérable que celui dont ſeroit capable une colonne de mille pieds de haut, & de baſe égale à la premiere. De-là ſuit que le reſſort d'une très-petite portion d'air, peut faire autant d'effort que celui d'une très-grande quantité d'air ; & que la force du reſſort de l'air peut ſe multiplier prodigieuſement, lorſqu'une quantité d'air un peu conſidérable, ſe trouve diviſée & empriſonnée par petites portions. C'eſt de-là que vient cette force petillante de l'air enfermé dans les corps embraſés, quand le feu vient à bander ſon reſſort juſqu'à lui faire rompre les cellulles qui le retiennent.

40. Une petite portion d'air peut par ſon reſſort, avoir la même force qu'une grande quantité.

Voiez n. 2[illegible].

(2) *La respiration, la vegetation l'embrasement, &c. ne peuvent avoir lieu dans un air enfermé.*

Il suit de-là une conséquence qui s'accorde parfaitement avec l'expérience, c'est que le ressort d'un air enfermé, doit interdire toute action & tout mouvement dans les corps qui sont enfermés avec lui. Les animaux n'y peuvent vivre, les plantes n'y peuvent vegeter, le feu s'y éreint. Cet air fixe & immobile reste toujours également appliqué contre la surface de ces corps, il est privé de ce branle, de ces ondulations ou de ces vibrations nécessaires pour entretenir dans une plante, dans un charbon, leur mouvement propre ; au-contraire cet air continuellement bandé contre ces corps, s'y oppose entierement.

41. Les atômes de l'air dispersés seul à-seul, ne sont point élastiques.

Il y a encore une observation à faire sur le ressort de l'air, qui peut beaucoup contribuer à nous aider, à trouver le denoüement de la plûpart des mouvemens spontanés qui arrivent dans les liquides. C'est que l'air dont les parties sont distribuées seule à seule entre les autres parties d'un liquide, est destitué de son ressort. Il n'y a que lorsque plusieurs de ses parties se touchent immédiatement, qu'il possede cette vertu. Voici une expérience qui le démontre. On remplit d'eau un vase de metail ;

on ferme, on soude bien exactement l'ouverture de ce vase, & on l'expose à l'air dans un tems de gelée; ce vase creve avec bruit lorsque l'eau qu'il contient vient à glacer. Examinez-en la glace, vous y trouverez comme dans toute autre glace, une infinité de petites celules remplies d'air qui s'y est rassemblé, & où il n'a pu se faire place qu'en rompant le vaisseau, par une force, par une élasticité qu'il n'avoit pas auparavant qu'il se fût ainsi rassemblé. L'eau n'a pu contribuer à cette force, parcequ'elle n'a jamais de ressort.

42. Les humeurs & les autres sucs sont remplies d'air destitué de ressort.

Nos humeurs & les sucs des plantes, qui ne sont presque que de l'eau, doivent comme l'eau, être remplies de ce même air dispersé & dépouillé de ressort. On s'en apperçoit d'ailleurs assez dès qu'on fait attention à ce qui leur arrive, lorsqu'ils ne sont plus soumis à l'action organique de leur tuiau : car dès qu'ils viennent à perdre leur mouvement ordinaire, dès qu'ils viennent à fermenter ou à se corrompre, une infinité de bulles d'air qui se levent sur la surface de ces sucs, marque visiblement la réünion de cet air dispersé, & le rétablissement de sa force élastique. Les animaux peu de tems après leur mort, ou lorsqu'ils commencent à se corrompre, enflent, & leur peau devient fort tenduë, ce qui marque parfaitement aussi que l'air intérieur est devenu fort élastique depuis la mort de l'animal.

II.

43. Les mouvemens spontanés de fermentation & de putréfaction, viennent de la restauration du ressort de l'air dans les sucs.

Ce remuëment de l'air qui arrive alors dans ces sucs presqu'aussitôt qu'ils sont sortis de leurs tuiaux, est le commencement & la cause du trouble qui survient entre les parties de ces liquides, lorsqu'ils viennent à fermenter ou à se corrompre. Cet air qui étoit paisible & sans ressort, se détache ou se déplace, se rallie, reprend son ressort, & produit dans ces liqueurs, des secousses qui répondent aux vibrations de l'air extérieur. Sans cette correspondance, point de vraie fermentation, point de vraie

44. Sans l'accès de l'air extérieur point de fermentation, point de putréfacfaction.

putréfaction ; c'est un fait confirmé par l'expérience : nos humeurs se conservent sans se corrompre, dans la machine du vide. Les Chimistes préservent de corruption & de fermentation les sucs qu'ils tirent des plantes & qu'ils mettent dans des bouteilles, en les couvrant d'un peu d'huile pour interdire à l'air tout accès. Disons cependant que nos humeurs enfermées & arrêtées dans quelqu'endroit de notre corps, où l'air extérieur ne paroît point communiquer, se corrompent quelquefois en peu de tems; mais outre qu'il y a dans nos corps, des causes particulieres pour suppléer à cet air extérieur, celui-ci ne laisse pas d'y avoir lui-même quelque part, comme nous le verrons ailleurs. Les vibrations & les ondulations de l'air, qui portent sur la surface de ces corps liquides, se communiquent à leur tour à l'air intérieur élastique, ce qui excite dans le liquide, des trémoussemens tumultueux qui expulsent une partie de cet air intérieur, & qui donnent entrée à l'air de dehors. Par-là le liquide se trouve exposé intérieurement & par tout, à une circulation d'air élastique & *oscillant* qui y cause une agitation & des dispositions nouvelles.

45 C'est le feu qui met l'air en jeu dans les mouvemens spontanés de fermentation & de putréfaction.

Les atômes du feu sont néanmoins ici les premiers auteurs; ces mouvemens spontanés se font plus ou moins vîte ou plus ou moins bien, selon que la chaleur du lieu où sont placés les sucs susceptibles de ces mouvemens, est déja plus ou moins considérable. Nos humeurs se corrompent si promptement où l'air est fort chaud, qu'on a observé qu'il ne leur faut que 28 minutes exposées à un air chaud de 146 degrés. Au-contraire plus l'air est froid, plus ces mouvemens spontanés sont retardés, plus ils se font difficilement. Lorsque les sucs viennent à perdre le mouvement qu'ils avoient dans leurs tuiaux, leurs parties se rapprochent : alors il faut que les atômes du feu qui parcouroient ces sucs, s'y tracent de nouvelles routes où ils rencontrent de ces particules d'air dispersées & sans ressort. Ils en rencontrent plus ou moins, selon que ces atômes de feu eux-mêmes, sont plus ou moins en confusion & en quantité : ils déplacent ces particules d'air, & leur donnent occasion de se rencontrer, de se réünir çà & là, de recouvrer leur ressort, & de causer par ce ressort, dans le liquide, un remuëment qui commence la scene. L'air extérieur, comme nous l'avons déja expliqué, se ressent dans l'instant de ce premier branle, il se met de la partie, il seconde l'air intérieur pour tout agiter, & pour tout mettre en desordre. Les atômes du feu prennent part à toutes ces secousses, il n'y a plus pour eux de routes libres, ils sont retenus dans la confusion, dans une quantité & dans un mouvement qui s'augmentent de plus en plus, jusqu'à produire souvent dans ces mouvemens spontanés, une chaleur fort sensible, quelquefois même l'embrasement.

Sans l'eau aucun corps ne peut être susceptible de ces mouvemens spontanés ; mais de plus, c'est par les atômes de cet Element que l'air y opere les changemens qui accompagnent ou qui suivent ces mouvemens, du moins la putréfaction ; car personne n'ignore que plus l'air est humide, plus il agit puissamment sur les choses sujettes à la putréfaction. L'air par ses *oscillations*, applique & chasse ces particules aqueuses entre les Elemens qui composent ces mixtes, surtout entre leurs parties salines & terrestres qui composent les sels naturels de ces sucs. Aussi remarque-t'on que les cendres & les terres des corps tombés en corruption, ne laissent plus appercevoir aucune trace de sel, à la difference des matieres terrestres que fournissent les mixtes qui ont fermenté ; car celles-ci se trouvent encore fort unies au principe salin. 46. C'est par le moien de l'air que l'eau opere dans les sucs les changemens qui leur arrivent dans les mouvemens spontanés.

C'est par la désunion de ces deux principes que commence la putréfaction ; mais une chose étonnante, c'est (2.) *La premiere atteinte de la putréfaction consiste dans la désunion de l'Element de la terre & l'Element du sel. L'eau va plus loin ici, que le feu dans l'embrasement.*

que de l'eau puisse faire à cet égard, ce que le feu, tout délié & tout actif qu'il est, ne peut faire par l'embrasement. En effet, les atômes de l'eau ont une disposition qui les rend si singulierement propres à s'insinuer entre ces deux principes, le sel & la terre, qu'ils surpassent le feu, pour en rompre l'union même, sans y emploier aucune violence apparente. On est convaincu de cette verité par le sel qu'on tire des cendres des végetaux ; ce sel est formé d'une terre jointe au principe salin, que l'eau désunit facilement, ce que le feu n'a pu faire, lorsqu'il a réduit ces végetaux en cendre, au-contraire plus on continuë d'exposer ces cendres à un feu violent, plus la terre & le principe salin s'unissent fortement, si fortement qu'enfin le sel qu'ils forment, devient indissoluble & se change en verre.

(3.) *Le progrès de la putréfaction dépend beaucoup du principe salin mis en liberté.*

La partie saline des sels naturels des mixtes, que l'eau vient à détacher de la terre, n'abandonne pas pour cela, la partie huileuse qui entre aussi dans la composition de ces sels naturels ; car ces deux parties ont non-seulement beaucoup de disposition à rester unies l'un à l'autre, mais encore à quitter les autres principes, surtout le principe terreux, pour se joindre & pour former ensemble un sel volatil & huileux. Un exemple visible de cette affinité se remarque, lorsqu'on mêle une huile grossiere, & par-consequent chargée de terre, avec le sel resté dans les cendres des mixtes. Ce sel terreux qui résiste à tous les efforts du feu sans pouvoir être détaché de sa terre, l'abandonne facilement dans le cas présent, pour s'unir aux huiles, qui de leur côté, quittent aussi du moins en partie, la terre qui les fixoit, & ils forment ensemble des molecules salino-huileuses, volatiles, qui s'élevent assez facilement dans la distillation. En un mot ils forment un sel semblable à celui qui resulte de la putréfaction des mixtes. Si les sels naturels contiennent des huiles, les huiles naturelles des mixtes de leur côté, sont pareillement très-remplies de sels. Les particules huileuses & les particules salines se trouvent dans ces huiles fixées ou arrêtées de part & d'autres par des parties terrestres, & ce n'est que par celles-ci que ces huiles naturelles subsistent ; mais si ces huiles se trouvent dans des circonstances où l'eau puisse donner atteinte à leurs sels, & en séparer la terre, ces sels délivrés de cette terre, aideront l'eau à pousser la putréfaction plus loin : car on a remarqué que c'est toujours par les sels, que la putréfaction des huiles commence ; ces particules salines décroutées sans néanmoins abandonner les huiles, y agissent avec l'eau, de façon qu'ensemble ils parviennent à dégager aussi les atômes huileux de la terre qui les retient & qui les charge : de cette façon la putréfaction de ces huiles naturelles & salines parvient à son suprême degré. Ces particules huileuses & salines dégagées de part & d'autre de leur terre, ne forment plus que des molecules extrémement mobiles & actives, la partie saline qui y a ses pointes libres, devient très vive, & la partie huileuse qui y est déchargée de sa terre, devient très-volatile ; en sorte qu'il ne se peut, comme nous le verrons dans la suite, rien concevoir de plus remuant & de plus actif, que ces molecules salino-huileuses qui resultent de la putréfaction des huiles naturelles des mixtes, & ce sont ces molecules, dès que la putréfaction a commencé à en produire, qui accelerent le plus la destruction entiere du mixte.

Mais

Mais il ne faut pas qu'une agitation considérable, empêche les atômes de l'eau de se fixer & d'agir sur le mixte, car nous ne voions point de putréfaction spontanée arriver, lorsque ces particules sont trop agitées. L'eau bouillante, par exemple, ne corrompt pas nos humeurs : un feu ouvert au-dessus de 100 degrés de chaleur ne le fait pas non plus. Dans l'un & dans l'autre cas, elles se cuisent & se durcissent. Le jeu de nos vaisseaux les préserve aussi de cette putréfaction, quoique par ce même jeu, elles y soient, comme nous le verrons, fort disposées. Les sucs de la plûpart des plantes, exposés d'eux-mêmes à un mouvement libre, ne se corrompent point. Ce mouvement se borne à la fermentation qui ne détruit pas les sels essentiels, & qui va seulement jusqu'à volatiliser ou alkooliser les huiles. Si au-contraire ce même mouvement spontané se trouvoit gêné, il pourroit aller jusqu'à la putréfaction. Qu'on entasse, par exemple, dans un tonneau beaucoup de plantes remplies de sucs les plus susceptibles de fermentation; qu'on charge ces plantes sans leur interdire l'accès de l'air ; le mouvement spontané qui leur arrivera alors, les con-

4. *Le croupissement est nécessaire pour la putréfaction spontanée.*

(5.) *La fermentation veut un mouvement plus libre, que la putréfaction spontanée. Difference de l'un à l'autre.*

duira à une putréfaction entiere, pourvû qu'on ne les remuë point, & qu'elles restent dans cet état de contrainte. Nous voions pareillement que de l'eau chargée de choses putrides, & qui ne se corrompt point tant qu'elle a son cours libre, se laisse infecter aussitôt qu'elle vient à croupir : de claire & transparente qu'elle étoit, elle devient trouble & limoneuse, parcequ'à la faveur du croupissement, ses atômes s'engagent avec les substances putrides dont elle étoit remplie ; ils forment avec elles un corps infect & moins fluide, jusqu'à ce que ces substances soient entierement détruites & dissipées.

(6.) *La putrefaction produit la putrefaction,*

Quand une fois le principe salin ne reste plus uni qu'à des souphres volatils, la putréfaction fait bientôt un grand progrès, car il n'y a rien au monde qui, par rapport au corps susceptible de putréfaction, soit si dissolvant que les huiles salines entierement volatilisées par la putréfaction : tout leur cede dans un mixte ; les sucs & les tuiaux qui contiennent ces sucs exposés à ces huiles, en sont bientôt dissouts & détruits jusques dans leur tissure la plus intime. C'est de-là surtout que dépend ce progrès si rapide de la putréfaction, qui dans certaines gangrenes ne donne pas le tems d'y remedier. Mais ce qui est de plus étonnant, c'est la petite quantité qu'il faut de ces huiles, pour causer un grand ravage.

M. *Bellini* nous en fournit une preuve manifeste. Il prit pendant quelques jours de suite, un demi grain d'œuf pourri qui lui causa aussitôt une diarrhée putride très-facheuse. Voici encore un exemple bien frappant de la vivacité de ce principe contagieux. Un chirurgien appellé pour sonder un malade, qui au rapport de Mr. *Boerrhaave*, avoit une retention d'urine depuis 48. heures, vit sa sonde se noircir au moment de l'opération, & lui même pensa perir de la vapeur de l'urine dont il fut frappé. La malignité de cette vapeur putride se manifeste encore assez, par l'impression qu'elle fait sur les metaux les plus incorruptibles dont elle ternit l'éclat; quoique ces metaux se trouvent quelquefois à une distance fort considerable des corps putrides, d'où elle exhale.

Mais c'est toujours l'air qui contribuë à cette vivacité; car dans la machine du vide, les sels les plus actifs & les 47. Les sels agissent par l'air.

plus pénétrans demeurent en repos, & cessent de faire impression sur les corps qui en sont susceptibles : c'est pour cette raison aussi que les cadavres se pourissent & se consument entierement dans la terre, sans exhaler de ces vapeurs pernicieuses dont on vient de parler ; pourvû que ce ne soit point dans des cavernes, & que les corps qui se corrompent, se trouvent immédiatement environnés de terre & non d'air. De là vient qu'on peut sans danger deterrer un corps qui se corrompt dans la terre, & qu'il y a au-contraire beaucoup de peril à ouvrir une caverne infectée par des substances putrides. Mais si ces cadavres qui pourissent dans la terre sans devenir contagieux, même sans presque de puanteur, viennent à être exposés à l'air, ils deviennent bientôt horriblement fœtides, & capables d'infecter.

48. L'air est l'instrument universel de la nature. n°. 20.45.46.47.

Il a été facile de remarquer que dans tous les phenomenes qu'on vient d'attribuer à l'air, le feu y est toujours la premiere cause, d'où il paroît, qu'en rigueur le feu est le seul principe actif ou le seul agent materiel qu'il y a dans la nature, que l'air est l'instrument universel dont il se sert, & les autres principes sont les materiaux & les instrumens particuliers que cet agent met en œuvre par le moien de celui-ci. C'est effectivement par l'entremise de l'air qu'il brûle, qu'il corrompt les corps, qu'il en détache, sépare & disperse les parties : par la pesanteur, par le ressort, par la rarefaction de ce même air, il rapproche, il applique, il comprime, & il contient les principes des corps. C'est encore l'air qui lui sert de vehicule pour recevoir & voiturer tous les débris des corps qu'il décompose ou qu'il divise, & pour distribuer & disposer toutes les molécules qui doivent servir à l'entretien & à la reproduction des mixtes ; car il est prouvé que l'air de notre atmosphere est un cahos rempli de corpuscules de toutes especes : il s'y trouve jusqu'à des portions de mineraux, & de metaux, même de ceux qui sont les plus pesans.

49. L'air est un cahos rempli de toutes sortes de corpuscules.

III.

Nous avons tant d'obligation à l'air que nous respirons, que nous ne devons pas oublier ici les services qu'il nous rend. Pour comprendre son effet dans le poumon, il faut du-moins avoir

50. L'air que nous respirons sert à entretenir le mouvement circulaire

de nos humeurs. de ce viſcere une groſſiere idée. Une grappe de raiſin, qui a ſes grains fort entaſſés a déja quelquefois aſſez bien ſervi de comparaiſon, pour faire comprendre en gros ce que c'eſt que les poumons & leur mécanique. Les grains de raiſin en repréſentent les lobules formés d'un amas de petites veſſies appliquées les unes contre les autres, & renfermées toutes dans une membrane commune. La raffe marque par ſa queuë & par ſes branches qui tiennent les grains, ce canal du poumon qui a ſon entrée dans la bouche, & qui ſe diviſe en une infinité de petits rameaux, pour conduire l'air que nous reſpirons dans toutes les petites veſſies qui compoſent les lobules du poumon. Celui-ci qui eſt ſuſpendu dans la poitrine, ne ſe trouve plus appuié à ſa circonférence, lorſque la
ᵒᵖ. 36. poitrine ſe dilate; l'air qui par ſa peſanteur fait effort pour y entrer, n'eſt plus contrebalancé par la réſiſtence des parois de la poitrine, il y entre bruſquement & ſe diſtribuë dans toutes ſes veſſicules, il les enfle, il les étend, & oblige le poumon à ne point abandonner les parois qui s'éloignent, & à remplir par ſon gonflement la cavité de la poitrine devenuë plus grande. Lorſque cette ca-

vité est remplie, la chûte de l'air dans les poumons, arrêtée par les parois de la poitrine qui lui resistent, peut en s'arrêtant faire effort sur les poumons; mais cet effort doit être peu de chose en comparaison de celui qu'ils ont à soutenir par la maniere dont l'air est introduit dans la poitrine; car il n'entre pas simplement dans les poumons par sa pesanteur, il y est encore poussé avec beaucoup de force par les parois mêmes de la poitrine, qui, en s'écartant en dehors, pressent l'air d'alentour, & le chassent du côté où il trouve moins de résistance. Elles le forcent d'entrer dans la bouche & d'enfiler le canal étroit qui va dans les poumons, ce qui fait alors le même effet que si on soufloit dans une infinité de vessies par un seul tuiau commun. On a vû ci-dessus combien n°. 37.
un pareil effort se multiplie, lorsqu'on soufle ainsi dans quelques vessies seulement; on peut juger de-là combien à plus forte raison, l'effort de l'air poussé dans cette multitude innombrable de vessicules qui composent le poumon, doit se multiplier aussi, & avec quelle force il doit presser de côté & d'autre contre les membranes qui partagent ces vessicules.

n°. 48. Le ressort de cet air fournit encore ; au moien de la raréfaction, un surcroît de force qui doit aussi augmenter beaucoup cette compression. Voici comment ; l'air que nous respirons, étant plus froid que l'intérieur de la poitrine, la chaleur interne doit le rarefier à l'instant même. Cet air borné de toutes parts, ne peut se prêter à la raréfaction, que son ressort ne s'en trouve plus gêné, plus contraint, plus bandé contre les petites cloisons qui séparent les vesicules où il est renfermé. Le sang, qui est envoié du cœur dans les poumons, & des poumons au cœur, est distribué ici dans une infinité de petits vaisseaux qui rampent le long de toutes ces petites cloisons, & qui forment un tissu vasculaire, dont les veines & les arteres qui le composent, s'anastomosent manifestement les unes avec les autres. Tous ces petits vaisseaux se trouvent fort comprimés, lorsque l'air fait effort contre ces cloisons, & qu'en même tems les parois de la poitrine viennent à se resserrer pour le chasser. Cette tension de l'air, & ce resserrement de la poitrine, produisent une double force qui imite parfaitement l'effet d'une presse pour exprimer le sang contenu dans les capillaires des vesicules des poumons, & dans leur tissu vasculaire.

51. L'air que nous respirons, sert à entretenir le mouvement circulaire de nos humeurs.

Dans le tems que l'air est chassé des poumons, & avant qu'un autre y soit revenu les remplir entierement, ceux-ci se trouvent à l'aise, le cœur peut y envoier de nouveau du sang, pour remplacer celui que l'air en a chassé le moment d'auparavant. Ainsi par cette alternative, le sang est envoié du ventricule droit du cœur dans les poumons, & des poumons il est repoussé par une autre route vers le ventricule gauche du cœur, où son arrivée produit une secousse, un choc qui y excite une affluence d'esprits capables de lui donner ce mouvement de contraction, par lequel cet organe envoie à toutes les parties du corps, le sang que le poumon vient de verser brusquement dans une de ces cavités ou ventricules. Par cette même contraction le sang, que les veines de tout le corps rapportent continuellement dans l'autre cavité du cœur, est en même tems rendu aux poumons pour delà revenir au cœur, & toujours de même tant qu'on respire. C'est ainsi que notre machine, qui de soi semble avoir un mouvement perpetuel, dépend d'un agent exterieur qui renouvelle à chaque instant ce mouvement. On apperçoit assez par cette explication, pourquoi notre respiration devient plus fréquente dans la fievre, & dans les grandes agitations, où il faut qu'elle réponde à la vîtesse de la circulation, qui pour lors est accelerée dans toutes les parties du corps. Quand la circulation languit, ou se fait difficilement, la respiration devient non-seulement plus fréquente, mais aussi plus *intense*, & quelquefois accompagnée de baillemens, afin d'augmenter l'effort de l'air contre ce ralentissement qui, par exemple, se fait si bien sentir dans le frisson de la fievre, où le sang saisi de froid est condensé, & par-consequent peu coulant.

ARTICLE V.

L'EAU.

52. ce que c'est. L'EAU est un amas de petits atômes extrêmement polis, glissans & déliés, fort disposés à former un corps fluide, plus capable que tout autre de couler & de s'insinuer dans les conduits, & dans les pores les plus étroits.

53. Sa fluidité. De tous les Elemens passifs nous n'en

connoissons point dont les atômes soient moins disposés, que ceux de l'eau, à s'acrocher & à se joindre entre eux ; c'est pourquoi ces atômes rassemblés forment presque toujours un corps liquide, c'est-à-dire un corps qui se laisse diviser sans faire presque de résistance.

54. Elle la tient du feu.

Cependant cette fluidité ordinaire à l'eau a besoin d'une chaleur un peu considérable pour subsister ; car au-dessous de 33 degrés de chaleur, les parties de l'eau s'appliquent & se reposent les unes contre les autres, elles forment cette glace qui, comme on le sçait, est une eau devenuë dure, & qui redevient fluide aussitôt que la chaleur augmente. Il n'est pas difficile de comprendre par-là que l'eau est redevable de sa fluidité au feu, & que ce n'est qu'autant que les atômes de celui-ci entretiennent ses parties dans l'agitation, qu'elle peut conserver cette fluidité.

55. Les particules de l'eau quoiqu'agitées, peuvent facilement être arrêtées par les autres

Comme les parties de l'eau n'ont point de mouvement par elles-mêmes ; elles peuvent être en fort grande quantité retenües & embarassées par les autres principes passifs, sans conserver de fluidité même avec beaucoup de feu ;

principes passifs. il suffit que dans l'assemblage des parties de l'eau & des autres principes passifs, le feu s'y fasse des routes qu'il puisse suivre, sans déranger, sans rompre les liaisons qui se forment entr'eux. Alors les parties de l'eau presque abandonnées entierement à elles-mêmes, restent immobiles ou presqu'immobiles, & forment un corps dur, c'est ce qui est bien remarquable dans le blanc d'œuf durci au feu ; car quoique dur, les neufs dixiémes de sa masse ne sont que de l'eau, les autres principes qui retiennent cette eau, n'y sont que pour un dixiéme.

56. La faculté que l'eau a de s'insinuer dans les pores des autres corps, est étonnante.

L'eau mise en action par les principes actifs, a une disposition surprenante pour s'insinuer dans les pores, & dans les conduits les plus étroits & les plus serrés. On peut en juger par ces coins de bois bien sec, dont on se sert pour fendre les pierres les plus grosses au moien de leur gonflement, lorsqu'ils viennent à s'imbiber d'eau. L'étreinte dans laquelle la pierre tient ici le bois, n'est point suffisante pour empêcher l'eau de s'insinuer dans les petits conduits de ce bois, de les ouvrir, de les étendre, & de les remplir jusqu'à forcer la pierre de ceder à l'effort que cette eau fait pour s'insinuer dans ces petits conduits.

57. L'eau est le vehicule des sucs & des humeurs.

C'est cette proprieté que l'eau a de s'insinuer dans les plus petits canaux, qui la rend si propre à conduire dans les tuiaux les plus étroits, les sucs qui circulent dans les corps vivans. Aussi l'eau y fait-elle toujours la plus grande partie de ces sucs, & il y a, par exemple, dans la masse de nos humeurs, six fois pour le moins autant d'eau, que de tous les autres principes passifs ensemble.

58. C'est par cette faculté de s'insinuer, que l'eau corrompt le corps. Voiez n°. 45 46. (2.) (5.)

C'est encore cette même proprieté de l'eau qui fait qu'elle est l'instrument immédiat de la dissolution entiere des corps ; cependant la putréfaction ne se fait facilement & promptement, qu'autant que la chaleur s'y trouve considérable, mais d'ailleurs il faut que cette chaleur soit comme enfermée & retenuë dans le mixte, ou plutôt il faut que tous les agens qui concourent à la putréfaction, je veux dire le feu, l'air, l'eau, soient restraints & assujettis à y agir sourdement, autrement la putréfaction ne peut que difficilement avoir lieu.

59. L'eau ne se trouve point pure.

L'eau qui se trouve rassemblée n'est jamais parfaitement pure, elle est toujours fort mélangée d'autres principes, ou d'autres corpuscules de diverses especes, & surtout de parties terrestres : tellement que *Boile* a cru avoir tiré par une distillation 200 fois repetées, six gros de terre d'une once d'eau ; d'où plusieurs ont pensé que l'eau est convertible en terre ; mais M. *Boerhaave* a fort bien remarqué, que toutes ces distillations tant repettées, ne peuvent jamais être un moien assez fidelle, pour établir sur cela, quelque chose de précis & de certain.

Boerh. chemia tom. 1 pag. 300. 334.

ARTICLE VI.

LA TERRE.

I. Nature de la terre.
II. Ses especes.

I.

60. Ce que c'est. LA terre consiste en des particules très-fines, qui forment un corps friable. Ces particules sont très-disposées à fixer & à retenir les autres principes, pour former avec eux, des masses ou des corps solides.

61. La terre est susceptible de volatilité. La proprieté qu'ont les *monades* ou atômes de la terre, d'arrêter & d'apesantir les autres principes, n'empe-

che pas que ces atômes, pris séparément, n'aient, à cause de leur subtilité, une legereté qui les met en état de s'élever, de s'échapper dans l'air, & d'y rester suspenduës comme les autres substances : cela est prouvé par une infinité d'expériences.

61. C'est la terre qui fixent les autres principes passifs.

Ce n'est que par une disposition particuliere, qu'ont les particules de la terre à s'entasser & à se joindre exactement avec les autres principes, que la force de retenir, de fixer ou d'appésantir ceux-ci leur appartient uniquement. Quand je dis appesantir, je ne veux pas dire, qu'au préalable de cette union, les autres principes n'aient leur pesanteur particuliere & absoluë : car à la reserve du feu & peutêtre de l'air pur, tous les autres principes, ou tous les autres Elemens, contribuent à donner du poids aux mixtes qu'ils forment. Mais la terre, en les rassemblant, & en les fixant, empêche qu'ils ne soient entraînés & dispersés dans l'air ; en les réunissant, elle réunit aussi leur pesanteur, & de plus, elle leur communique la sienne propre en se joignant à eux ; & de ce poids commun resulte leur fixité.

63. Tous les Elemens passifs sont pesans.

64. De l'union

De cette union dépend la durée des

de la terre avec les autres principes dépend la durée des mixtes. mixtes ; car leur putréfaction ne consiste que dans la désunion de ces particules terrestres d'avec les autres principes. Nous disons que c'est la terre plutôt que les autres principes, qui se sépare quand le mixte se corrompt, parcequ'après la corruption achevée, ceux-ci se trouvent encore pour l'ordinaire fortement joins ensemble ; mais ils ne composent plus que des molécules séparées, fugitives ou volatiles, que l'air enleve & disperse ; la terre, qui les fixoit, est seulement ce qui reste du mixte détruit.

65. Les parties solides des corps vivans ne sont formées que de terre liée par une huile tenace.

Ce sont les atômes de la terre, colés ensemble par une huile tenace, qui forment les parties solides des animaux & des vegetaux. Si on examine, dit *M. Boerhaave*, par la chimie, un os recent, on en tire de l'eau, du sel, de l'huile, de la terre : conclure de-là que toutes ces substances faisoient la matiere propre de l'os, ce seroit se tromper ; car si on prend un os dans un cimetiere, où il aura été longtems enterré, ensuite exposé à l'air, & plusieurs-fois moüillé par la pluie ou par la rosée, & plusieurs fois déseché, on n'en tirera plus ni sel ni huile ordinaire, quoique cet os soit encore entier & parfait. Cet os peut même être brûlé ou embrasé, & les particules qui le composent, restent dans le même ordre ou dans la même place les unes près des autres ; en sorte que les cendres de cet os en représenteront encore le volume & la figure, d'où l'on comprend assez quelle part la terre a dans la composition de cet os, puisque ces cendres qui le représentent encore après la combustion, ne sont ici que de la terre même. Par l'embrasement dont cet os a été susceptible, & par l'odeur qu'il répand en brûlant, il n'est pas difficile d'y reconnoître un principe huileux que le feu détache dans cet embrasement, un principe huileux, dis-je, qui étoit si fermement attaché aux particules restées en cendre, qu'il n'y a qu'un feu ouvert qui soit capable de le désunir ; car si on enfermoit cet os dans un vase pour l'exposer à un grand feu, ce principe huileux tiendra contre la plus grande chaleur sans se détacher. L'os & pareillement toutes autres parties solides des vegetaux, ou des animaux peuvent, ainsi enfermés, se changer en charbon ; mais ils ne se réduiront point en cendres. Il faut un feu ouvert, à qui l'air peut donner le degré d'activité suffisant pour arracher & enlever cette huile tenace. Les cendres qui sont restées de cet os, bien examinées, ne se trouvent plus être qu'une terre pure, qui étoit si bien la substance de l'os, qu'à la liaison près, elle répresente encore, comme on l'a dit, après l'embrasement, l'os sous le même volume. Une plante qu'on aura fait boüillir, du bois flotté ne fourniront plus pareillement de sel ni d'autres principes que de la terre, & cette même huile qui sert seulement à la joindre.

II.

66. *Quelques-uns admettent deux especes de terre Elementaire. L'aride & la grasse.*

Quelques Chimistes croient que l'on peut réduire la terre Elementaire sous deux genres. Selon eux il y en a une qui est seche, aride, friable, vitrescible, qui compose en plus grande partie les corps fragiles, les corps durs, brillans &

67. *Terre aride ou vitrescible.*

transparens, comme la plûpart des mineraux ; c'est-à-dire les pierres, les cristaux, les cailloux, les sables, les sels, les pierres précieuses, la chaux, les cendres, & les parties dures ou solides des animaux & des vegetaux.

68. *L'experience n'a point en-*

Je ne sçais ce qui a donné lieu à d'habiles Chimistes d'admettre une terre

Elementaire qui, exclusivement à toute autre, peut être réduite en verre. Il est vrai qu'il y a une terre particuliere naturellement vitrifiée, que je crois inalterable, & aussi ancienne que le monde, c'est le sable pur. Elle sert à affermir, & à composer en plus grande partie la terre que nous habitons, à la rendre moins délaiable, à y tenir la terre Elementaire moins compacte, & à y procurer une entrée plus facile aux autres principes qui la rendent féconde. Cette terre vitrifiée est plus ou moins la matiere des pierres, selon que ces pierres sont plus ou moins cristalines. Mais cette espece de terre n'est pas celle que nous remarquons dans les mixtes, du-moins dans les animaux & dans les vegetaux. Quelque peu de terre sabloneuse très-fine peut bien passer avec nos alimens, & se glisser avec le chile dans le sang, mais elle en est expulsée surtout par la voie des urines. Malheur à ceux chez qui se trouve une matiere assez liante, & tenace pour servir de ciment à cette terre sabloneuse, si propre à fournir la matiere des pierres qui s'engendre dans le corps humain. Nous avons lieu de douter que ce sable, ou cette terre vitrifiée, soit

core fait connoître de terre pure vitrescible.

69. Il y a une terre naturellement vitrifiée. Le sable pur.

70. Conjecture sur l'origine du calcul des reins.

une terre pure, & même qu'une terre pure soit vitrescible ; car toute terre Elementaire, du moins toute celle qu'on peut extraire des mixtes, n'est vitrescible que mêlée avec le principe salin.

71. Terre grasse. L'autre espece de terre, qu'on donne pour Elementaire, est grasse, souple, inflammable, susceptible de volatisation, propre à réünir le feu Elementaire. Elle se trouve abondamment dans les huiles, dans les graisses, dans les bitumes, dans le charbon de terre ; dans les sels huileux, dans les parties molles des animaux, dans les corps colorés & opaques ; mais il n'y a pas plus de fondement à admettre cette seconde espece de terre que la premiere ; la terre qu'on retire des corps que l'on vient de nommer, est semblable à celle des autres, & en general la terre qu'on tire des mixtes surtout des animaux, des vegetaux, même de leurs differentes parties, y est par tout semblable ou homogêne.

ARTICLE VII.

L'HUILE.

I. Toutes les huiles naturelles & sensibles sont composées.
II. Especes d'huiles naturelles.
III. Changemens dont les huiles sont susceptibles par la fermentation, par le feu, par la putréfaction, & par le jeu des vaisseaux.

I.

CETTE seconde espece de terre dont on vient de parler passe dans l'esprit de quelques uns pour la matiere particuliere des huiles & souphres. S'ils veulent appeller *terre* ce qu'on a toujours précisément appellé *huile*, nous ne disputerons point des mots ; mais s'ils prétendent que la matiere des huiles se tire d'une substance qui au fond est de même genre que la terre, nous ne voions point sur quoi ils fondent leur sentiment. Il y a, à la verité, des terres grasses, mais ces terres sont-elles simples? Celles qui possedent le plus ces qualités liantes & inflammables qui caracteri- n. 71.

72. Caracteres propres de l'huile.

sent les huiles, fournissent, par l'analise, une véritable terre ; & plus on leur enleve de cette terre, moins ce qui reste ressemble à de la terre, & plus les caracteres qui distinguent l'huile, se manifestent. D'où il est visible que ces terres grasses ne ressemblent aux huiles, que par leur mélangeavec une substance particuliere, qui au fond differe beaucoup de la terre, & que la précision ne permet point de confondre avec celle-ci. C'est cette substance que nous appellons huile, & que nous mettons au nombre des Elemens ; parceque, tant qu'elle est perceptible, elle se distingue toujours d'avec les autres Elemens, & l'on ne voit point sûrement qu'elle soit conversible en aucun d'eux.

73. La fixité des huiles leur vient de la terre à laquelle elles sont unies.

Les huiles, telles qu'elles se trouvent naturellement dans les mixtes, sont presque toujours fort composées ; mais on a remarqué que plus elles sont fixes, plus elles sont fournies de terre, & qu'elles deviennent d'autant plus legeres, qu'on les dégage de cette terre, en les distillant plusieurs fois.

74. Les huiles contiennent ordinaire-

Elles contiennent aussi beaucoup d'eau ; car, distilées avec de la chaux à plusieurs reprises, elles en fournissent une prodigieuſe quantité. Elles ſont d'ailleurs fort remplies de ſel, juſques-là que quelques uns ont obſervé que de l'huile de canelle gardée fort longtems, ſe réduit enfin preſque toute en ſel, ou plutôt je crois, en une eſpece de camphre. Mais il eſt manifeſte par beaucoup d'expériences, que toutes les huiles des vegetaux contiennent un ſel acide qui dans les animaux dégénere, & tend peu-à peu à l'alcali. Il devient encore alcali, & même parfaitement alcali dans toutes huiles qui tombent en putréfaction. Il ſe convertit auſſi en alcali par la diſtillation ; mais ce dernier cas n'arrive qu'à l'égard des huiles des animaux, où il eſt déja tout diſpoſé à devenir tel ; car il paroît que le feu ne peut nullement changer la nature acide de ce ſel dans les huiles vegetales.

ment beaucoup d'eau & de ſel.

Voiez Fred. Hoffman obſerv. phiſ. Chim.

75. C'eſt la terre qui empêche les huiles de ſe mêler avec l'eau.

Ce n'eſt pas par elles-mêmes que les huiles refuſent de ſe mêler avec l'eau ; cette proprieté doit être principalement imputée à la terre qui leur eſt adherente, qui les rend tenaces & groſſieres ; car plus les huiles ſont dépouillées de cette terre, mieux elles ſe mêlent à l'eau. Les huiles qui ſont volatiliſées par la fermentation, celles qui ſont épurées par beaucoup de distilation , celles que la putréfaction dégage des autres principes , notamment de la terre, se mêlent non-seulement fort bien avec l'eau, mais souvent aussi s'y unissent-elles avec tant d'adherence , qu'il est comme impossible de les en detacher. Nous en donnerons quelques exemples par la suite. Quand au moment de la composition des huiles , quelques principes comme le sel avec des particules aqueuses, s'interposent & empêchent l'union intime de l'huile avec la terre , ces huiles au moien de ces principes intercallaires,se laissent fort bien délaier par l'eau ; c'est ce qui arrive par rapport aux huiles-savoneuses , & aux huiles *mucilagineuses*. Mais si ces autres principes entrent dans la composition des huiles , de maniere qu'elles n'empêchent point que l'huile Elementaire ne s'unisse intimement à la terre , & à un acide , sans que cette union soit suffisamment interrompue par des particules aqueuses, cette huile sera tenace , & nullement miscible avec l'eau , comme on l'observe surtout à l'égard des huiles resineuses,& poixeuses qui , quoique fort fournies de parties salines , sont extrémement tenaces & inaccessibles à l'eau.

l'eau. Les huiles fixes ou disposées à nourrir les parties des corps vivans, qui, pour cet effet, se dépoüillent des autres principes, pour se joindre uniquement à la terre; ces huiles, dis-je, doivent, encore moins qu'aucunes, être dissolubles à l'eau; c'est pourquoi les liquides, qui roulent continuellement dans les canaux qui composent les parties solides des animaux & des vegetaux, ne donnent aucunes atteintes à ces parties.

(a.) *Les liquides ne peuvent dissoudre les parties solides, parce que celles-ci ne sont que terre & huiles tenacement unies. Voiez n°. 64.*

II.

76. Differentes sortes d'huiles naturelles.

Ces differentes compositions qu'on remarque dans les huiles, les rendent non-seulement susceptibles de divers changemens très-notables, mais font encore qu'il s'en trouve de differentes especes dans les mixtes. C'est ce qu'il nous faut examiner en détail, afin d'en connoître la nature, & d'en démêler les proprietés.

77. Huile ethérée.

Tous les corps vivans, surtout les plantes & particulierement celles qui ont de l'odeur, contiennent beaucoup d'huile *ethérée*, c'est-à-dire une huile subtile & exaltée, qui se manifeste & se debarasse facilement par la distillation, ou par le moien d'un dissolvant convenable. Telles sont ces huiles volatiles que l'on tire par exemple, assez abondamment des plantes aromatiques.

78. Les vertus specifiques des plantes renfermées dans cette huile.

Les huiles ètherées ont cela de propre, qu'elles renferment éminemment la vertu, l'odeur, la saveur qu'avoit la plante, avant qu'on lui eut enlevé ses qualités, en la dépoüillant de cette huile; à la difference des huiles grossieres qu'on tire par expression, qui n'ont presque rien de la vivacité de l'odeur des plantes, d'où on les a tirées. L'huile ètherée, quoique fort exaltée & fort volatile, ne laisse pas d'être d'une tissure assez tenace, & de se trouver encore jointe à beaucoup de terre; puisque *Boile* assure qu'il a presque réduite en terre, une livre d'huile essentielle distilée. Aussi ces huiles se mêlent-elles si imparfaitement avec l'eau, que mises ensemble, elles perdent de part & d'autre; leur transparence, & la liqueur qui resulte de leur mélange, reste trouble & laiteuse.

(2.) *C'est parceque l'esprit recteur de la plante reside dans cette huile que cel-*

Ces huiles n'entraînent si bien avec elles les qualités du mixte, que parceque c'est en elles que reside la partie spiritueuse & efficace de ce mixte, & d'où dépend d'une maniere inexplicable, la *le.ci est si ef-ficace.*

vertu ſpécifique des mixtes qu'on emploie dans la medecine. Par exemple, l'écorce de canelle dépoüillée de ſon huile eſſentielle, reſte ſans vertu, ſans ſaveur, ſans odeur ; mais ſi on diſtille enſuite cette huile avec de l'eſprit de vin, celui-ci lui enleve à ſon tour toutes ces qualités, cette huile reſte inſipide, ſans odeur & ſans activité ; d'où il eſt viſible que les qualités les plus actives & les plus ſenſibles de la plante, ne conſiſtent que dans une très-petite portion toute ſpiritueuſe & imperceptible de cette huile : ce que quelques uns appellent *eſprit recteur*, & d'autres *archée*. Cet eſprit paroît ſurtout avoir une affinité particuliere avec nos eſprits animaux, ſoit pour les reveiller, les exciter, ſoit pour les aſſoupir, les dominer & les rendre languiſſans, ſoit enfin pour les irriter, ou les troubler. Tel eſt pour le premier cas, celui qui eſt renfermé dans les plantes aromatiques : pour le ſecond cas, on en trouve aſſez d'exemples dans les plantes *Hiſtériques*, *Narcotiques*, *ſtupefiantes* ; & en dernier lieu dans la *Juſquiame*, dans le *ſolanum furioſum* & autres. On remarque pareillement dans les animaux, une huile éthérée, où ſans doute reſide auſſi une même ſub-

(3.) *L'eſprit recteur a une affinité particuliere avec nos eſprits animaux.*

stance spiritueuse, d'où dépend vraisemblablement certaines vertus particulieres, qui se trouvent surtout dans quelques animaux, & qui nous molestent d'une maniere qui ne se comprend pas, ainsi que nous l'observons par ces défaillances & ces angoisses déplorables qui nous arrivent, aussitôt que nous sommes piqués par un animal venimeux ; par ces troubles & ces égaremens qu'excite le venin de la Tarentule, &c.

79. Huile balsamique & resineuse.

Les huiles *balsamiques* & *resineuses* ont beaucoup de rapport avec l'huile étherée des plantes ; car les huiles essentielles qui ne sont que des huiles étherées tirées par la distillation, deviennent des huiles *balsamiques*, & enfin *resineuses*, à mesure qu'elles se desséchent. Elles ne different entr'elles que par le degré d'évaporation, & elles ont de commun, une espece de tenacité qui fait, qu'en leur particulier, elles ne sont nullement susceptibles d'aucune dépravation ni d'aucun mouvement spontané ; ce qui les rend inaltérables à l'air & à l'eau. Si les huiles étherées, deviennent *balsamiques* & *resineuses*, celles-ci de leur côté, peuvent toujours fournir beaucoup d'huile étherée par la distillation. Toutes ces huiles resident principalement dans l'écorce des plantes : ce sont-elles qui préservent leur suc de la putrefaction, & qui les défendent contre la rigueur de l'hiver. Plus une plante contient de ces huiles, plus elle tient contre le froid. C'est par là que plusieurs ne se dépoüillent point, & conservent en tout tems leur feüillage & leur verdure. Ces huiles contiennent plus de sel acide que leur tissure n'en peut absorber, en quoi elles different des huiles simplement éthe-rées, qui ne contiennent de ce sel, que celui qui lui est inséparablement uni. La therebentine qui est un des meilleurs baumes qu'il y ait dans la nature, peut nous servir ici de modele. Cette huile fournit par la distillation, beaucoup d'huile éthereée, & beaucoup de liqueur acide. Le residu devient resine : cette resine, si l'on pousse encore la distillation, continuë de fournir une liqueur acide, & une huile étherée à peu près semblable à la premiere. Cette huile étherée que l'on tire ici de la therebent[illegible] s'épaissit avec le tems, & redevie[illegible]rebentine à la surabondance d'acide près. On voit par là que les huiles étherées, les huiles balsamiques, & les huiles resineuses sont à peu près de même nature. Le camphre en fournit encore un exemple, car c'est une huile qui est naturellement étherée, & tout ensemble d'une consistence resineuse. D'ailleurs l'esprit recteur appartient toujours à ces deux genres d'huile, de façon qu'on peut croire que l'huile étherée, du moins celle des plantes, est une huile balsamique volatilisée, & que l'esprit recteur est une huile étherée spiritualisée ou exaltée avec son acide, comme nous le prouverons ailleurs.

(2.) *La vertu de ces huiles pour les plaies, vient de ce qu'elles sont inalterables à l'air, & point susceptibles de mouvemens spontanés.*

La vertu *balsamique* de ces huiles considerée par rapport à la chirurgie, consiste principalement en ce qu'elle fournit aux parties découvertes de leur peau, un enduit qui préserve de l'impression de l'air, les humeurs qui affluent en cet endroit découvert. Il faut de plus à ces huiles, pour être parfaitement balsamiques, qu'elles ne fassent aucune impression sur les liquides ni sur les solides; & parceque la plûpart de toutes les huiles balsamiques, racornissent un peu les uns & les autres, on leur ôte ce défaut en y mêlant le jaune d'œuf, ou le miel, qui conviennent surtout quand il est nécessaire que la partie blessée sup-

pure, pour découvrir la souplesse des
tuiaux & pour rendre ces huiles plus
miscibles avec les humeurs qui se convertissent en pus, afin de préserver ces
humeurs de la putréfaction, & d'ob-
tenir par-là un pus loüable, qui ne s'oppose point, par aucune dépravation,
à la régeneration des chairs. Ce n'est
qu'en ce sens que l'on peut dire que
ces huiles sont *incarnatives & consoli-
dantes* : car à proprement parler la régeneration des chairs, ou plutôt la con-
solidation des parties divisées, est l'ouvrage de la nature, qui emploie ici à
propos, les sucs que ces remedes corri-
gent ou préservent d'altération ou de
corruption ; avantage qu'ils procurent,
parcequ'en toute maniere ils s'opposent
& résistent au mauvais effet de l'air,
qui ordinairement, est ici la cause de la
dépravation & de la putréfaction des art. 44.
sucs ; & parcequ'ils contiennent un sel
& une huile étherée, fort opposés à la
dissolution & à la corruption même ;
du-moins quand cette huile domine sur
les sucs aqueux.

Plus les huiles destinées à la nourri- 80.
ture des parties solides, se débarassent Huile fixe.
des autres principes, pour s'unir particulierement aux átômes de la terre, plus

elles l'emportent sur les autres par leur
n°. 64. fixité & par leur poids, & moins elles
n°. 75. reconnoissent de dissolvans : car non-seulement elles ne se delaient pas à l'eau, non plus que celles dont on vient de parler, mais elles ne se laissent point comme ces dernieres, dissoudre dans l'esprit de vin, ni fondre par la chaleur ; au-contraire elles se durcissent à l'un & à l'autre. Par cette fixité, leur caractere gras & onctueux disparoît. Quoique ces huiles ne se laissent point dissoudre dans l'eau, elles se trouvent néanmoins quelquefois abondamment accompagnées de celle-ci ; & ce n'est qu'à mesure que ces huiles s'en débarassent, qu'elles deviennent naturellement plus fermes & plus compactes. Tous ces caracteres s'observent dans le blanc d'œuf, dans la partie rouge de la masse du sang, dans les limphes.

81. On peut appeller par distinction, hui-
Huile grasse. les grasses, celles qui sont onctueuses à un degré éminent, telles sont les huiles qu'on tire par expression des plantes, surtout de leurs fruits & de leurs semences. De ce même genre sont aussi les graisses qui se trouvent dans les animaux ; ces huiles consistent en une tissure qui ne les rend pas si tenaces que

les précedentes ; cependant le principe terreux y est assez intimement joint aux atômes huileux, pour les empêcher de se dissoudre dans l'eau. Ces huiles ne sont que médiocrement chargées de sel, encore ce sel y est-il enveloppé ; de-là vient qu'elles sont très-propres à relacher les parties solides, & à adoucir les acretés.

82. Huile mucilagineuse & gommeuse.

Il y a une huile qui a beaucoup de rapport avec la précedente, elle n'en differe, que parcequ'elle est beaucoup plus terrestre & plus aqueuse, & que cette partie aqueuse s'y trouve plus intimement mêlée entre les atômes huileux & salino-terrestres ; de façon que ces huiles se dissolvent fort bien dans l'eau. Quand elles se condensent, elles forment les gommes. La glu, les mucilages de graine de lin, de semence de coin, de parietaire, de guimauve, les gommes de cerisier, de prunier, les gommes arabiques, &c ; en sont des especes. Plus ces huiles sont mucilagineuses ou aqueuses, moins elles sont susceptibles d'acrimonie, plus elles sont au-contraire, lubricantes, emollientes, & adoucissantes.

n. 7 2.

83. Huile muqueuse.

Si cette huile vient à perdre le peu de sel qu'elle a, & qui contribuë à la rendre miſcible avec l'eau, elle dégenere en mucoſité qui eſt une eſpece d'huile particuliere, qui n'eſt point graſſe, qui ne ſe delaie point dans l'eau, qui differe des huiles fixes, parcequ'elle eſt beaucoup moins altérable à l'air & à la chaleur. Elle n'eſt pas reſineuſe non plus; car c'eſt de toutes les huiles la plus dénüée de ſels; telle eſt cette matiere douce & lubrifique, qui enduit interieurement nos parties deſtinées à donner paſſage à des humeurs ſuſceptibles d'acrimonie. Les cavités du nez, la veſſie, les premieres voies, les poumons fourniſſent beaucoup de cette huile muqueuſe.

84. Huile émulſionée. Quand ces huiles ſe trouvent delaiées & mêlées avec une ſubſtance farineuſe, elles forment une huile émulſionée qui ſe diſſoud bien dans l'eau, & qui eſt fort ſuſceptible de fermentation, d'acidité & de rancité: telles ſont les émulſions qui ſe font en broiant avec de l'eau, des ſemences & des fruits huileux & farineux. Cette huile ne ſe trouve gueres naturellement dans ce cas, que dans le chile, le lait & les ſucs *gelatineux*, dont ſe forment les gelées & les bouillons qui ſe tirent de la chair des animaux.

n°. 75.

Les huiles fort fournies de sels & de parties aqueuses, également entremêlées avec les parties huileuses & terrestres, se dissolvent facilement dans l'eau : ce sont des savons naturels qui empêchent la concrétion des sucs, qui facilitent la dissolution des choses trop liantes ou trop disposées à se rassembler. Ces huiles se trouvent plus ou moins dans les sucs des animaux & des vegetaux, la manne, le miel, le sucre, la bile sont des huiles de cette espece. 85. Huile savoneuse. n°. 75.

III.

Il nous reste présentement à observer les changemens auxquels ces huiles sont exposées, tant par la fermentation, par la putréfaction, par le feu, que par le jeu des vaisseaux des animaux. 86. Changemens dont les huiles sont susceptibles.

Les huiles qui passent par la fermentation, s'alkoolisent, surtout celles qui sont les moins fixes. Elles deviennent toutes spiritueuses & inflammables, comme on le remarque dans l'esprit de vin bien pur, qui disparoît totalement dans l'embrasement ; en sorte qu'on ne sçait ce que devient cet esprit huileux détruit ou dispersé par le 87. La fermentation alkoolise les huiles. *Fermentation Voiez n°.* 43. 44. 45. 46. (6.)

feu, ſans qu'il en reſte aucuns débris ſenſibles, ſoit cendre ou fumée. C'eſt ici qu'on perd entierement de vüe le principe ſulphureux ou huileux. Cependant l'odeur que cet eſprit de vin enflammé répand, nous prouve que non-ſeulement le principe ſulphureux ne périt pas ici dans l'embraſement, mais que l'eſprit de vin même ſubſiſte toujours ; car cet odeur eſt encore la même que celle d'eſprit de vin.

88. L'alkoole ou l'eſprit vineux eſt un huile des plus ſimples.

Cette huile paroît une des plus ſimples & des plus volatiles que nous connoiſſions. Les autres n'en approchent qu'à proportion qu'on les épure par beaucoup de diſtillations, ou par d'autres moiens : c'eſt pourquoi cette huile ſe mêle plus parfaitement que toute autre avec l'eau ; c'eſt même par cette derniere qualité, qu'on la diſtingue facilement des autres qui ne ſont que ſimplement diſtilées. Auſſi les Chimiſtes qui veulent tirer d'une plante, une eau ſpiritueuſe où l'huile ſe trouve exactement mêlée, ont-ils la précaution de faire fermenter cette plante avant que de la diſtiller ; en ſorte que c'eſt plutôt un eſprit vineux, qu'une huile eſſentielle de la plante qui ſe trouve dans ces eaux : en effet il y a bien de la difference entre les vertus d'une plante prise dans son état naturel, & les vertus de l'eau spiritueuse de cette même plante ; le suc de mélise, par exemple, dissoud le sang, tandis que son eau spiritueuse n'y produit point de changement. Les huiles qui ne sont point assez délaiées par des sucs aqueux, comme sont les huiles exprimées & toutes autres huiles extraites, ne peuvent fermenter, ou du-moins que très-imparfaitement ; il n'y survient qu'un mouvement qui développe seulement un peu leur acide, & qui leur donne cette acrimonie rance dont ces huiles sont pour la plûpart si susceptibles ; mais ce mouvement imparfait de fermentation, dégenere ordinairement en celui de putréfaction ; ainsi ces huiles dépravées deviennent, de rances qu'elles étoient, ameres, & enfin fœtides & totalement putrides.

(2.) *Les huiles extraites ne peuvent fermenter qu'imparfaitement.*

Les huiles *alkoolisées* ne se trouvent point dans les animaux, elles leur sont même fort contraires, lorsqu'ils en usent immoderement : elles causent chez eux beaucoup d'irritation & d'agitation dans les solides ; elles portent surtout au cerveau ; elles enervent & jettent de bonne heure dans la caducité, les hommes qui s'abandonnent trop à l'u-

89. Bons & mauvais effets des huiles alkoolisées par rapport au corps humain.

ſage des boiſſons vineuſes, ſurtout l'eau de vie, ou d'autres liqueurs ſpiritueuſes. D'ailleurs ces eſprits vineux font ſur nos humeurs, la même impreſſion que le feu, ils les racorniſſent & les durciſſent. C'eſt par-là cependant qu'ils ſont ſi efficaces pour empêcher la diſſolution des humeurs & des parties qui tombent en pourriture, & qu'extérieurement ils ſont ſi ſalutaires pour arrêter la gangrene, mais on n'y peut avoir recours pour les putréfactions intérieures ; parceque pris intérieurement, ils ſont trop ſtimulans ; le mouvement violent qu'ils cauſent dans les organes de la circulation, contribuë même beaucoup, comme nous le verrons au progrès de la putréfaction, lorſque les humeurs y ſont d'ailleurs diſpoſées. Au ſurplus la putréfaction eſt toujours accompagnée d'une grande acrimonie qu'il faut bien ſe garder d'exciter, de crainte d'augmenter le danger en faiſant naître de ces inflammations gangreneuſes, par leſquelles periſſent ordinairement ceux qui meurent de maladies putrides. On doit penſer la même choſe des huiles étherées, que des eſprits vineux, qui, comme ceux-ci, ſont très-ſtimulantes par rapport à nos vaisseaux, quoique d'ailleurs ils soient antiputrides aussi par rapport aux corps inanimés.

90. Le feu détruit la vertu adoucissante & relachante des huiles.

Le feu change beaucoup les qualités des huiles naturelles, particulierement de celles qu'on tire par expression. Les huiles qu'on exprime, même des vegetaux les plus acres, sont insipides, adoucissantes, *lubrifiques*, & émolientes; mais si elles viennent à souffrir l'action du feu, elles deviennent acres, actives, & *inflammantes*.

91. Attention à faire pour les Chirurgiens, sur les changemens que la chaleur produit dans les huiles.

Cette remarque est importante : les jeunes Chirurgiens doivent surtout y prêter attention, dans les embrocations qu'ils font uniquement pour adoucir, pour *déroidir* & relâcher, comme dans les premiers tems de la cure d'une plaie : car ils doivent juger de-là qu'il ne faut pas alors faire beaucoup, ni longtems, chauffer ou boüillir les huiles, & que celles-là mêmes qui n'ont point encore passé par le feu, sont préférables ici à ces huiles qu'on vante beaucoup, parcequ'on y a fait boüillir ou infuser, à l'aide d'une chaleur continuée longtems, quelques plantes ou quelqu'autres ingrediens.

(2.) *C'est la chaleur qui rend*

On doit encore, par la même raison, éviter d'appliquer des huiles sur

Les huiles nuisibles dans les inflammations. les parties enflammées ; parceque la chaleur de l'inflammation leur communique bientôt une ardeur & une acrimonie très-irritante. L'huile la plus douce, la plus onctueuse, telle que l'huile d'amandes douces, par exemple, exposée à une chaleur seulement de 70 degrés, chaleur moindre que celle d'une inflammation, s'altere, & devient rance & irritante. D'ailleurs les huiles rassemblent & retiennent beaucoup les
V. 27. atômes du feu, aussi toutes les huiles non *alkoolisées* sont-elles susceptibles d'une chaleur, dont les autres liquides ne sont point capables à beaucoup près.

(3.) *Nous pouvons trouver dans les huiles, des remedes tout differens par les changemens que le feu y apporte.* Les changemens que le feu cause dans les huiles, nous font trouver dans les mêmes huiles, des remedes fort opposés. Ces huiles, qui, avant que de recevoir l'impression du feu, étoient onctueuses, adoucissantes, & relachantes, fournissent après y avoir passé, un autre genre de remede. Les Chirurgiens trouvent ici, lorsqu'il est question de dissiper un engorgement causé par une pituite froide & lente, un medicament plus ou moins actif ou pénétrant, selon que ces huiles auront reçû une impression du feu plus ou moins forte. Ont-ils besoin d'un remede demi-émolient & demi-resolutif ; les huiles boüillies, surtout celles où l'on a fait cuire des plantes ou d'autres drogues resolutives, conviendront parfaitement : Faut-il un remede plus actif, plus pénétrant & plus incisif ? On n'a qu'à leur donner le degré de feu nécessaire, comme on fait, par exemple, à l'égard de l'huile de briques ou des philosophes, qui est un des plus puissans resolutifs que nous aions. Veut-on pour l'intérieur un remede semblable ? On le trouvera dans les huiles essentielles distillées, surtout celles qui se distillent à sec, qui sont des huiles ignées toujours extrémement actives, échauffantes, attenüantes & discutives.

Il n'y a que la partie la plus fixe des huiles que nous recevons de nos alimens, c'est-à-dire, la partie la plus chargée de terre, la plus adherente à celle-ci seulement, qui puisse tenir contre le jeu de nos vaisseaux, & contre toutes les puissances expultrices de l'œconomie animale. Plus les huiles que nos alimens nous fournissent, sont exposées à l'action de nos vaisseaux, plus elles se démembrent, plus elles se partagent en diverses classes. Une partie reste unie aux sels, une autre portion demeure

92. Changemens que l'action des vaisseaux cause dans les huiles.

93. Diverses especes d'hui-

ses qui se trouvent dans les animaux. fortement attachée à la partie aqueuse de ces huiles ; le reste ne quitte point la terre dont elle est plus intimement impregnée. De-là resultent trois sortes d'huiles dans les animaux, sans y comprendre l'huile primitive ou celle dont elles se forment, ni l'huile ètherée, que l'on croit qui s'y trouve comme dans les plantes. C'est à cette derniere espece que l'on attribuë l'odeur graisseuse & douce, qui exhale, surtout lorsqu'on ouvre le corps de quelque animal.

94. Huile qui fait le suc nouricier. n°. 92. 81. Nous avons déja parlé de la derniere de ces trois sortes d'huiles, c'est-à-dire de l'huile terrestre & fixe : cette huile que la nature prépare peu-à-peu, pour augmenter ou pour réparer la substance même des parties solides.

95. Huile aqueuse. La seconde espece se remarque fort bien par cette liqueur aqueuse, fœtide & *nauséabonde* qu'on tire par distillation de l'urine recente. Rien *d'alkoolisé*, rien de salin, rien de terreux ne paroît dans cette liqeur. C'est une eau plus legere que l'eau ordinaire, & de laquelle on ne peut détacher cette substance huileuse qui lui est adherente, & qui la rend, pour ainsi dire, volatile, de maniere qu'elle s'exhale très-facilement;

elle est fort sujette à prendre une mauvaise odeur surtout dès qu'elle est exposée à l'air. Les cavités du-dedans du corps sont sans cesse arrosées de cette eau vaporeuse. Cette liqueur fine legerement huileuse, transude de toutes parts. Sous ce genre d'huile aqueuse, on pouroit comprendre aussi cette espece d'huile muqueuse & *lubriquante*, dont nous avons déja fait quelque mention ; mais parcequ'elle n'a pas tout-à-fait la même origine, nous remettons à en parler ailleurs plus à fond.

96. Huile saline ou bilieuse. nº. 92. 85.

La partie huileuse qui reste attachée aux sels, forme une huile saline exaltée, & d'autant plus active, que ses sels ont eux-mêmes été fortement travaillés par l'action des vaisseaux. Nous aurons lieu dans la suite de parler plus amplement de cette troisiéme espece d'huile, surtout à l'article de l'humeur bilieuse & de l'intemperie bilieuse.

97. L'action des vaisseaux détruit la vertu onctueuse des huiles surtout quand cette action est violente.

Ces changemens que l'action des vaisseaux produit dans les huiles, semblent devoir rendre suspect l'usage de celles qu'on ordonne interieurement pour oindre, & pour adoucir ; mais les bons effets, qu'on en apperçoit tous les jours, doivent nous rassurer & nous convaincre que cette action ne détruit pas sitôt les qualités qui nous engagent à prescrire ces huiles, ce qui se manifeste assez par l'huile de senevé ; cette semence, quoi que très-acre, fournit par expression & sans feu, une huile douce qu'on fait prendre intérieurement avec succès, pour calmer, & adoucir les douleurs du calcul. Mais cette preuve est étrangere, en comparaison de celle que nous pouvons prendre de cette huile, ou de cette graisse qui s'accumule chez nous en abondance, qui est de toutes les huiles la plus douce & la plus onctueuse, & que l'action des vaisseaux continüée jusqu'à un certain point, n'a rendu que plus inaltérable, puisqu'elle est moins susceptible de rancité ou d'acrimonie que les huiles grasses végetales, & que la partie butireuse même dont [illegible] se produit.

Cependant on ne peut pas contester que dans les cas où l'action des vaisseaux est fort excitée & violente, la vertu onctueuse & adoucissante des huiles, ne cede promptement à cette grande activité des vaisseaux. La diminution qu'une fievre un peu forte, produit sur le champ dans l'embonpoint, est une preuve bien sensible, que rien ne détruit plus promptement les huiles grasses que le jeu des vaisseaux un peu trop violent. C'est pourquoi les Medecins qui sont convaincus de cette verité, préferent dans les grandes fievres où il est question d'adoucir, de relacher, préferent, dis-je, aux huiles grasses, les huiles ou les liqueurs mucilagineuses, les plus aqueuses parcequ'elles soutiennent longtems, comme nous le remarquerons ailleurs, l'action des vaisseaux, sans perdre leur qualité adoucissante & lubrifique.

[2.] *Les huiles mucilagineuses sont préférables aux huiles grasses dans les grandes fievres.* *n°. 82.*

Quoique les huiles extraites ne soient gueres, en leur particulier, susceptibles de putréfaction, il y en a peu cependant qui n'en puissent être atteintes, lorsqu'elles se trouvent dans les mixtes, soit végetaux ou animaux, surtout dans les derniers. Les huiles qui resultent de l'action de nos vaisseaux, quoique de differens genres, sont toutes *putrescentes*, & susceptibles de cette puanteur insupportable qui accompagne la putréfaction ; car presqu'aussitôt que quelque humeur est expulsée de ces corps, ou que ces corps eux-mêmes cessent d'être animés, une dépravation putride s'y fait ordinairement remarquer dans les huiles, par une puanteur fort désagréable, qui enfin devient tout-à-fait insupportable.

98. Changemens qui arrivent aux huiles par la putréfaction.

Putréfaction. *Voiez n°. 43. jusq. 49. inclusi.*

(2.) *La putréfaction produit de trois sortes d'huiles.*

La putréfaction réduit les huiles d'un mixte à trois especes. La premiere abandonne toutes particules terrestres & salines, pour se joindre étroitement à des particules purement aqueuses, avec lesquelles elle s'exhale dès les premiers instans de la putréfaction, lorsque cette putréfaction se fait dans un lieu où l'air a accès. C'est cette même huile aqueuse dont nous avons déja

N. 95. parlé, qui est la premiere susceptible de l'odeur putride ; c'est elle qui avertit dès le commencement, par cette fœtide odeur de la putréfaction qui arrive à un mixte ; mais à la verité il faut que l'air y contribuë : car les corps qui sont atteints, dans un endroit où l'air n'a nul accès, de cette putréfaction que l'on appelle simplement mortification, ne sentent point mauvais, & ils ne deviennent point contagieux, tant qu'ils sont privées de puanteur : les corps que l'on enterre, les arierre-fais, & les enfans qui pourrissent dès le ventre de la mere, ne sentent pas mauvais tant que l'air ne peut pas agir sur eux, & alors ils ne sont point malfaisans, quoique quelquefois tellement pourris qu'ils s'en vont par pieces, quand on les touche ; mais aussi faut-il convenir qu'exposés à l'air dans cet état, ils deviennent aussitôt infects au suprême degré.

L'huile putride aqueuse dont on vient de parler, n'a rien de pernicieux. Sa puanteur, quoique fort désagréable, est cependant supportable ; c'est elle qui donne à l'urine & aux matieres fœcales recentes, leur mauvaise odeur ; la puanteur d'haleine, des supurations sanieuses, & de tous les corps qui commencent à se corrompre, vient aussi de-là.

La seconde espece d'huile putride est une huile volatile, saline, privée de terre, qui s'exhale avec une puanteur & malignité insigne. La chimée tire à la verité des corps putrides, une huile saline & fœtide encore chargée de terre, & dont le sel est alcalisé, fort volatil & fort acre ; mais il ne paroît point, malgré cela, qu'elle soit encore parvenuë à cette extrême degré de volatilisation qui peut la rendre contagieuse: cette huile alcaline, telle qu'on la tire encore chargée de terre, semble n'être qu'un acheminement vers un autre état où enfin nous la perdons de vûe, & où elle devient infiniment plus subtile & plus active ou plus pernicieuse à notre égard ; car alors par sa qualité extrémement dissolvante, elle dissout & corrompt nos humeurs, & nos parties solides même.

La troisiéme espece d'huile qui résulte de la putréfaction, est extraordinairement fixe, très-dénüée de sels volatils, & fortement unie à des parties terrestres, & à quelques sels acides, que la tissure tenace de cette huile a défendu contre la putréfaction. Cette huile se remarque bien dans l'urine qu'on laisse corrompre pendant longtems. Elle est si fixe qu'il faut pour l'enlever, un feu aussi puissant que pour fondre les métaux, & continué pendant 36 heures : elle est néanmoins si combustible, quand on l'a éxtraite par la distillation, qu'exposée à l'air, elle prend feu d'elle-même. Le sel acide qu'elle contient, lui est tellement uni qu'il ne peut en être séparé que par l'embrasement.

99. Les changemens qui arrivent dans les huiles, ne tombent pas sur l'huile Elementaire.

Il ne paroît pas cependant que dans tous ces changemens, que nous avons remarqué qui arrivent aux huiles, la substance propre de ces huiles en soit alterée ; c'est dans les particules héterogenes qui sont naturellement liées à cette substance, ou dans la simple tissure

ſure de ces huiles entant que mixtes, que s'operent ces changemens : car dès qu'on vient par beaucoup de diſtillations de ſuite, à les épurer, juſqu'à un certain point, ce n'eſt plus au rapport de *Boile*, une huile acre, inflammante & contagieuſe, que le feu nous fournit alors, c'eſt une huile ſubtile, inſinuante, douce, & très - anodine ; ce qui prouve que les atômes de l'huile ſont véritablement inaltérables, comme ceux des autres Elemens.

ARTICLE VIII.

LE SEL.

I. Tous ſels naturels & ſenſibles, ſont composés.

II. Leurs eſpeces.

III. Changemens dont les ſels ſont ſuſceptibles par la fermentation, par la putréfaction, par le feu, par le jeu des vaiſſeaux.

IV. Sel des animaux.

I.

LE ſel (principe) paroît conſiſter en des particules extrémement fines, volatiles, & piquantes. 100. Définition.

101. Les sels sensibles ne sont point simples.

Pour sçavoir ce qu'on peut penser de ce principe, il faut d'abord remarquer que les sels sensibles, & en général tous les sels naturels, ne sont point simples, & que leur composition fait qu'ils s'en trouvent dans les mixtes, de bien des especes differentes, & très-susceptibles d'ailleurs de divers changemens. Ce n'est donc qu'après avoir examiné toutes les differentes formes, ou déguisemens auxquels le principe salin est sujet, que l'on peut entrevoir à quoi il se réduit.

102. La terre a beaucoup de part à la composition des sels sensibles.

Il est démontré que la terre entre pour beaucoup dans la composition des sels sensibles, notamment des sels fixes ; car l'on a experimenté que par des dissolutions, & par des cristalisations successivement & opiniatrément repetées, les sels, même les sels fossiles, c'est-à-dire ceux qui resident dans le sein de la terre, périssent entre les mains de l'artiste, & ne laissent plus qu'une terre, en laquelle ils semblent s'être convertis.

103. Le principe salin donne à la terre, des qualités particulieres.

Le principe salin donne à cette terre qui entre avec lui dans la composition des sels sensibles, des qualités bien opposées à celles qu'elle a, lorsqu'elle est pure.

1°. D'opaque, il la rend *pellucide* & brillante.

2°. D'indissoluble, il la rend si parfaitement dissoluble dans l'eau, qu'elle s'y confond, & devient aussi transparente que l'eau même.

3°. D'aride & seiche, il la rend fusible au feu.

4°. De friable, il la rend vitrescible.

Mais elle perd toutes ces qualités, dès qu'elle est abandonnée de ce principe salin ; car celle que l'on tire des sels n'est plus transparente, dissoluble, fusible, ni vitrescible ; elle se trouve réduite à ses qualités ordinaires ou naturelles.

L'eau s'unit si parfaitement aux sels, qu'il semble que la plûpart se forment par une espece de congelation : c'est ce qu'on remarque bien visiblement dans la préparation du sel admirable de Glaubert, où l'eau entre, au-moins pour moitié, dans sa composition. C'est encore, ce qu'on apperçoit parfaitement par l'analise du Borax. La distillation des sels fossiles prouve aussi la même chose ; car la liqueur qu'ils fournissent, domine tellement en eau, qu'une once de l'esprit que l'on tire du sel ma- 104.

L'eau a aussi beaucoup de part à la composition des sels sensibles.

rin désseché, ne contient qu'environ un gros de partie saline ; le reste est eau pure. Cette eau s'unit si puissamment aux sels, qu'il y en a où il faut un feu de plus de 600 degrés pour les en dépoüiller.

105. Les souphres abondent dans la composition des sels.

Les huiles entrent aussi en grande quantité dans la composition des sels, surtout des sels naturels des végetaux & des animaux. Ces huiles y sont si intimement unies, qu'il y a des sels qui n'en peuvent être dépoüillés entierement : tels sont entr'autres ceux des animaux. A l'égard de ceux de végetaux, où ce sel est fixe ou chargé de terre, il faut du-moins un feu ouvert, c'est-à-dire, un feu où l'air ait un accès libre, pour leur enlever ces huiles ; encore est-il douteux qu'il y parvienne totalement.

II.

106. Divers genres de sels sensibles.

On peut réduire à quatre classes les sels sensibles. La premiere comprend les sels acides, la seconde les sels alcalis, la troisiéme les sels neutres, la quatriéme les alliages salins.

107. Sel acide.

Les sels du premier genre ont une saveur très-aiguë, telle qu'on la remarque dans le vinaigre, dans l'esprit de sel marin, dans le citron & dans les autres substances qui ont une saveur aigre. Ces sels roüillent ou tachent de couleur verte l'airain; ils boüillonent, ou font effervescence avec les sels du second genre, je veux dire avec les alcalis. Cette saveur aigüe dont ils sont doués, & la force avec laquelle ils percent & rongent les corps durs, surtout les métaux, ont fait penser que ces sels sont de petits aiguillons fort roides, très-déliés, très-piquans, & incisifs. Plusieurs sont du sentiment que tous les sels naturels des mixtes, viennent originairement d'un acide primitif, qui s'ajuste de differentes manieres, avec d'autres substances de divers genres, ce qui ne paroît pas douteux à l'égard des sels qui sont dans les huiles; car non-seulement ceux-ci paroissent venir d'un acide, mais encore d'un acide qui est le même pour tous, tant dans les animaux, dans les végetaux, que dans les minetaux : car il n'y a que l'acide du sel marin, & l'acide du nitre, qui paroissent d'un genre different : mais comme on ne connoît ces derniers que par le secours du feu, on n'en peut pas bien juger; on ne peut pas même asſurer s'ils ſont naturels. Il en eſt de même de l'acide des ſels eſſentiels des végetaux, & des animaux ; car du-moins faut-il que cet acide des ſels eſſentiels, paſſe par la fermentation, pour ſe montrer à nous en qualité d'acide.

(2.) *Proprietés medicales des acides.* Les acides végetaux diſſolvent le ſang ; il n'y a que les acides mineraux qui le coagulent, encore faut-il qu'ils ne ſoient pas délaiés dans des liqueurs aqueuſes : car j'ai remarqué que l'eſprit de vitriol mis dans de l'eau juſqu'à acidité conſidérable, empêche le ſang de ſe coaguler ; mais emploié ſeul auſſi-bien que l'eſprit de ſel, ils le coagulent, & le durciſſent fort ſans lui laiſſer dépoſer aucune ſéroſité. Tous les acides en général, ſont entierement oppoſés à la putréfaction ; ce ſont les plus puiſſans cordiaux qu'on puiſſe emploier dans les fievres putrides. Mais il ne faut pas penſer la même choſe de ceux qui entrent dans la tiſſure des huiles ou des corps huileux ; car ceux-ci ſont ſtimulans, même tumultueux & inflammans plus ou moins actifs ; cependant, ſelon que les huiles dont ils ſont partie, ſont elles-mêmes plus ou moins volatiles.

108. *Sels aceteux* Il y a peu de ſels naturels ou eſſen-

tiels, qui soient purement acides. Nous avons cependant plusieurs mixtes, surtout du regne végetal, dont le sel essentiel est dominamment acide. De ce genre sont l'austere, l'acerbe, l'aigrelet. L'austere ou le terrestre, comme dans les prunes sauvages, dans les nefles, dans les fruits éloignés de leur maturité. L'acerbe ou le sur, comme dans les fruits qui approchent de la maturité, dans le verjus, dans l'ozeille, dans l'alleluia. L'aigrelet, comme dans le citron, dans les groseilles, dans les cerises, dans les tamatins, dans la grénade, &c. Ces derniers sont plus acides que ceux des deux premieres especes: ceux de la premiere le sont moins de tous. Ces sels aceteux temperent l'humeur bilieuse trop active, ils sont très-opposés à la putréfaction: ils sont pour la plûpart fort astringens & condensent notamment les premiers, c'est-à-dire les austeres; car le suc de Joubarbe mêlé avec le sang, le coagule sans lui laisser fournir de sérosité; cependant l'alun, quoique mêlé en grande dose avec le sang, le dissoud presque entierement, à la reserve de quelques grumeaux qui s'y forment: le verjus pris bien avant la maturité, coa-

naturels.

[-2.] *Propriétés des sels aceteux naturels.*

gule ſeulement un peu les ſucs gélatineux ; mais il diſſoud la partie rouge. Les ſucs d'ozeille, de groſeille & ſemblables aigrelets, tiennent le ſang en collication. Tous les aceteux coagulent le lait: à l'égard de leur vertu aſtringente, elle paroît dépendre plus de leur action ſur les ſolides que ſur les liquides.

109. *Sels naturels aceſcens.* Il y a des ſels naturels qui tendent prochainement à devenir acides par dépravation ; de façon qu'au premier dérangement qui leur arrive ſpontanément, ils deviennent manifeſtement acides. Tous les mixtes qui ſont ſuſceptibles de fermentation, ſont doüés d'un ſel de cette nature. La plûpart des végetaux ſont tels. Dans les animaux il y a le chile, le lait, & les ſucs gélatineux.

[2.] *Proprietés des ſels naturels aceſcens.* Ces ſels ſont opposés auſſi à la putréfaction, du-moins ſont-ils dans une diſpoſition la plus éloignée, dans laquelle puiſſent être les ſels qui en ſont enfin ſuſceptibles..

110. *Acides factices, ou ſels dégenerés en acides.* Sous le genre de ſels acides, on doit rapporter les acides factices, je veux dire ceux que le feu a fabriqués, ou du moins qu'il a démembrés des ſels naturels ; tels ſont la plûpart de ceux qui ſe tirent par la diſtillation, & ceux qui ſe ſéparent par l'embraſement d'un mix-

tels sont, en premier lieu, ceux qu'on tire du sel marin, du sel gemme, du nitre, du vitriol, des huiles balsamiques & des huiles savoneuses, végetales, de la plûpart des bois, surtout du gäiac, du buis, du genievre, &c. & en second lieu, ceux qui resultent de l'embrasement des souphres mineraux, du fosphore, des bois, soit ceux qui s'échappent avec la fumée de ce bois, notamment quand ces bois sont verds, soit ceux qui se trouvent dans cette liqueur qui est chassée, lors de la combustion, par les extrémités du bois opposées à celles qui brûlent. Les sels capables de fournir des acides par le feu, sont de tous les sels les plus opposés à la putréfaction ; car le feu tend puissament, comme nous le verrons, à produire dans les sels, le même changement qu'y cause la putréfaction même. Ainsi les sels qui passent l'action du feu, & qui tiennent contre, doivent être regardés comme les plus incorruptibles qu'il y ait dans la nature.

(2.) *Proprietés de ces sels.*

III. *Sels alcalis.*

Les sels alcalis sont ceux qui ont une saveur acre & brûlante ; tel est le sel de la graine de moutarde, celui qu'on tire par distillation de l'urine, & semblables. Ces sels soüillent ou tachent de couleur bleuë l'airain; ils font effervescence avec les acides, & amortissent ceux-ci. Ces proprietés ont fait croire que ces sels sont poreux & garnis d'inégalités tranchantes. Ils sont très-mordicans & très-irritans par rapport à nos parties solides. L'agitation qu'ils y causent, contribuë beaucoup à les rendre encore fort dissolvans par rapport à nos humeurs; car par eux-mêmes ils ne font point d'impression sur le sang.

[2.] *Proprietés medicales des alcalis.*

112. Sels alcalins naturels.

Il se trouve peu de mixtes, ou plutôt il ne s'en trouve point, je crois, dont le sel naturel soit parfaitement alcali; cependant il y en a quelques uns où l'on remarque que leur sel est du-moins en bonne partie alcalisé; tel que celui de la bile qui fait effervescence avec les acides concentrés, celui de la graine de senevé, & de la racine d'*arum*, qui fermentent avec le vinaigre & quelques autres.

Voiez Fred. Hoffman. med. rat. tom. 1, pag. 182.

113. Sels naturels alcalescens.

Il y a beaucoup de mixtes, dont les sels sont prochainement disposés à devenir alcalis par dépravation, tels sont en général tous ceux qui ne sont point susceptibles de fermentation, qui sont au-contraire fort disposés à la putréfaction, comme sont les sels naturels des animaux, & celui des plantes acres, par exemple la rave, le navet, le poivre, l'oignon, le cresson, l'ail, le piment, la cardamine, le *cochlearia*, la persicaire acre, la roquette, le *sedum acre*, le refort sauvage, le *lepidium*, la *pulsatile*, la nummulaire & d'autres qui ont une saveur moins vive & brûlante, qui machés cruds, ont quelque chose de dégoutant qui porte à l'odorat ; comme on le remarque dans le choux, la brione, le poireau, en un mot toutes les plantes dont le sel est presque volatilisé, & dont il ne reste point ou très-peu de sel dans leurs cendres, lorsqu'on les brûle. Ces sels *alcalescens* sont stimulans ou irritans, anti-acides, prochainement disposés à devenir tels que ceux qui resultent de la putréfaction ; c'est-à-dire alcalis volatils, huileux : c'est pourquoi ces sels ne conviennent pas dans une disposition putride ou trop alcalescente de nos humeurs. Mais ils sont utiles, quand celles-ci sont trop glutineuses, trop crües, trop lentes, & trop pituiteuses, parcequ'ils excitent dans les vaisseaux, un mouvement capable de subtiliser ces humeurs ; mais ce n'est que par contre-coup que ces sels agissent sur les

[2.] *Proprietés des sels alcalescens.*

humeurs, & non pas immédiatement ; car j'ai mêlé du poivre, du suc de *co-clearia* avec le sang, ce dernier fournit une odeur forte de sel urineux ; mais ni l'un ni l'autre ne firent point d'impression sur le sang.

114. Alcalis factices, ou sels dégenerés en alcalis.

Il y a des alcalis de la façon du feu, qui se produisent dans la distillation, ou dans l'embrasement des mixtes. Les alcalis que le feu nous donne dans la distillation, sont volatils, tout-à fait semblables à ceux qui resultent de la putréfaction ; mais ceux qu'il produit par combustion, sont d'une espece particuliere, qui n'a point de semblable parmi les sels produis naturellement, & qui ne reconnoît point d'autre cause de sa production, que l'embrasement. C'est un sel fixe ou terrestre, qui reste dans les cendres du mixte ; c'est un alcali grossierement contrefait, qui a cependant beaucoup des caracteres de l'alcali naturel ; c'est, comme celui-ci, un acre brûlant, qui fait effervescence avec les acides qui les amortit, qui est pour nos humeurs, en irritant fort vif, & fort mordicant à l'égard des parties solides.

[2.] *Proprietés de ces sels.*

115. Sels neutres.

Le sel neutre est celui qui n'est ni acide, ni alcali, mais qui a une saveur mitoiene entre celle de l'un & de l'autre, qu'on appelle communement saveur salée ; telle qu'on l'a remarqué dans le sel marin, dans le sel ammoniac, dans le nitre, dans la plûpart des sels naturels des mixtes. Parmi les sels neutres, ceux qui peuvent se réduire en acides, soit par la fermentation, soit par la distillation, sont fort opposés à la putréfaction, & très-propres à retarder la volatilisation de nos humeurs, surtout les derniers, dont il y en a même, qui sont naturellement inaltérables ; tel est le sel marin, par exemple, qui ne souffre aucun changement, soit qu'il se trouve exposé où il y a fermentation ou putréfaction, soit qu'il ait à soutenir l'action de nos vaisseaux : car on le retrouve dans nos urines, même dans celles qu'on a laissé corrompre, tel que nous l'avons reçû avec nos alimens. Il faut donc pour juger des proprietés des sels neutres naturels, examiner s'ils sont acescens ou alcalescens ; car les premiers temperent nos humeurs, & resistent à la pourriture, tandis que les derniers ont des qualités toutes opposées, qui peuvent cependant être avantageuses, pour reveiller le jeu des vaisseaux trop languissans, & corriger par là nos humeurs, trop crües, trop grossieres, & trop visqueuses.

[3.] *Proprietés medicales des sels neutres.*

116. *Les sels naturels sont ou essentiels ou huileux.*

Ce sont tous ces sels aceteux, acescens, alcalins, alcalescens & neutres, qui constituent ce qu'on appelle le sel essentiel des mixtes, végetaux & animaux. Ce sel doit être distingué des sels huileux de ces mêmes mixtes : il peut former un corps entierement salin, tel est celui qu'on tire par simple cristalisation, des sucs des plantes, & des animaux ; à la difference du sel huileux qui n'est qu'un alliage de quelques particules salines, avec des parties oleagineuses, pour former ensemble les corps huileux, & les huiles mêmes telles qu'elles se trouvent naturellement dans les mixtes.

[2.] *Défaut des analises chimiques.*

C'est en partie, faute d'avoir exactement distingué ces deux genres de sels qui se trouvent dans les mixtes, qu'on n'a pas encore pû parvenir à découvrir au juste, par l'analise chimique, la nature du sel essentiel de chacun de ces mixtes. Il suffisoit qu'on tirât d'un mixte, une certaine quantité d'acide & une certaine quantité d'alcali, pour croire que l'un & l'autre venoient d'un sel neutre décomposé alors par le feu ; & on rapportoit ce sel neutre, à tel ou tel genre de sel neutre connu, selon que le mixte fournissoit plus ou moins d'acide ou d'alcali. Supposé, par exemple, qu'on eût tiré trois fois plus d'alcali que d'acide, on auroit été porté à croire que le prétendu sel neutre, à qui on attribuoit ces principes, étoit du genre du sel ammoniac, parceque celui-ci fournit des acides & des alcalis à peu près selon cette même proportion. Cependant il se peut faire qu'un sel essentiel soit véritablement neutre, sans fournir dans la distillation, ces deux genres de principes. Le sel essentiel des animaux en fournit un exemple, mais ce que nous avons à remarquer ici, c'est que ces acides & ces alcalis qu'on tire d'un mixte par l'analise chimique, peuvent n'être point combinés dans ce mixte ; car les uns peuvent venir des huiles, & les autres du sel essentiel : en effet les huiles balsamiques, les huiles savoneuses, &c. redondent en acides, & en fournissent beaucoup par la distillation ; tandis que les sels essentiels des végetaux & des animaux, dégenerent ordinairement (surtout lorsqu'ils sont distillés à feu sec) tout-à-fait en alcalis.

Ainsi on doit être fort circonspect dans les conséquences qu'on tire des analises chimiques. Il faut auparavant, examiner les diverſes eſpeces d'huiles naturelles, qui abondent dans le mixte, & remarquer en particulier & indépendamment du feu, autant qu'il eſt poſſible, quels peuvent être les caracteres propres du ſel eſſentiel, aiant égard au ſurplus aux changemens qui peuvent lui arriver de la part de la fermentation, de la putréfaction & du feu même ſelon les differens degrés, & les differentes manieres dont celui-ci agit ſur ce même ſel. On peut juger de-là combien les analiſes des mixtes, telles qu'on les a faites juſqu'à préſent, ſont peu fidelles, & peu propres à nous découvrir la nature des principes, d'où dépendent les proprietés des mixtes.

[3.] *Sels fixes & volatils.* Les ſels huileux ſont ou fixes, ou volatils, les fixes ſont ceux qui ſont retenus par des huiles groſſieres & tenaces : il paroît même que la volatilité & la fixité des ſels des huiles, dépendent particulierement de la groſſiereté ou de la volatilité des ſubſtances huileuſes mêmes ; car avec un même genre d'acide, on contrefait des ſels huileux, volatils, ou fixes, ſelon que cet acide ſe trouve avec des huiles capables de le fixer plus ou moins.

Les ſels volatils huileux ſont de trois

sortes, acides, alcalins & alkoolisés. Les volatils huileux acides, sont ceux [4.] *Trois sortes de sels volatils huileux.* des huiles étherées des végetaux ; l'esprit recteur même, que contiennent ces huiles, paroît dépendre entierement [5.] *Sel volatil huileux acide.* de cet acide ; car si on refournit d'acides, une huile alkoolisée, on en refait une espece d'huile essentielle étherée, odoriferante, comme les huiles étherées, naturelles, fournies de leur esprit recteur.

Les sels volatils huileux alcalins, ne se trouvent guere que dans les huiles des animaux, où leurs sels tendent [6.] *Sel volatil huileux alcalin.* d'eux-mêmes, toujours plus ou moins à l'alcali, selon que ces huiles sont plus ou moins exaltées, ou travaillées par le jeu des vai[illegible] mais ils ne parviennent point[illegible] une parfaite alcalisation, si ce n'est par la putréfaction ou à l'aide du feu. Indépendamment de tous ces cas, ce sel est originairement acide, parcequ'il vient en premier lieu des huiles végetales dont le sel est toujours acide. C'est selon toute apparence, de ce sel volatil huileux entierement alcalisé, & entant qu'il fait partie d'huiles devenuës extrêmement volatiles, que dépend la malignité de ces vapeurs qui exhalent des corps corrompus ; car les ſels alcalis concrets qu'on tire par diſtillation, ſont incomparablement plus foibles, que les huiles diſtillées & non rectifiées qu'on tire des animaux ; puiſque une demie goute d'huile de corne de cerf, fera plus d'effet, priſe intérieurement, qu'un demi gros de ſel volatil concret. Or cette huile n'eſt ſi puiſſante que par ſon ſel, puiſque rectifiée & dépoüillée de ce ſel, elle devient très-douce & très-innocente ; & ce ſel de ſon côté n'eſt auſſi actif, comme on vient de le remarquer, qu'entant qu'il fait partie de la tiſſure naturelle de cette huile.

[7] *Sel volatil huileux, alkooliſé.* Il eſt difficile de déterminer les caracteres de l'eſprit ſalin, dont les huiles alkooliſées ſont empreintes, après la fermentation qui les a dépoüillées, du-moins en partie, de cet acide propre des huiles végetales : dépoüillement dont on s'apperçoit non-ſeulement par cette vapeur violente, où cet eſprit furieux qui s'exhale lors de la fermentation ; mais auſſi parcequ'en refourniſſant ces huiles alkooliſées d'un nouvel acide, elles reprennent la nature d'huile eſſentielle. Cependant la ſaveur vive & l'activité des huiles alkooliſées, ne permettent pas de douter qu'il ſoit re-

ſté des ſels dans leurs textures. La difficulté eſt de ſçavoir s'ils ſe ſont conſervés encore ſous la forme d'acides, comme ils étoient dans ces huiles avant la fermentation ; car aucune expérience que je ſache, ne nous met en état de découvrir au juſte les caracteres de ce ſel qui demeure caché dans ces huiles ſpiritueuſes ; ſi ce n'eſt que ces huiles en redevenant, pour ainſi dire, eſſentielles, par leur union avec un nouvel acide, ne faſſent entrevoir par-là, que leur ſel n'a pas changé de nature. *Teichmeierus* va plus loin, car il dit que ſi on diſtille pluſieurs fois de l'eſprit de vin ſur du ſel de tartre, celui-ci qui reſte au fond de la cucurbite, ſe trouve impregné d'acide.

Le ſel eſſentiel eſt ordinairement conſideré comme fixe ; cependant il peut dégénerer en ſel volatil ; mais c'eſt alors preſque toujours un ſel volatil huileux, ſoit qu'il dégénere en ſel volatil acide, comme il lui arrive par la fermentation, ſoit qu'il dégénere en alcali ou urineux, comme il fait dans la putréfaction ou par l'action du feu, ou en partie par l'action des vaiſſeaux des animaux ou des plantes alkaleſcentes. Ces ſels volatils de l'un ou de l'autre genre, (8.) *Le ſel eſſentiel volatil.*

ſe trouvent toujours combinés avec des huiles, non pas à la verité avec la même quantité, ni apparament de la même maniere que dans les ſels volatils naturellement huileux ; car ces ſels dégénerés, ne ſont pas à beaucoup près ſi puiſſans que ceux-ci. Ils ont même cela de particulier, ſurtout les ſels urineux, qu'ils deviennent d'autant plus vifs & plus inflammatoires, qu'ils ſont plus dépoüillés de leurs huiles.

[9.] *L'activité des ſels des mixtes, dépend ſur tout des ſels volatils huileux.*

L'activité & la ſpiritualiſation des ſels volatils huileux naturels, ſont, comme nous l'avons dit, proportionnées au degré de volatiliſation des huiles naturelles, dont ils ſont partie ; c'eſt par-là que ces ſels peuvent parvenir à un degré de force & de vivacité, qui ne ſe remarque point dans les ſels eſſentiels, du-moins par rapport aux ſolides. Car par rapport aux liquides, la plûpart des ſels eſſentiels, y apportent plus de changement, que les ſels huileux les plus volatils : le ſuc de chicorée, & beaucoup d'autres qui ſont pleins de ſels eſſentiels, & qui ſont dénués de ſels volatils, mêlés avec le ſang, y cauſe une diſſolution glaireuſe : les ſucs de belladona, d'enulacampana, de racine d'ozeille, &c, le tiennent en collication ; tandis que les huiles essentielles ne font rien de semblable, mais d'ailleurs celles-ci agissent puissamment sur les solides. L'huile distillee de canelle par exemple, est si stimulante, que quelques goutes suffisent pour exciter sur le champ, une espece de fiévre dans une personne même en parfaite santé. Cette vertu irritante est dans certaines huiles éthérées, si violente, que de l'huile essentielle de gérofle appliquée & retenuë sur une partie, y causera une inflammation des plus brûlantes. L'huile de tabac est encore plus terrible, puisque la dixiéme partie d'une goute de cette huile, introduite dans une plaie recente, est capable de faire mourir. Ainsi il n'est pas difficile de concevoir par-là, en quoi consiste les venins les plus subtiles & les plus mortiferes. On peut juger par-là encore, combien l'usage de ces compositions cordiales où entrent les huiles éthérées, est redoutable dans les fiévres & dans les autres maladies inflamatoires. Nous avons déja remarqué, qu'il n'est pas douteux que cette activité dépende de la partie saline de ces huiles ; puisque, comme nous l'avons déja dit plusieurs fois, ces huiles dépoüillées par la putréfaction,

(10.) *Les venins consistent en des sels huileux volatils.*

n°. 99.

& ensuite par la distillation de leurs sels, n'ont plus rien que de doux & de calmant.

114. Sels naturels essentiels, sont moins actifs que les sels volatils.

Il n'en est pas des sels essentiels comme des sels volatils huileux naturels, ils sont beaucoup plus paisibles, & bien moins stimulans par rapport à nos solides; aussi voions-nous que les plantes qui dominent en sel essentiel, sont ordinairement celles qui non-seulement ont le moins d'odeur & de saveur, mais encore qui sont les moins turbulentes, & qui agissent avec le plus de modération & de lenteur. Ces sels essentiels sont en général plus ou moins terreux, & astringens, ou bien plus ou moins huileux ou savoneux, & dissolvans, ou enfin plus ou moins acescens ou alcalescens. De ces differences dépendent principalement les vertus & les qualités particulieres de ces sels naturels essentiels.

117. Il ne paroît pas que les sels neutres, soient composés d'acides & d'alcalis.

Beaucoup de Chimistes ont été de sentiment, que les sels neutres ne sont que des composés d'acides & d'alcalis. Effectivement on contrefait une partie de ces sels par le mélange d'acides & d'alcalis, dont l'un d'eux est du-moins tiré de l'espece de sel neutre qu'on veut contrefaire. C'est ainsi que par le mélange de l'esprit acide du sel marin, avec le sel alcali fixe de tartre, on contrefait le sel marin ; que par le mélange de l'esprit de nitre avec un sel alcali fixe, on fait un nouveau nitre ; que par le mélange de l'esprit de sel avec un sel volatil, on produit une espece de sel ammoniac. Ces contrefactions semblent véritablement prouver, que les sels neutres resultent de ces deux genres de sels. On revient cependant beaucoup de ce sentiment, 1°. parcequ'on ne connoît point d'alcali fixe naturel dans les mixtes ; ou qui ne soit l'ouvrage du feu. 2°. Parcequ'il y a des sels neutres, par exemple le sel marin, le sel gemme, qui ne peuvent point s'alcaliser : si l'on en tire l'esprit acide par la distillation, le residu ne sera qu'une matiere terreuse. 3°. Parcequ'il y en a dont on ne peut tirer d'acide tel est le Borax, comme l'a observé Mr. *Lemery*. 4°. Parcequ'il y a des sels qui peuvent se convertir tout en acide ou en alcali, comme le nitre qui s'alcalise exposé entre les charbons ardens, & qui se réduit tout en esprit exposé au feu *Dioptrique* ou de *Catoptrique*. Le sel neutre de tartre se reduit en acide volatil par la fermentation, en alcali fixe nº. 101. 102. 104. 105. par l'embrasement, & en alcali volatil par la distillation. 5°. Parceque les sels acides dégenerent en alcali. 6°. Parceque la masse ou le volume qui nous rend sensibles les sels, est dû à d'autres principes, surtout à la terre ; ce qui a fait croire à quelques-uns, que les sels étoient formés d'un acide & d'une terre alcaline ; mais cette terre qu'on tire des sels, même des sels alcalis fixes, n'a rien qui tienne de l'alcali, & les sels acides qu'on mêle avec des terres alcalines, ne forment point des sels neutres. 7°. Parceque les sels essentiels des mixtes sont soûmis à tant de causes differentes, qui les petrissent, pour ainsi dire, les modifient, & leur font même quelquefois, comme nous le verrons, totalement changer de nature. Ces variations montrent bien que ces caractères d'acide, & surtout d'alcali, ne sont point des dispositions originaires des sels neutres. On est donc forcé par toutes ces raisons, de croire que tous les sels essentiels des mixtes, se forment par l'arrangement d'un principe salin anterieur à ces deux genres de sel, avec les autres principes qui entrent dans leur composition.

118. Alliages salins. Les Chimistes ont remarqué qu'il y a un

un acide fossile d'un genre particulier, qui paroît different des autres acides, que le feu fait éclore des sels neutres fossiles, c'est-à-dire du nitre du sel marin, & de ceux du genre de celui-ci, comme les sels des fontaines & le sel gemme. On le regarde comme un acide errant, naturel, primitif, qui ici, s'engage avec diverses substances métalliques, pour former les vitriols de toutes especes; qui là, se joint avec une terre sulphureuse, pour former le souphre mineral & les autres matieres bitumineuses; qui ailleurs, s'engage avec des substances semi-metalliques, pour former la partie saline de l'antimoine, du cinabre &c. ou bien avec une terre crétacée pour former l'alun. C'est encore lui qui est le sel primitif de toutes les huiles des végetaux & des animaux, & peutêtre aussi a-t'il beaucoup de part à la composition des sels essentiels neutres. Mais parcequ'on ne voit jamais d'acides de ceux-ci dans leur état naturel, on ne peut pas assurer que les acides qu'ils fournissent, ne viennent point de ce que ces sels dégénerent en acides dans la fermentation, ou dans la distilation.

III.

119. *Causes qui changent les sels.* La fermentation, la putréfaction, le feu, le jeu des vaisseaux, peuvent produire des changemens considérables dans la composition des sels naturels.

120. *La fermentation.* La fermentation, surtout lorsqu'elle se fait parfaitement, doit être regardée par rapport aux changemens qu'elle cause dans les sels, sous differens degrés.

[2.] *Le premier degré de fermentation, agit principalement sur les sels volatils.* Le premier degré qui se reduit à la fermentation purement vineuse, paroît ne pas causer beaucoup de changement dans les sels essentiels : elle les rejette, elle les sépare du-moins pour la plus grande partie, des sucs qu'elle rend vineux ; elle rend seulement ces sels essentiels beaucoup moins dissolubles dans l'eau, ce qui leur donne un usage fort borné dans la medecine ; car ne pouvant se dissoudre parfaitement que dans l'eau bouillante, la chaleur de l'estomac n'est point assez considérable, pour les tenir aussi dissouds qu'il est nécessaire pour enfiler la voie du chile ; d'où il est à présumer que ces sels ne passent point dans le sang, & qu'ils ne s'étendent point au-delà des premieres voies ; où ils sont laxatifs, comme on le remarque dans la crême de tartre, mais ils n'agissent sensiblement qu'à une dose fort considérable.

Ce degré de fermentation a beaucoup plus de prise sur les sels huileux ; car à mesure que l'huile s'alkoolise, une partie de ces sels s'exaltent & s'unissent si inséparablement aux atômes huileux, qu'ils ne forment plus ensemble qu'une liqueur spiritueuse, où ces sels ne sont reconnoissables, que par l'extrême vivacité qu'ils donnent à cette substance. L'autre partie s'en détache & fournit cet esprit furieux que les Chimistes appellent *Gas silvestre*, c'est-à-dire cette vapeur qui s'échappe dans le tems même de la fermentation, avec une force & activité si terrible, qu'elle est capable de tuer sur le champ un homme qui s'exposeroit trop à cette vapeur, surtout en mettant le nez immédiatement au trou du vase par où elle s'échappe.

[3.] Le second degré de fermentation, est celui qui va jusqu'à aigrir les liqueurs vineuses & autres, qui en sont susceptibles. Ce degré agit sur le sel essentiel même ; il le réduit en acides volatils qu'il réünit aux huiles alkoolisées ; d'où se forment des acides volatils huileux,

Le second degré de fermentation, agit sur les sels essentiels.

[4.] *Acides fermentés ; leurs propriétés.* qui s'opposent à la coagulation des humeurs, qui facilitent la transpiration, qui sont cordiaux, qui reveillent les forces, qui resistent à la putréfaction, qui amortissent & détruisent l'acrimonie alcaline, qui temperent l'ardeur & l'activité de la bile.

Les sels qui ne font encore que s'aigrir par la fermentation, surtout après une fermentation vineuse, ne doivent pas être si bienfaisans, parceque l'alkool ou l'esprit ardent y domine encore beaucoup : car du vinaigre recent fournit un esprit acide qui est inflammable, ce qui n'arrive pas quand il est ancien. Les liqueurs qui s'aigrissent, doivent donc produire dans les humeurs, & dans les solides, une partie des effets tumultueux qu'y produisent les esprits vineux. Aussi les Praticiens attentifs ont ils toujuors remarqué, que l'usage du vin surtout du vin vigoureux, est pernicieux dans les fiévres violentes, quoiqu'alors la chaleur considérable qu'il rencontre dans les premieres voies, ne manque gueres de le faire aigrir : les vomissemens qui arrivent quelquefois aux malades peu après qu'ils ont pris du vin, nous le confirment ; car celui qu'on rejette en pareil cas, ne se fait que trop sentir par une ardeur & par une aigreur des plus vives. Or cette aigreur n'est pas encore un correctif suffisant pour moderer les qualités turbulantes du vin. Ainsi il faut distinguer les acides qui fermentent, de ceux qui ont entierement fermenté. On doit remarquer au surplus, que ces derniers mêmes, ne conviennent que par opposition à des qualités contraires qui se trouvent dans nos humeurs, autrement ils peuvent y porter de l'acrimonie qui, dans bien des cas, seroit fort nuisible ; par exemple, dans les maladies de la vessie, des reins, & des poumons.

Les sels naturels des mixtes, sont volatilisés par la putréfaction au point qu'ils se trouvent tout vidés, & tout dégarnis de leur terre, & qu'il ne reste plus, pour ainsi dire, que la carcasse de ces sels, où le principe salin reste encore accroché, & retenu par l'huile qui entre dans leur composition. Delà se forme ce sel alcali volatil & en partie huileux, que l'on retire des substances putrides. C'est en cela même que la putréfaction differe de la fermentation. Celle ci détache, divise, & volatilise à la verité les sels essentiels, mais cette volatilisation ne va que jus-

121. La putréfaction degarnit les sels de leur terre.

qu'à partager les parties integrantes, qui forment le volume de ces sels : elle ne détruit point ce qui leur donne du corps ou de la solidité, comme fait la putréfaction. Dans la fermentation aceteuse, qui est la fermentation la plus poussée, l'huile qui lie les parties du sel tartareux, se divise, & s'attenuë de maniere que ces sels se trouvent démembrés en particules acides extrémement fines, auxquelles les débris de cette huile restent adherens, & vraisemblablement une partie des autres principes constitutifs de ces sels ; car il n'y a que les vegetaux, où l'union du principe salin & du principe terreux est fort tenace & à l'épreuve du feu, qui soient susceptibles de fermentation. Tous les végetaux qui fournissent, par l'embrasement, des cendres, où il ne se trouve point de sel fixe, c'est-à-dire, où l'union de la terre avec le sel, n'a pas été assez forte pour resister au feu, ces végetaux, dis-je, tombent tout-d'un-coup en putréfaction, sans pouvoir fermenter.

[2.] *Difference entre la putréfaction & la fermentation: l'une agit sur les huiles, & l'autre sur la terre.*

[3.] *La corruptibilité des mixtes, vient de ce que leur sel es-*

Il paroît assez que la putréfaction des mixtes dépend beaucoup de la nature de leurs sels essentiels, ou du peu de fixité de leur sel huileux acide; car tant que l'union du ſel avec le principe terreux, tient bon, & que ces ſortes de ſels ſe trouvent en quantité ſuffiſante dans les mixtes, le mouvement ſpontané qui leur ſurvient, a beau ſubtiliſer, même ſpiritualiſer leurs ſels huileux, ce n'eſt encore juſques-là qu'une fermentation. Mais ſi le ſel eſſentiel s'y trouve en trop petite quantité, comme dans la plûpart des plantes odorantes qui abondent ſeulement en ſels huileux volatils, ou ſi ce ſel eſſentiel ſe détache facilement de ſa terre, comme dans les animaux, la fermentation n'a plus lieu, & le mixte eſt atteint de putréfaction au premier mouvement ſpontané qui lui arrive. On peut juger par-là de l'utilité des ſels acides, aceteux, ou neutres, qu'on emploie pour reſiſter à la putréfaction dans les cas où nos humeurs y ſont trop diſpoſées. Mais parmi tous ces ſels, on doit choiſir ceux qui ſont les moins ſtimulans, autrement on s'expoſe à augmenter le mal que l'on veut empêcher ; car il faut penſer des ſels à cet égard, comme nous avons fait des huiles. Le ſel marin eſt le plus puiſſant de tous les ſels pour s'oppoſer à la putréfaction, & même le plus inaltérable ſous le jeu de nos vaiſſeaux ; de

ſentiel tient peu à ſa terre.

(4.) *Uſage des ſels eſſentiels & neutres, contre la putréfaction.*

n°. 19.

(5.) *Remarque ſur l'uſage des antiputrides.*

même que l'esprit de vin, & l'huile therebentine, &c. sont les plus efficaces de toutes les huiles pour le même effet. Cependant toutes ces choses sont pernicieuses dans les fiévres putrides, parcequ'il y a bien de la difference, entre s'opposer à la putréfaction des humeurs qui circulent dans les vaisseaux, & de s'y opposer dans une partie qui tombe en gangrene. Dans le premier cas on doit tout craindre du mouvement immoderé des vaisseaux ; car comme nous allons le prouver dans un
Art. 124. moment, ce mouvement suffit pour faire déclarer la putréfaction presque sur le champ, lorsqu'il y a d'ailleurs de la disposition. Dans l'autre cas le défaut d'action de ces mêmes vaisseaux, n'est pas moins une circonstance favorable pour cette même putréfaction ; car les humeurs qui croupissent alors dans ces vaisseaux, s'y corrompent facilement, surtout si elles s'y trouvent exposées à une chaleur un peu considérable. De-là vient que les remedes chauds ou stimulans, qui sont capables, en excitant trop le jeu des vaisseaux, de faire tourner une inflammation en gangrene, peuvent cependant être appliqués avec succès sur une partie gan-

grenée, pour y rétablir un peu le jeu des vaisseaux presqu'entierement aboli. C'est pourquoi la supuration purulente qui survient à la gangrene, est de bonne augure, parcequ'elle marque en effet que le jeu des vaisseaux est du-moins en partie réintegré.

(6.) *Tout acide est capable de putréfaction.*

Il paroît néanmoins qu'il n'y a aucun genre de sel acide, qui ne soit enfin susceptible d'alcalisation par la putréfaction. Le seul qui semble devoir en être excepté, est l'acide du sel marin; cependant lorsque cet acide se trouve dans les végetaux, il y est sujet au même sort des autres. Or tous les sels des mixtes peuvent être réduits en alcali dans la putréfaction; car lorsque ces mixtes sont parfaitement corrompus, l'alcali est l'unique sel qu'on y découvre. Il n'est point douteux d'ailleurs que les végetaux ne contiennent un acide semblable à celui du sel marin, ou du-moins un sel qui dégénere en un pareil acide; car on tire de la suie, un sel ammoniac, dont l'acide est le même que celui du sel marin. Ainsi l'acide, qui dans les végetaux se trouve de cette nature, n'y est pas incorruptible Dans les sucs qui pourrissent, même dans ceux des animaux, on trouve une huile extrémement fixe, qui contient un acide qui véritablement a résisté au jeu des vaisseaux, & à la putréfaction ; c'est ce qu'on remarque dans les phosphores qui laissent après leur embrasement, une espece d'acide semblable à celui de vitriol ou de souphre. Or nous sçavons que cette espece d'acide est très-corruptible dans les huiles végetales, dont il est l'acide banal, ainsi ce ne peut être que parceque cet acide qui se trouve dans ces huiles putrides & fixes, y est si tenacement engagé, que la corruption ne lui peut donner atteinte ; ce qui est tout-à-fait conforme à l'idée d'habiles chimistes, qui pensent que ces huiles, ou ces phosphores, sont un véritable souphre mineral, que les efforts de la putréfaction ont seulement rendu plus inflammable. Cette disposition, que tous les acides ont à s'alcaliser, donne à penser que tous ces mêmes acides, ne different point essentiellement entr'eux. Il paroît que leur diversité vient des adherences qu'ils contractent dans la tissure des divers genres de molécules minérales ou végetales, auxquelles ils se trouvent d'abord fortement unis.

122. Changemens. On a déja pû assez appercevoir, que

l'action immédiate du feu, peut aller jusqu'à changer entierement les caracteres des sels naturels. Si, comme nous l'avons dit, on brûle une plante dont le sel est *acescent*, ce sel se trouve dans les cendres de cette plante, converti en alcali fixe : le sel essentiel de la plante, entre ici avec sa terre dans la composition de ce sel alcali ; car lorsqu'on en dissipe le principe salin, par des dissolutions & par des évaporations réiterées, cette terre se détache, & reste pure sur le filtre, par lequel on passe chaque fois ces dissolutions avant que de les faire évaporer. Enfin peu-à-peu le principe salin s'évapore entierement, & au lieu de sel, on n'a plus que de la terre en assez grande quantité. Voilà pourquoi on ne tire point de sel alcali fixe des cendres des mixtes, dont le sel tend naturellement à l'alcali volatil, ni de ceux qui sont tombés en putréfaction ; parceque leur sel ne s'y trouve plus arrêté par la terre. Ce sel alcali fixe, que le feu produit ici, n'est donc que le sel essentiel ou naturel, encore fourni de sa terre, mais entierement ou presqu'entierement dépoüillé des huiles qui avoient entré dans sa composition : ce n'est plus qu'un sel

que le feu produit dans les sels.

n°. 114. 109.

ouvert & pénétré par le feu, qui devient un alcali contrefait, & non un
n°. 114. alcali naturel. Il n'y a que les sels urineux, c'est-à-dire les alcalis volatils, qui puissent se produire naturellement, quoique le feu, comme on l'a déja vû, puisse aussi avoir beaucoup de part à la production de ceux-ci. C'est à quoi on doit prêter même beaucoup d'attention, afin de ne pas juger trop legerement de la nature du sel d'un mixte, par celui qu'on en tire à l'aide du feu dans la distilation; surtout à l'égard des animaux, dont le sel naturel, même celui de leurs sucs les plus acescens, se volatilise & s'alcalise entierement dans la distilation, a une chaleur approchante de 300 degrés. Cependant il

(2.) *Quels sont les sels que le feu peut convertir en alcalis.*

n'y a que les sels essentiels qui se convertissent facilement en alcalis, par le feu; car celui-ci ne peut rien sur ces sels simplement & parfaitement acides. Les esprits acides, les acides des huiles végetales & minerales, tiennent contre le plus grand feu. Ainsi le feu se trouve en cela inférieur à la putréfaction, qui peut du moins alcaliser les sels huileux du regne végetal & du regne animal. Un celebre Medecin m'a fait remarquer, qu'à l'égard des sels essentiels, il n'y a que la partie qui est véritablement de la nature du sel de tartre, ou du nitre, qui s'alcalise par l'embrasement ; & que la partie chargée d'un acide vitriolique, ou de sel marin, tient contre le feu. Ainsi les sels essentiels qui ont rapport au sel marin, au souphre mineral, à l'alun, peuvent en quelque sorte, se reconnoître par l'espece de sel lixiviel qu'ils fournissent.

121. Changemens qui arrivent aux sels par le jeu des vaisseaux.

Pour suivre les sels dans toutes leurs démarches, il nous faut encore examiner certaines mutations, que le jeu des tuiaux des corps vivans, peut leur faire subir. Si l'action de ces tuiaux ne va pas jusqu'à causer dans les sels, des changemens aussi grands que ceux que nous venons de remarquer, ils ne laissent pas néanmoins d'y en produire de très-considérables. Ils se font assez connoître, ces changemens, quand on fait attention à ce qui se passe dans les arbres gréffés, où le suc de la tige a son sel particulier, qui se convertit en un autre, souvent fort different, lorsque ce suc vient à passer dans les petits tuiaux de la greffe. Un autre changement encore bien plus frappant ; qui d'ailleurs prouve bien que les sels des animaux & des végetaux sont l'ouvrage de leurs tuiaux, se trouve dans les cantharides ; ses insectes se nourrissent de plantes qui sont sans beaucoup d'acrimonie : cependant du suc de ces plantes, il s'en forme un autre dans ces petits animaux, qui fournit un sel extraordinairement acre.

Le lait & les sucs gelatineux s'aigrissent facilement, s'ils n'ont été que peu travaillés par l'action de nos vaisseaux. Viennent-ils au-contraire à souffrir longtems ou fortement cette action, ils deviennent *alcalescens*, & beaucoup plus susceptibles de putréfaction ? On sçait assez par exemple, qu'une femme qui a fortement la fiévre, ou qui s'est fort tourmentée, & qui n'a pas mangé depuis longtems, ne donne pas un lait agréable, un lait sucré ; il est dégoûtant, salé, amer, jaunâtre, plus disposé à se corrompre, qu'à s'aigrir. *M. Boerrhaave* dit qu'il fût appellé pour voir un malade tombé tout-d'un-coup dans une fiévre ardente, pour avoir couru la veille au-delà de ses forces : les humeurs de cet homme se trouverent sur le champ atteintes d'une disposition alcaline & putride, qui se manifesta par une soif intolerable, par une aridité de la gorge, par un pouls vacillant, par un dégoût extrême, excepté pour les choses acides, par des rapports, par des sueurs, par des urines & autres excremens extraordinaires & fœtides. Il n'est pas difficile, à l'aide de ces exemples, de comprendre les changemens par lesquels l'action de nos vaisseaux peut faire passer les sels huileux & essentiels de nos humeurs : celles-ci, encore naissantes, contiennent un sel *acescent* qui dégénere, qui se volatilise, & qui devient de plus en plus alcallescens, à proportion que nos vaisseaux agissent longtems ou fortement sur lui ; c'est ce que nous remarquerons encore plus particulierement dans la suite, par rapport à nos vaisseaux seulement.

Il y a des genres de plantes où l'on apperçoit aussi très-sensiblement, les changemens ou plutôt les afinages qui arrivent aux sels des sucs qui parcourent leurs tuiaux : par exemple dans les plantes balsamiques & odorantes, le sel huileux y suit le sort des huiles mêmes ; car les huiles balsamiques devenant étherées, leur sel s'exalte de plus en plus avec elles. On voit un changement aussi sensible arriver au sel des plantes alcalescentes ; car plus la semence de ces plantes approche de la maturité, plus le sel s'y trouve alcalescent & acre.

Plus le sel, soit huileux, soit essentiel, est travaillé & affiné, soit par la fermentation, soit par la putréfaction, soit par le feu, soit par le jeu des vaisseaux, plus il se débarasse, plus il devient actif & violent. Nous venons de le remarquer par ce qui lui arrive sous l'action de nos vaisseaux, dans la fermentation, dans la putréfaction, dans l'exaltation des huiles naturelles des plantes, dans la distillation de ces mêmes huiles, dans l'alcalisation des sels, soit naturellement, soit par le feu. Le sel essentiel dégéneré en alcali volatil, se trouve toujours embarassé d'une huile qui l'amortit en partie. Si on vient à le dépoüiller de cette huile, du-moins autant qu'il est possible, on a un sel qui est, pour ainsi dire à notre égard, aussi terrible que le feu ; car il est si inflammatoire & si brûlant, qu'étant appliqué & retenu sur quelque partie de notre corps, il l'enflamme & y attire une gangrene en très peu de tems.

124 Plus le sel se volatilise & se débarasse, plus il devient violent.

Il suit delà, que cette vivacité acrimonieuse des sels, est tellement essen-

(2.) *Les sels de nos humeurs.*

tielle au principe salin, que rien ne peut la lui ôter, qu'au-contraire toutes les puissances qui agissent avec le plus de violence, ou qui sont capables de le mettre en liberté, ou de subtiliser les molécules qui en sont en partie composées, ne servent qu'à dégager ses pointes, & à le rendre plus remuant & plus vif. C'est ce qui n'a pas été observé par ceux qui pensent que chez nous, les sels sont si brisés & si affinés par le jeu des vaisseaux, qu'ils ne sont capables pour cette raison d'aucun effet sensible, & que par-consequent on ne doit y avoir aucun égard dans la pratique. Ces Messieurs se trompent doublement ; car 1°. il n'est point vrai, comme nous le verrons, que nos sels soient aussi affinées qu'ils le disent. 2°. C'est que plus ils le seroient, plus leurs effets seroient sensibles & violens, contre leur hipothese.

ne peuvent devenir insensibles par la trituration.

Il faut pareillement avoir bien peu consulté l'expérience, pour croire que les atômes du sel, soient si friables, qu'ils puissent être brisés, épointés, adoucis, porphirisés par le jeu des vaisseaux, tandis qu'il est manifeste, que plus nos sels sont exposés fortement, ou longtems à l'action de nos vaisseaux, plus ils

(3.) *La levigation des sels ; par le jeu des vaisseaux, n'est pas possible.*

devienncnt acres & pernicieux. De plus, toutes les expériences nous apprennent que les ſels tiennent tellement contre les agens les plus puiſſans, que tous les efforts de ceux-ci, ne ſervent qu'à reveiller la vivacité & l'acrimonie de ceux-là.

125. Il eſt difficile de réduire le principe ſalin, ſous aucun genre de ſel connu.

On peut bien comprendre, par tout ce que nous venons de dire des ſels, que la queſtion la plus difficile & la plus délicate, eſt de déterminer la nature du principe ſalin. Plusieurs ſont très-portés à croire qu'il eſt acide. 1°. parceque les ſels pris dès leur origine, c'eſt-à-dire, tels qu'ils ſortent du ſein de la terre, pour entrer d'abord dans les plantes, ces ſels, dis-je, paroiſſent, pour la plûpart, être acides. 2°. parceque les particules ſalines qui s'allient à des ſubſtances étrangeres, comme dans le vitriol, dans l'alun, &c. ſont véritablement & originairement acides. 3°. parceque les ſels alcalis, tant fixes que volatiles, ſemblent tous être produits d'un ſel acide préexiſtant. On peut à la verité préſumer delà, que les ſels ſenſibles peuvent dans leur origine, tenir beaucoup de l'acide, & que leur production commence ordinairement par-là : mais tous ces faits ne prouvent point aſſez clairement, que leur principe Elementaire soit acide. Il faudroit encore prouver que cet acide sensible & primitif, qu'on croit appercevoir d'abord dans la formation des mixtes, n'est pas lui-même composé d'autres atômes de differens genres. Bien loin d'en être venu là, on a d'autres faits qui donnent lieu de penser autrement ; car on a déja assuré que ces acides qu'on remarque dès l'origine des sels naturels, aussi bien que ceux qu'on extrait des mixtes, ne sont point simples, qu'ils peuvent se volatiliser : d'ailleurs, l'acide changé en alcali fixe ou volatil, ne paroît plus reversible à l'acide ; d'où l'on peut présumer, que les acides perdent ici leur forme essentielle, & qu'ils n'ont point cette incorruptibilité qui, dans la dissolution d'un mixte, doit nous les rendre tels qu'ils ont entré d'abord dans la composition de ce mixte. Ainsi tout bien pesé, il est très-difficile de ranger le sel Elementaire sous aucun genre de sel connu.

126. Le sel des végetaux & des animaux ne reside que dans leurs sucs ; leurs parties solides, comme on l'a déja prouvé, ne sont composées que de particules terrestres, colées ensemble par une huile fort conglutinante, & qui forme une

Dans les corps vivans les sels ne resident que dans les sucs.

Voiez n°. 64.

tissure indissoluble, dont la souplesse est entretenuë par les liquides qui y circulent, sans que ces liquides, du moins tant qu'ils sont en mouvement, puissent y donner d'atteinte. Les sels ne peuvent donc se trouver que dans ces liquides, où leur acrimonie & leur activité se trouvent bridées, premierement par la terre qui fixe leurs atômes, secondement par les huiles qui les tient, & dans la tissure desquelles ils sont tellement enveloppés, & tellement incorporés, qu'ils ne peuvent presque point s'y faire jour, que par une dépravation qui rompt cette tissure, comme dans la fermentation, ou qui les dégage, ces sels, de leur terre, comme dans la putréfaction ; ou bien qui fait l'un & l'autre, comme il arrive peu à peu par l'action de nos vaisseaux : mais alors la moindre impression qu'ils font sur les parties, ne sert qu'à exciter les voies de décharge, à s'en saisir & à les chasser. Ainsi ce sont eux-mêmes qui mettent en jeu les organes destinés à les expulser, & qui entretiennent & reglent les sécretions, comme ce sont eux aussi qui les dérangent, lorsqu'ils ne sollicitent pas assez les secretoires, ou lorsqu'ils les blessent en agissant dessus avec trop d'activité.

IV.

Le sel de nos humeurs est ou huileux, ou essentiel, le premier abonde dans nos sucs gras & huileux, dont il suit le sort; car plus ces huiles sont atteniiées & exaltées, plus il se volatilise, plus il tend à l'alcali, & plus il devient actif. 127. Le sel animal. [2.] Sel animal huileux.

Le sel essentiel de nos humeurs se démontre facilement; puisqu'on en tire de l'urine par simple cristalisation. On remarque de plus, que ce sel se trouve sous l'action des vaisseaux dans le même cas que le sel huileux; que comme lui, il y devient de plus en plus alcalescent; car nous avons beau user d'alimens remplis de sels essentiels, aceteux, acescens, cette *accescence* disparoît enfin sous l'action des vaisseaux; ces sels deviennent totalement alcalescens, comme il est manifeste par celui que l'on tire de l'urine, qui est excedé d'élaboration, & dont l'acrimonie n'est plus supportable dans l'œconomie animale. En effet cette acrimonie a déja acquis un dégré de force si considérable, que les herbes, les arbrisseaux, les arbres mêmes, ne peuvent pas tenir contre, puisqu'elle les fait perir dans les en- (3.) Le sel animal essentiel.

droits où l'on jette de l'urine. On remarque que ce sel qu'on tire de l'urine par cristalisation, a beaucoup de rapport avec le sel ammoniac ; excepté que celui-ci a cependant quelque chose de plus inaltérable, qu'il ne peut sans adition s'alkaliser au feu, & qu'il fournit un acide par la distillation, ce que ne fait point le sel animal ; en quoi il est aussi beaucoup plus opposé à la putréfaction que celui-ci ; mais d'ailleurs l'un & l'autre s'accordent, en ce qu'ils ne sont que mediocrement fixes, qu'il s'y remarque de part & d'autre, quelque chose d'urineux, & que l'alcali volatil que l'on tire de l'un & de l'autre par le feu, est fort semblable.

128. Il n'y a point de sel alcali dans le sang.

Quoique l'action de nos vaisseaux dispose toujours de plus en plus notre sel à l'alcalisation, celui-ci n'en vient cependant naturellement point là. S'il y avoit un sel alcali dans la masse de nos humeurs, ce seroit dans l'urine plutôt qu'ailleurs, qu'on pouroit le découvrir : car de toutes nos humeurs l'urine est la plus acre & la plus disposée à la putréfaction. Ce ne peut être qu'après avoir souffert l'action la plus violente de nos vaisseaux, & pendant longtems, que le sel de nos humeurs pourroit peutêtre entierement s'alcaliser; je dis pendant longtems, parceque dans les fiévres mêmes les plus ardentes, on n'apperçoit encore dans les urines, aucune marque d'alcalisation, lorsqu'on les examine aussitôt que le malade les a renduës.

129. L'alcalisation du sel animal, est plutôt l'effet de l'agitation que de la chaleur.

D'où il est bien visible, que la nature a grand soin de rejetter ce sel, avant qu'il soit parvenu à ce degré d'acrimonie que l'alcalisation lui donneroit. L'alcalisation où tend notre sel, sous l'action de nos vaisseaux, semble devoir plutôt être attribuée à la *collision*, à laquelle nos humeurs sont continuellement exposées, qu'à la simple chaleur excitée par les vibrations de nos vaisseaux; car l'on a observé qu'il faut une chaleur de 276 degrés, pour alcaliser le sel de nos humeurs. Or cette chaleur est le triple de notre chaleur naturelle dans son plus haut degré. Au surplus le feu ne peut convertir les acides des huiles, en alcalis, tandis que le jeu des vaisseaux le peut faire, ou du moins peut les disposer tout-à-fait à ce changement.

130. Il y a chez nous un sel acescent.

Le sel alcalescent, dont on vient de parler, est véritablement le sel animal, c'est-à-dire celui dont l'action des vaisſeaux a parfaitement changé le caractere, qu'il a originairement dans les végetaux qui nous ſervent d'alimens. Cependant nous avons quelques humeurs, où ce premier caractere paroît tenir longtems ; car outre le chile & le lait, nos ſucs gélatineux contiennent encore un ſel très-aceſcent, & capable de reſiſter à une chaleur de beaucoup plus de 200 degrés. La preuve s'en préſente tous les jours, & à tout le monde. Qu'eſt-ce qui n'a pas remarqué qu'un boüillon fait avec de la chair, bien dégraiſſé, & qu'on laiſſe croupir, devient bientôt auſſi ſur ou auſſi acerbe que du verjus ? Les fourmis & quelqu'autres inſectes, contiennent un ſel aceſcent qui devient acide très-facilement.

131. Sels étrangers qui ſe trouvent dans la maſſe du ſang.

Il ſe trouve dans nos humeurs, quelques ſels qu'on ne peut pas mettre au rang de leurs ſels naturels, & contre leſquels l'action de nos vaiſſeaux ne peut rien ; tel eſt le ſel marin, que nous rendons par les urines dans le même état que nous l'avons pris avec nos alimens. Ce ſel fournit par la diſtillation de nos humeurs, à force de feu, un acide qui a fait croire à quelques-uns, qu'il y avoit un ſel acide dans le ſang

sang ; on s'en est désabusé, en remarquant que les humeurs des animaux qui n'usent point de sel marin, ne fournissent point cet acide. Nous avons déja dit qu'il se trouve dans nos excremens, notamment dans l'urine, un phosphore ou une huile qui s'embrase d'elle-même, lorsqu'elle est exposée à l'air, & qui laisse après l'embrasement, un sel acide fixe, qu'on a remarqué être assez semblable à celui du souphre mineral. Cet acide paroit venir de la partie la plus fixe & la plus resineuse de nos huiles, que la nature a rejettée. Quelques-uns croient que cette huile fixe, est un véritable souphre mineral.

Les conditions capables de faire naître spontanément dans nos humeurs, les mouvemens de fermentation ou de putréfaction, ne se trouvent point dans nos vaisseaux, tant que leur action organique subsiste. Mais la fermentation est surtout, un des mouvemens spontanés qui peut le moins y avoir lieu : car sans un libre accès de l'air extérieur, jamais de fermentation. Or ce libre accès de l'air est bani de nos vaisseaux : aussi ne remarque-t'on dans nos humeurs, aucunes traces de fermentation :

132. Notre sel n'est point, sous l'action de nos vaisseaux, exposé aux mouvemens spontanés de fermentation & de putréfaction.

n°. 44.

au-contraire tout ce qui s'y paſſe, ſe
trouve diamétralement oppoſé aux effets de la fermentation. Celle-ci alkoo-
n°. 87. liſe les huiles qui ſont les moins fixes;
le jeu des vaiſſeaux en fait une humeur
n°. 95. 98. [2.] oleo-aqueuſe, & une huile alcaleſcente.
Cette même fermentation tourne à l'a-
cide les ſels aceſcens; le jeu des vaiſ-
n°. 119. ſeaux les alcaliſe. De plus, tout ce que
123. la fermentation a fait, le jeu des vaiſſeaux le défait. On n'apperçoit plus dans
ceux qui ont bu du vin ou de l'eau
de vie, aucune trace d'eſprits vineux,
ou d'huiles alkooliſées: il en eſt de
même des ſucs aigris par la fermentation; ils diſparoiſſent ſous l'action de nos
vaiſſeaux.

133. Le mouvement de nos humeurs défend les ſels contre la putréfaction.

L'agitation, dans laquelle nos vaiſſeaux tiennent continuellement nos humeurs, eſt un obſtacle à la putréfaction ſpontanée, c'eſt-à-dire, à cette
putréfaction qui vient comme d'elle-
Voiez n°. 41. juſqu'à 43. excluſivement. même, ou ſans d'autres ſecours que
les cauſes génerales qui ont été détail-
lées ci-devant: mais cette même agitation rend cependant nos humeurs ſi
putreſcibles, qu'au moindre croupiſſe-
ment, ou à la moindre infection, ces
humeurs, ſurtout celles qui ont été
[2.] beaucoup travaillées, peuvent ſe cor-

L'air interompre en fort peu de tems; l'accès de l'air exterieur n'y est pas même néceſſaire comme dans la fermentation : on en a pluſieurs exemples; il ſuffit de remarquer ici ce qui ſe paſſe à l'égard de l'urine, qui ſe corrompt dans la veſſie, lorſqu'elle y eſt retenuë pendant quelques jours; laquelle ſe corrompt de même bien enfermée dans un vaſe exposé à la chaleur, qui s'y corrompt au point que les ſels s'y alcaliſent, & font efferveſcence avec les acides, & qu'ils répondent à toutes les autres épreuves. Mais l'accelération de cette putréfaction eſt dûë à la chaleur; car plus celle-ci eſt intenſe, plus les humeurs ſe corrompent promptement. Il ne faut que quelques heures à la chaleur d'une inflammation, ou d'une forte fiévre, pour corrompre des humeurs qui croupiſſent, comme on le voit par ces animaux recemment tués, qu'on applique, en pareil cas, ſur quelque partie du corps, qu'il faut ôter quelques heures après, à cauſe de leur puanteur qui devient inſupportable. L'air interieur ſuffit donc avec la chaleur, pour produire cet effet; mais il faut à celui-là un contrepoids pour le retenir, & pour contrebalancer ſon

rieur peut ſuffire, avec la chaleur, pour corrompre nos humeurs infectées ou croupiſſantes.

n. 45. action excitée par la chaleur ; car dans la machine du vide, nos humeurs ne peuvent plus s'y corrompre, dès qu'on a enlevé ce contrepoids en pompant l'air qui appuïoit sur leur surface ; les parties, qui chez nous enferment les humeurs croupissantes, & l'air extérieur qui pese sur ces parties, fournissent à l'air emprisonné dans ces humeurs, le contrepoids dont il a besoin. Hors toutes ces circonstances, nous voïons toujours que le mouvement continuel de nos humeurs, est pour celle-ci un préservatif assuré contre la putréfaction, & qu'encore que ce mouvement les y dispose beaucoup, nous n'appercevons pas que lui-seul suffise, pour produire immédiatement cette putréfaction : témoins ces grandes inflammations & ces fiévres violentes, où le sang est agité au dérnier excès, sans se corrompre absolument, du-moins tant qu'il est dans les vaisseaux qui l'agitent.

134. Le sel quoi qu'en petite quantité dans nos humeurs peut c[illegible] beaucoup de désordre.

Le sel est en si petite quantité dans la masse du sang, qu'on ne l'évaluë gueres qu'à un vingt-quatriéme, par rapport aux autres principes pris tous ensemble. Il est arrivé delà que plusieurs ont cru que les sels de nos humeurs ne sont pas capables de se faire ſentir, ni de cauſer aucun changement, qui puiſſe meriter l'attention d'un Medecin ou d'un Chirurgien. On ſe dépréviendra aiſément de cette opinion, ſi l'on veut prendre garde, que bien moins de ſels qu'il ne s'en trouve dans la maſſe du ſang, ſuffit pour dominer fortement par ſes qualités, ſur les autres principes. La partie ſaline, par exemple, du vinaigre le plus puiſſant, ne va qu'à 17 ou 18 grains par once, ce n'eſt qu'environ $\frac{1}{30}$. On ſçait cependant juſqu'à quel excès cette partie ſaline y domine. On peut juger delà, ſi l'on doit négliger les ſels, juſqu'à les regarder, ainſi qu'on veut nous le faire entendre, comme dépourvus de toutes qualités ſenſibles, & comme incapables de produire dans l'œconomie animale, aucun effet remarquable. Les ſens ſuffiſent même pour décider ſur ce point, & preſque tout le monde eſt en état de prononcer à cet égard; car qu'un peu de la maſſe du ſang s'écoule des gencives, ſa ſaveur ſalée ne ſuffit-elle pas pour convaincre un chacun, qu'il y a conſtamment dans nos humeurs, des ſels ſenſibles, ou pour parler le langage de quelques-uns, des ſels *ſalans*? Si on veut goûter le ſang d'une personne qu'on saigne, surtout si cette personne est d'un temperamment vif, ou si elle a la fiévre depuis plusieurs jours, on aura lieu d'être encore plus fortement frappé de cette salure : mais les diverses acrimonies qu'on remarque quelquefois dans les humeurs, ne la manifestent que trop facheusement. Les cuissons si à charge dans le *Coriza*; l'acreté & l'ardeur insupportables qui accompagnent les difficultés d'uriner; la toux violente causée par l'acreté des crachats; le *ténésme* & les tranchées qui tourmentent dans la diarrhée bilieuse; les acretés caustiques des humeurs qui rongent & ulcerent les parties; les aigreurs qui fatiguent les attrabillaires, sont de cruels témoins qui déposent pour cette verité.

135 Les sels des humeurs louables sont insensibles ou presqu'insensibles.

Ces altérations, ou plutôt ces dépravations que nous avons rémarqué, qui arrivent aux sels de nos humeurs, ne doivent pas être regardées comme naturelles, par rapport à la partie rouge du sang, à la limphe, & au chile : ces humeurs bien conditionées ne reconnoissent ni salure ni acrimonie sensibles; ce sont des sucs toujours onctueux, uniformes, & presque insipides.

Ce n'est donc que dans les sucs excrementeux principalement, & dans quelques *récremens* passagers, qu'il se trouve quelque chose de ces alterations, ou de ces changemens sensibles, qui, dans l'état de santé, arrivent aux sels & aux huiles de nos humeurs ; mais parceque dans les maladies, ces changemens peuvent aller beaucoup plus loin, & qu'ils sont capables de produire de facheux effets, il est important d'y apporter beaucoup d'attention.

CHAPITRE SECOND.

DES HUMEURS.

ARTICLE I.

LA DIGESTION.

136. Diverses opinions sur la digestion.

LA fermentation du chile, ou la digestion des alimens dans l'estomac, est un phenomene, qui dans ces derniers tems a causé beaucoup de débats. On peut réduire à quatre les differentes opinions des Medecins à cet égard ; sçavoir à la fermentation, à la putréfaction, à la trituration, & à la dissolution.

137. Beaucoup de choses, dans la digestion, semblent parler en faveur des mouvemens spontanés de fermentation & de putréfaction. Le libre accès de l'air dans le lieu où elle se fait, la chaleur qui y est toujours considérable, des alimens fort susceptibles de l'un ou de l'autre de ces mouvemens; toutes circonstances qui peuvent donner à penser, qu'il n'est gueres possible que ces mouvemens ne s'y trouvent du-moins pour quelque chose. D'autres faits nous prouvent d'ailleurs incontestablement, qu'en cas que ces mouvemens s'y rencontrent, ce ne peut être que très-incompletement ou très foiblement. Arrêtons-nous d'abord à la simple fermentation.

La digestion n'est pas une simple fermentation.

n°. 44. 45.

Pour éviter la confusion, il faut distinguer la fermentation qui peut avoir lieu ici, de ces effervescences, ou de ces boüillonnemens qui arrivent par le mélange de certains corps, comme l'eau avec la chaux, l'acide avec l'alcali, les acides avec les huiles éthe-rées &c, Par fermentation nous entendons un mouvement intestin qui arrive dans les sucs des mixtes, &

qui, sans corrompre ces sucs, change leurs qualités naturelles : tel est ce mouvement qui arrive, par exemple, aux sucs de raisins, ou de pommes presqu'aussitôt qu'ils sont exprimés. Quels changemens arrivent donc aux sucs qui fermentent ? Deux bien manifestes ; ils deviennent vineux, ou bien ils s'aigrissent ou rancissent.

n°. 120. Les choses ne sont pas disposées, dans la digestion, pour une fermentation vineuse : celle-ci ne veut point être troublée par aucun mouvement étranger. L'estomac n'est donc pas pour elle, un lieu commode ; ce n'est point un vase immobile ; car outre son action organique, il est encore sujet à d'autres ébranlemens qui lui viennent d'ailleurs. Aussi les effets de cette fermentation ne se remarquent-t'ils jamais dans la digestion ; du-moins quand elle se fait bien, il ne s'y produit point d'esprits ardens ou vineux, au-contraire ceux que nous prenons, s'y détruisent.

[2.] *La fermentation aceteuse peut avoir lieu dans l'estomac plus que la fermentation vineuse.*

La fermentation aceteuse qui peut s'accommoder de ces agitations, auxquelles l'estomac est exposé, peut donc seule avoir lieu ici. Mais le chile bien conditionné, ou qui resulte d'une digestion parfaite, n'est point aigre. De tous les alimens que nous prenons, il n'y en a qu'une partie qui soit susceptible de fermentation. Les ingrediens dont on se sert pour assaisonner nos mets les plus ordinaires, sont alcalescens & opposés par-conséquent à une fermentation aceteuse. Il n'est donc pas possible, par toutes ces raisons, d'attribuer la digestion à cette sorte de fermentation. n°. 113.

138. La fermentation peut contribuer pour quelque chose à la digestion.

Cependant on ne voit pas non plus qu'absolument elle doive entierement en être bannie, lorsque les alimens qui en sont susceptibles, se digerent dans l'estomac. Les alimens que fournissent les végetaux, sont pour la plûpart dans ce cas, surtout les substances pulpeuses & farineuses, & les boissons vineuses. Parmi ceux que fournissent les animaux, il y a les sucs laiteux & gélatineux. Il est difficile de ne pas croire que ces alimens reçoivent quelque atteinte de cette derniere espece de fermentation. Rarement rejettons-nous de ces alimens pendant la digestion, sans nous apperçevoir, par une legere saveur sure ou aigre qui agace les dens, du-moins d'un commencement de fermentation. Ce petit mouvement intestin est borné à un simple remuëment dans les sucs, qui rompt déja un peu la tissure des substances pulpeuses & farineuses, pour y donner entrée aux dissolvans, qui, à mesure qu'ils détrempent ces sucs & ces substances, y éteignent cette fermentation, & empêchent la dépravation qu'elle pourroit y causer, comme elle y en cause quelquefois en effet, quand la digestion est retardée par quelque cause que ce soit : c'est ce qui donne lieu à ces crudités acides qui incommodent beaucoup de personnes. Nous parlerons ailleurs de ces crudités.

139. La digestion n'est point une putréfaction. A la reserve d'un parfait croupissement, tout semble dans la digestion, concourir à la putréfaction des alimens, du-moins de ceux qui en sont fort susceptibles, comme sont toutes les viandes prises des animaux. Cependant il seroit ridicule de prendre la digestion pour une putréfaction. Celle-ci détruit les sucs, elle les rend acres & fœtides, elle ruine la tissure des huiles, elle volatilise & alcalise les sels : tous effets qui ne se rencontrent point dans le chile. Au-contraire ce dernier est doux, sans odeur, rempli de sels acescens, & d'huile grasse.

v. 98. 121.

140. Une legere Malgré toutes ces raisons, je ne vou-

putréfaction peut aider à la digestion.

drois cependant pas assurer que quelque leger mouvement intestin, tendant
à la putréfaction tel qu'un simple
mouvement de maceration, ne fût pas
de part, dans la digestion des alimens
qui sont les plus disposés à se corrompre, surtout lorsque ces alimens sont
passés dans les intestins, où ils semblent
croupir davantage que dans l'estomac,
où la bile qui est fort alcalescente,
principalement celle de la vésicule, s'est n°. 112.
mêlée avec eux. Ce mouvement inte-
stin, lorsqu'il n'est encore que tendant
à la putréfaction, ne peut être qu'u-
tile. Il contribuë à l'émollition des alimens & à la correction des aigres, que
la fermentation a pu produire. Nous
sçavons même que la putréfaction peut
arriver dans l'estomac jusqu'à la puanteur, sans causer de desordre. C'est ce
que nous remarquons dans beaucoup n°. 98.
de personnes qui ont l'haleine puante,
à cause des vapeurs fœtides qui s'élevent de leur estomac, sans que cela
dérange leur santé. La puanteur de nos
déjections prouve incontestablement,
que la putréfaction se saisit peu-à-peu
de nos alimens, & qu'elle y fait enfin un
progrès considérable, sans que nous en
soions incommodés; c'est-pourquoi il

n'est pas douteux que ce mouvement intestin ne jouë aussi un peu son rôle dans la digestion.

141. La digestion ne se fait pas par un broiement.

La trituration prise pour un broiement ou froissement des alimens dans l'estomac, ne paroît point conforme ni à cet organe, ni aux matieres qui s'y digerent. L'estomac est une poche membraneuse, mince, & fort souple, qui ne peut agir que mollement. Cette action rude & violente qu'on lui attribuë, pour briser & moudre les alimens, est non-seulement dénuée entierement de preuves précises, mais elle est encore imaginée contre toute vraisemblance. Les dents sont les instrumens destinés à cette action : l'estomac a-t'il du rapport avec elles, pour lui attribuer en quelque sorte le même effet ? ce devroit être cependant de part & d'autre, la même maniere d'agir ; car nos alimens ne peuvent être broiés par un simple maniement, ou par de simples remuëmens & contractions réïterés, d'une enveloppe douce & flexible. Les alimens d'ailleurs ne sont point friables, ils sont au-contraire pâteux, ou coriaces, plus en état par-conséquent de se prêter à ce maniement, que de se laisser froisser par un pareil mouvement. De plus, ces alimens sont pour l'ordinaire tellement noiés de boüillon, qu'il seroit impossible qu'ils n'échappent pas à cette *constriction*, ou à ce contact rude qui est nécessaire pour opérer ce brisement, qu'on suppose arriver dans l'estomac, à la partie fibreuse des alimens. Supposition qui ne s'accorde pas avec l'expérience ; car il est facile de s'appercevoir que les matieres stercorales, ne sont composées que des fragmens de cette partie fibreuse, tels que l'estomac les a reçûs après la mastication. C'est ce qu'on remarque bien sensiblement dans les animaux qui vivent de fourages, & chez qui la mastication & la digestion, à en juger par la conformité des organes, se font comme chez nous. Le fourage ou les plantes déséchés, forment un genre d'alimens moins susceptibles de maceration, que ceux dont nous usons ; c'est pourquoi les fragmens de leurs parties fibreuses, gardent toujours une fermeté & une roideur, qui les font encore distinguer fort aisément après la digestion. Si on n'apperçoit pas à notre égard, si sensiblement la même chose, ce n'est que parceque nos alimens sont plus mous, plus succulens, plus susceptibles de mouvemens spontanés capables de macerer les fragmens de leurs parties fibreuses, jusqu'à nous les faire paroître enfin comme une boüillie : ainsi nous n'y remarquons pas facilement ces fragmens, dans nos matieres stercorales, quoiqu'elles en soient formées, comme on peut s'en convaincre, quand on a mangé des choses qui ne se froissent pas facilement dans la mastication ; telles sont les écorces des légumes, & la partie fibreuse de la plûpart des herbes potageres. On attribuë donc à la trituration, ce qui se peut faire seulement par une simple maceration, dans l'espace de 24 heures ou environ, que la matiere des alimens séjourne dans les premieres voies.

142. L'action de l'estomac sur les alimens, contribuë à la digestion.

Quoique les preuves de fait, capables de convaincre de l'action continuelle de l'estomac sur les alimens, soient fort rares, même chez ceux qui ont le plus travaillé à nous persuader de cette action, nous ne laisserons pas de la reconnoître : car outre que la possibilité en a été parfaitement bien prouvée dans l'homme, par la structure de son estomac & des parties qui l'avoisinent, & que ce qui se passe dans les autres animaux, fournisse encore de fortes conjectures en faveur de cette

action, il faut d'ailleurs convenir que sans cette action, les alimens seroient pervertis dans l'estomac par les mouvemens spontanés, avant que de pouvoir y être digerés; entr'autres ceux qui sont fort corruptibles. Nous avons fait voir ailleurs, que quelques heures suffisent à une chaleur un peu considérable, pour corrompre des chaires qui croupissent dans un endroit chaud, surtout où l'air exterieur peut être de la partie. Ceux n°. 45. 133.
qui ont le mieux consideré la nature du [3.)
chile, ont observé qu'il n'arrive point dans sa formation, de changement essentiel aux sucs des alimens dont il est formé; qu'il ne leur en arrive presque pas davantage qu'à ces substances qui forment par leur délaiement, ces liqueurs laiteuses, ou ces émulsions qui retiennent encore les qualités des végetaux d'où elles sont extraites. En ce cas il faut donc un mouvement étranger & continuel, pour interrompre les mouvemens spontanés dont les alimens sont susceptibles, & qui ne manqueroient pas de s'emparer de ceux-ci; d'y dominer à un excès capable de les dépraver entierement. Ce mouvement, ou cette action de l'estomac doit d'un autre côté, être d'un grand secours pour

pêtrir, pour *malaxer*, pour détremper les alimens, pour y faciliter l'effet des délaians, & pour en exprimer les parties chileuses.

143. La digestion ne se fait point par une dissolution corrosive ou incisante.

Il ne se trouve point chez nous de menstruës assez puissans ni assez actifs, pour attenüer & découper nos alimens. Ainsi quoique le chile ne paroisse être autre chose qu'une dissolution des substances succulentes & farineuses des alimens, il ne faut pas croire que cette dissolution se fasse par une espece de corrosion, ou par une qualité incisante des dissolvans, que la nature emploie dans cette opération.

144. La digestion consiste dans un délaiement.

Ces dissolvans sont tout au plus des sucs savoneux, comme on le remarquera à l'article de l'humeur bilieuse; des sucs simplement miscibles avec les differentes substances dont le chile se forme; des sucs capables de les pénétrer, de les mêler avec la boisson, afin que tous ensemble, & à l'aide des mouvemens spontanés dont nous avons parlé, à l'aide encore de la chaleur & de l'action de l'estomac, ils détrempent & délaient ces substances, ils s'insinüent partout dans la partie fibreuse & celuleuse des alimens, déja hachés par les dents, déja pénétrés & amollis par la salive; ils détachent enfin, ils lavent, ils entraînent tout ce qu'ils y trouvent de délaiable.

Les alimens détrempés & travaillés jusqu'à un certain degré dans l'estomac, par toutes les causes qu'on vient de détailler, passent de-là dans les intestins, où de nouveaux dissolvans plus actifs, plus pénétrans, achevent de dépoüiller, de vider leurs parties fibreuses & celluleuses, de détremper, & de dissoudre leur partie farineuse, pulpeuse & succulente, pour en former ce suc laiteux que l'on appelle *chile*, qui est continuellement succé par les vaisseaux *chilidoques*, pour être conduit des intestins à la masse du sang; de maniere qu'il ne reste plus enfin dans les intestins, que la partie fibreuse & celluleuse des alimens, tellement macerée, qu'elle se trouve puante & demi pourrie, lorsque nous la rejettons.

ARTICLE II.

LE CHILE.

LE chile, comme nous venons de le dire, est ce suc laiteux formé par le délaiement des substances farineuses, pulpeuses & succulentes de nos alimens, 145. Ce que c'est.

& qui est reçû par des vaisseaux qui des intestins, le portent à la masse du sang; mais s'il vient à se séparer de cette masse par des couloirs propres à cet effet, comme les mamelles, il prend

146. Le lait. le nom de lait, & c'est dans cet état de séparation que nous allons le considerer.

147. Le chile examiné avec le microscope. Le lait examiné avec le microscope, paroît composé de petits globules & de petites masses irregulieres, qui tendent à la figure *spherique* : toutes ces molécules nagent dans une liqueur diaphane & en apparence homogene.

148. Trois parties dans le chile. Trois parties se distinguent d'elles-mêmes dans le lait, une *butireuse*, une *caseuse*, une *aqueuse*. Peu de tems après que le lait est trait, ces trois parties se partagent, une substance grasse, douce, & fort onctueuse prend le dessus; c'est la

[2.] Beurre. matiere dont se forme le beurre. Dans cette substance reside le sel huileux, car il s'y fait appercevoir d'une terrible façon, par cette acrimonie des plus vives & des plus insupportables qui arrive au beurre qu'on laisse rancir. Sous cette

[3.] Fromage. substance butireuse, se ramasse une substance plus fixe, plus maigre, plus susceptible de mucosité & plus acescente, dont on fait le fromage. Cette acescence, qu'on remarque, nous prouve que c'est dans cette substance où se trouve le sel essentiel du chile. Ces deux substances nagent dans une liqueur claire & aqueuse, qu'on appelle le *serum*.

(4.) *Serum.*

149. De ces trois substances se produisent nos differentes humeurs.

Ces trois substances, connuës de toutes sortes de personnes, meritent attention; parcequ'elles nous montrent que le lait lui-même, est une humeur composée de plusieurs humeurs de differens genres, broüillées ensemble par l'action continuelle des vaisseaux; & parceque c'est par elles que commence, s'il m'est permis de le dire, la généalogie de nos humeurs, qui, comme on le remarquera, naissent successivement les unes des autres.

ARTICLE III.

DES HUMEURS QUI COMPOSENT LA MASSE DU SANG.

Depuis qu'on s'est écarté du sentiment des Anciens, sur les *quatre humeurs*, dont ils composoient la masse du sang, on n'est point parvenu à une *analise* exacte de cette masse d'humeurs. Il y en a même aujourd'hui qui, loin de travailler à distinguer ces humeurs, cherchent à les confondre au point de n'en faire qu'une ſeule, qui, à les en croire, ſe déguiſe ſeulement ſous diverſes apparences, ſelon les conduits qu'elle parcourt, ſelon les uſages auxquels elle eſt deſtinée, ſelon les filtres par où elle paſſe, & ſelon les reſervoirs où elle eſt retenuë; ce qui fait, ſelon eux, qu'on a cru voir differentes eſpeces d'humeurs, tandis que c'eſt toujours la même qui ſe trouve partout.

150. La maſſe du ſang eſt compoſée de differens genres d'humeurs.

Pour moi je ne ſuis point encore déprévenu; je crois effectivement en appercevoir de pluſieurs ſortes, lorſque je les trouve diſtinguées par des proprietés eſſentiellement differentes, qui les réduiſent, ce me ſemble, à cinq claſſes
151. Sucs albumineux.
bien marquées: car 1°. il y en a que nous appellerons ſucs albumineux, à cauſe de leur reſſemblance avec la glaire d'œuf; qui ne ſe delaient point dans l'eau; qui ne ſe fondent point à la chaleur, qu'au-contraire la chaleur épaiſ-
n°. 81. ſit & durcit; qui ont une conſiſtence, ou une tiſſure très-liée, ſerrée, ſouple, & une ſuperficie liſſe & gliſſante; qui n'ont point de ſaveur ni acrimonie ſenſible, lorſqu'ils ſont bien conditionés, & qui ſont ſuſceptibles d'une putréfaction

très-fœtide, & de l'acrimonie du sel armoniac qui devient promptement alcaline ; tels sont le sang & les limphes.

152 Graisses. 2°. D'autres comme *la graisse & les sucs graisseux* se figent au froid, & se fondent à la chaleur ; ils ne se délaient point dans l'eau, ils sont d'une consistence rare, legere & huileuse, d'une saveur onctueuse, par-conséquent sans acrimonie dans leur état naturel ; mais quand ils deviennent vicieux, ils sont susceptibles d'une acrimonie rance, telle qu'on l'a remarqué dans le beurre, dans les graisses & dans les huiles surannées.

n°. 82.

153. Sucs gelatineux. 3°. Les sucs gelatineux ont du rapport avec les graisses, en ce qu'ils se figent au froid, & qu'ils se fondent aussi à la chaleur ; mais ils s'allient plus aisément avec les liqueurs aqueuses, où ils ont été fondus ; ils ne sont pas si huileux que les graisses ; ils sont moins legers, plus denses, & leur saveur n'est pas si onctueuse. Lorsqu'ils se dépravent, ils ne deviennent pas rances, mais acides ou surs ; c'est-à-dire acerbes : c'est ce qu'on remarque dans les gelées, dans les sucs gélatineux, & dans les boüillons faits avec de la chair d'animaux.

n°. 84.

154. Sucs bilieux. n°. 85.

4°. Les sucs bilieux sont opposés à tous les autres, en ce qu'ils sont savoneux, c'est-à-dire en ce qu'ils se délaient facilement dans l'eau, en ce qu'ils sont plus exaltés, plus legers, plus actifs, plus dissolvans, plus disposés qu'aucun à l'acrimonie alcaline, & à contracter une saveur très-amere.

155. Humeur aqueuse. n°. 57. 147. 148. (4.)

5°. Les caracteres de *l'humeur aqueuse* qui domine dans la masse des humeurs, sont trop connus pour qu'on puisse confondre cette humeur avec les autres.

156. Les humeurs de la masse du sang, se reduisent aux quatre humeurs des Anciens. *Le sang, la bile, la melancolie, & la pituite.*

De ces cinq sortes d'humeurs, il y en a une, qui est la graisse, qui n'a pas encore souffert de changement assez notable, pour n'y pas reconnoître la partie butireuse, & pour la distinguer de celle-ci: cette substance chileuse, je veux dire la graisse, se forme en si peu de tems dans plusieurs animaux, que ce n'est pas sans raison que quelques Auteurs l'appellent la crême du chile; car en effet ce n'est que la partie butireuse, surabondante, séparée des autres substances, reçûë & gardée dans des reservoirs, pour differens usages.

Il n'y a donc que quatre de ces humeurs qui ont reçû un changement assez notable, pour ne pouvoir plus être

confonduës

confonduës avec les sucs chileux. Ces quatre hum[illegible] sont revêtuës, à quelques accide[illegible] de tous les principaux caractè[illegible] quatre humeurs formées prochainement du chile, & dont les Anciens composoient la masse du sang. Or tant que les nouvelles connoissances s'accorderont avec la doctrine des anciens Medecins, nous nous attacherons scrupuleusement à les rapporter dans le même plan de ceux-ci, afin de réduire autant qu'il sera possible dans un même point de vuë, dans un même langage, dans un même sistême, toutes les verités qui doivent nous guider, & qui ont rapport à notre sujet. Les quatre humeurs des Anciens sont le *sang*, *la bile*, *la mélancolie*, *& la pituite*. Par le sang, ils entendent, comme nous, la partie rouge de nos humeurs. Par la *bile*, la substance la plus exaltée, la plus chaude, & la plus active. Par la *mélancolie*, la plus fixe, la plus terrestre, la plus grossiere, la moins active, la plus susceptible d'acidité. Par la pituite, la partie la plus aqueuse, la plus fluide, la plus insipide, & la plus cruë. Examinons plus en détail les principaux caracteres, & les principales proprietés de ces quatre humeurs.

ARTICLE IV.

Le Sang proprement dit.

157. Le sang est formé de globules composés d'autres globules.

LA partie rouge du sang consiste dans un amas de petits globules, composés, comme on le voit à l'aide du microscope, chacun de six autres globules, & chacun de ceux-ci est encore composé de six autres. Ces globules ainsi composés, nâgent dans la partie aqueuse de la masse du sang; c'est de-là que ces globules empruntent leur fluidité.

158. Les globules du sang sont formés de la partie butireuse.

Cette composition des globules du sang, nous prouve clairement que cette humeur vient immédiatement de la substance butireuse. Cette huile grasse ne peut se mêler parfaitement avec la partie aqueuse qui domine dans les humeurs; mais continuellement battuë avec celle-ci, par les vaisseaux, elle se partage en gouttelettes toujours de plus petites en plus petites, ainsi qu'on le remarque lorsqu'on bat de l'huile avec de l'eau; ce dernier mélange examiné avec le microscope, se trouve formé d'une infinité de petits globules dispersés dans cette eau, & plus ou moins petits, se-

n°. 82.

lon que ce mélange a été plus ou moins long-tems ou fortement batu. Il paroît que la division de ces gouttelettes, ne devroit pas avoir de bornes sous l'action continuelle de nos vaisseaux, si cette action ne donnoit pas en même tems, comme nous le verrons, à ces gouttelettes, un degré de coction ou de compaction, qui les met en état de tenir enfin contre cette action même. Plus le jeu des vaisseaux est prompt & vigoureux, plus ces gouttelettes se partagent promptement; mais plus promptement aussi acquierent-elles ce degré de compaction qui en arrête la division. Les vaisseaux dont l'action est lente & foible, ne divisent pas si promptement ces gouttelettes: d'un autre côté cette action ne leur donne-t'elle pas non plus sitôt ce degré de coction, qui peut arrêter cette division; ainsi, avec le tems, le partage des goutelettes se trouve porté à peu près aussi loin, dans ce dernier cas, que dans le premier; aussi les globules du sang se trouvent-ils également composés, & à peu près de la même grosseur dans toutes sortes de personnes.

Ces gouttelettes se ramassent par petits paquets, & quand elles forment 159. Couleur rouge du sang. un volume, tel que le peut permettre le diametre des plus petits vaisseaux capillaires sanguins, elles peuvent alors paroître rouges, du-moins quand plusieurs de ces paquets globuleux se trouvent rassemblés : car on a observé que la rougeur du sang est plus ou moins foncée, selon que ces petits paquets ou globules sanguins, se trouvent plus ou moins dispersés ; plus foncée, s'ils sont fort nombreux & fort ramassés ; plus pâles au-contraire, s'ils sont dispersés.

(2.) Chaques globules du sang, n'est point rouge en son particulier.

Bartholin dit qu'en examinant avec le microscope, beaucoup de ces petits globules ensemble, ils lui parurent fort rouges, tandis que fort dispersés, ils étoient *pellucides*, & pour ainsi dire sans couleur. Dans les vaisseaux capillaires, où ils se trouvent en très-petite quantité, leur rougeur disparoît aussi. Voici comment j'en ai fait l'expérience : je pris un boiau de porc que je ratissai, jusqu'à le rendre le plus mince qu'il me fut possible sans le percer ; je le souflai ensuite : gonflé & tendu par l'air, il paroissoit fort clair, & sans être nullement coloré ; mais après en avoir laissé échappé l'air, ce boiau affaissé & fort ramassé, reprit une couleur de chair d'un rouge tendre & leger. Dans les *pâles couleurs*, & dans beaucoup d'autres maladies *croniques*, à peine le sang est-il coloré, parcequ'il est noïé de serosité. Le sang des arteres est d'un rouge plus clair que celui des veines ; la raison en est que dans les arteres il est plus détrempé que dans les veines.

[3.] *L'irrégularité des globules, change la couleur du sang.*

L'irrégularité & le délabrement des globules, apportent aussi beaucoup de changement dans la couleur du sang : celui qu'on tire dans une pleuresie ou dans une autre maladie inflammatoire, paroît dans l'instant de sa sortie, à demi dissout, d'un rouge brun & désagréable : ses globules examinés avec le microscope, se trouvent pour la plûpart déchirés & déploiés ; on en voit même beaucoup qui sont entierement étalés, & comme en charpi : de ceux-ci se forme cette liqueur huileuse, ou plutôt glaireuse qui se sépare du sang, peu de tems après sa sortie, & qui produit cette coüene coriace & blanchâtre, ordinaire dans ces maladies. Le sang des femmes grosses est souvent d'une vilaine couleur ; apparement à cause de la plénitude qui, chez elles, empêche les globules de se bien former. Le sang des Echimoses

[4.] *Coüenes blanchâtres sur le sang, viennent du délabrement des globules.*

est noir, parceque les globules sont devenus irreguliers & informes. Quelque tems après une saignée, le sang qu'on a tiré, forme un *coagulum* qui ordinairement est d'un beau rouge dessus, & presque noir dessous, à cause que les globules de dessous sont fort pressés & fletris : ceux de dessus se trouvent moins pressés, & toujours mêlés avec quelque peu de cette humeur glaireuse, dont nous avons parlé, qui se rassemble à la surface, parceque, comme plus legere, elle doit occuper cette place. Les globules qui s'y trouvent entremêlés de cette humeur, & également comprimés par l'air qui pése, & qui ondoie sur la surface de ce *coagulum*, forment une espece de pellicule, lisse & luisante, qui donne une couleur peu foncée, écarlatine, & resplendissante.

[5.] *La couleur rouge vive que le sang prend dans le poulmon, vient de la pression de l'air.*

Le sang des veines, arrivé au cœur, & conduit dans le poulmon, est d'une couleur fort brune dans l'artere pulmonaire ; mais quand il revient par la veine pulmonaire, il est d'un beau rouge, vif & clair ; parceque l'air qu'on respire, presse fortement & par
n°. 50. reprises les capillaires des vaisseaux sanguins du poulmon ; les globules du sang s'y trouvent en tous sens compri-

més, cette pression les resserre, les raffermit, les rajuste; elle repolit leur superficie, & leur rend cette belle couleur vermeille qu'ils avoient perdu en passant par les veines, où ils s'étoient dilatés & un peu défaits.

160. La sanguification est une fixation de la partie butireuse.

La partie butireuse ou la graisse reçoit, en devenant sang, un changement bien surprenant: cette humeur, qui est la plus legere de toutes les autres, devient la plus lourde; elle perd sa fusibilité, elle est renduë albumineuse, c'est-à-dire, qu'au-lieu de se fondre au feu, comme le beure, l'huile, les sucs gelatineux, elle se cuit, & se durcit comme le blanc d'œuf. Par exemple cette coüene qui dans les inflammations se forme des débris des globules du sang exposé au feu, ne se fond point n°. 58. [4.] comme les choses grasses figées. Faites cuire un foie, vous trouverez alors le sang dans ses vaisseaux, qui loin d'être fondu, est dur & friable. Non-seulement le sang ne se fond point, mais de plus il n'est nullement délaiable; on ne lui connoît presque pas même de dissolvant, qui, à proprement parler, ait prise sur sa substance précisément; il peut bien s'en trouver qui décompose, ou qui désunisse ses globules, mais

sans que cette dissolution aille plus loin. Pour moi j'en ai fait l'essai avec plusieurs choses fort actives, sans être cependant ni corosives ni putrides, particulierement sur ces coüenes, dont nous venons de parler, sans avoir pu réüssir à les dissoudre. On sçait d'ailleurs que les h iles alkoolisées, & la plûpart des huiles étherées balsamiques, surtout celle de therebentine, durcissent les sucs albumineux, en quoi ces sucs commencent à avoir beaucoup de rapport avec nos parties solides, qui se raffermissent, & qui se conservent par le moien de ces huiles, d'où il n'est pas douteux non plus que la sanguification ne soit le premier pas que la nature fait pour former le suc nouricier, qui, comme nous l'avons remarqué,
58. 64. 81. & comme nous remarquerons encore, ne doit être qu'une huile purement & dominamment terrestre, & peut-être un peu aqueuse. Ainsi il faut que la graisse, en devenant sang, se dépoüille de sa partie la plus salino-sulphureuse, pour devenir fixe & presque toute terrestre.

161. *Le sang est longtems à se former.*

Ce grand changement qui arrive ici à la graisse, fait bien connoître que le sang ne peut pas se former sur le champ par l'assemblage des globules chileux, c'est-à-dire des gouttelettes huileuſes, & prodigieuſement petites, dont on a parlé; il faut qu'elles ſouffrent longtems l'action des vaiſſeaux auparavant. C'est un fait qui eſt facile à remarquer dans ceux qui ont ſupporté quelque grande hemorragie, ou beaucoup de ſaignées; car il leur faut un tems très-conſidérable pour rattraper cette couleur vermeille, qui aſſure de la reparation du ſang qu'ils ont perdu. On doit néceſſairement conclure de-là, que les gouttelettes huileuſes ne peuvent s'attacher les unes aux autres pour former, comme elles font par gradation, les globules du ſang, que lorſqu'elles ont déja acquis du-moins ce degré de fixation, qui les met en état de ſoutenir l'action des vaiſſeaux; car autrement, la couleur des globules du ſang, qui dpend de cette aſſemblage, montreroit des globules rouges qui n'auroient pas encore les autres caractères du ſang; ce qu'on ne voit point, & ce qui ne paroît pas être poſſible.

162. Elaſticité des globules du ſang.

On prétend que les globules du ſang ſont fort *élaſtiques*, qu'ils tendent continuellement à ſe dilater. *Boile* dit que ces globules ſortis d'une veine, occupent plus de place, quelque tems après leur ſortie, que dans le moment même qu'ils viennent de ſortir. Quelque peu que cet effet fût ſenſible, on pourroit en inferer beaucoup pour le reſſort de ces globules: car cet effet, fut-il imperceptible, ou n'eût il point lieu du tout, ce ſeroit aſſez que le ſang qu'on tire pat la ſaignée, ne perdit pas de ſon volume, pour être en droit d'attribuer à ces globules, une dilation conſidérable après leur ſortie; n'eſt-il pas prouvé par pluſieurs expériences, que l'élaſticité de la maſſe du ſang dépend beaucoup de ſa raréfaction, & qu'à ſon tour cette raréfaction dépend entierement de la chaleur & des parties volatiles de cette maſſe? Le ſang ſorti de ſon vaiſſeau doit donc néceſſairement ſe condenſer, à meſure qu'il ſe refroidit, & à meſure que ce qu'il y a de plus volatil ſe diſſipe: ainſi ce n'eſt que dans les arteres, où la force, qu'a la maſſe du ſang pour ſe dilater, peut ſubſiſter en entier. Si donc, hors des veines, le ſang augmente néanmoins de volume, cela ne peut venir que d'un reſſort particulier, qui indépendamment de toute raréfaction, tend, lorſqu'il eſt au large, à s'étendre. On remarque avec le microſcope que les globules du ſang forcés de paſſer par des vaiſſeaux capillaires fort étroits, prennent une figure oblongue, qu'ils quittent dès qu'ils ſe trouvent plus à l'aiſe. Ce fait ſemble encore nous convaincre de l'élaſticité de ces globules. On a en outre obſervé que plus ces globules ſont ſerrés ſous un petit volume, plus ils ont d'agilité, & plus la maſſe du ſang eſt élaſtique. Plus au contraire ils ſont imparfaits, groſſiers, molaſſes & évaſés, moins ils ont de jeu, moins la maſſe du ſang a de reſſort. En effet les inflammations formées d'un gros ſang mélancolique, ou ſcorbutique, ont plus de condenſité ou de ſolidité que de tenſion; à la différence des inflammations phlegmoneuſes ou ériſipelateuſes faites d'un ſang agile & delié, qui ont beaucoup plus de tenſion que de ſolidité. On remarque de plus, que de tous nos ſucs c'eſt le ſang qui contient le plus d'air, & que même il en contient conſidérablement qui dans les expériences ſe manifeſte ſur le champ, ce qui fait juger qu'il y conſerve une élaſticité qu'il communique à cette humeur.

L'uſage des globules du ſang eſt de donner, comme on le fera voir, aux 163. Uſages du ſang.

muscles,& aux parties musculeuses, toute la force dont ils ont besoin, pour satisfaire aux mouvemens, auxquels ils sont destinés, d'exciter par leur ressort, par leur mobilité, par leur masse, l'action des vaisseaux, enfin de composer une humeur, que la nature destine pour la nourriture des parties solides.

ARTICLE V.

De l'humeur bilieuse.

88. 92. 93. 96. 159. 164. *L'humeur bilieuse est formée de la partie salino-sulphureuse de la graisse.*

La substance butireuse ne devient sang, qu'en se dépoüillant de sa partie la plus salino-sulphureuse pour conserver la partie la plus terrestre : en ce cas cette partie salino-sulphureuse, ou huileuse saline, se trouve séparée de la partie la plus fixe, ou la plus pesante, & la moins active de cette substance butireuse, qui la retenoit, & dont elle faisoit partie; elle se trouve plus libre, plus legere, & la partie saline y est plus dominante. D'ailleurs le jeu des vaisseaux volatilise de plus en plus cette partie salino-sulphureuse en exaltant ses souphres, & en alcalisant en partie ses sels. On a observé de tout tems, que ceux qui sont dans la vigueur de l'âge, qui ont un temperamment actif, & le pouls fort fréquent,

ſont très-bilieux ; que chez eux le lait, le beure, l'huile, la graiſſe ſe changent facilement en bile, & qu'il ne ſe trouve point ſurchargés de graiſſes ; d'où il paroît aſſez que c'eſt la partie butireuſe qui fournit la bile, & que celle-ci ne ſe forme pas dans les organes qui ſervent à la filtrer : car cette
grande activité des vaiſſeaux, qui con- 165. L'humeur bilieuse eſt répanduë partout.
tribuë ſi fort à ſa production, prouve viſiblement qu'il ſe forme, dans tout le courant de la circulation, un ſuc prochainement diſpoſé à devenir bile, & qu'un humeur bilieuſe eſt generalement répanduë dans toute la maſſe des humeurs. Auſſi cette humeur ne ſe remarque-t'elle pas ſeulement dans les couloirs du foie & dans la veſſicule du fiel ; l'urine, comme l'ont obſervé *Bellini*, *Frederic Hoffman*, & autres, s'en trouve fort remplie, ſurtout dans les grandes agitations du ſang.

Cette humeur ſalino-ſulphureuſe ou
ſavoneuſe, eſt le diſſolvant univerſel 166. L'humeur bilieuſe eſt le diſſolvant univerſel de la maſſe du ſang. *Voiez n°. 65 85.*
de nos humeurs, c'eſt elle qui les rend pour la plûpart miſcibles, ou propres à ſe mêler parfaitement les unes avec les autres, elle s'oppoſe à la production de ces matieres gommeuſes, glutineuſes, pâteuſes, limoneuſes, aci-

des, tenaces, poixeuses, qui incommodent si fort ceux dont le jeu des vaisseaux est trop lent, ou trop débile, pour produire suffisamment de cette humeur bilieuse : de plus, c'est de cette humeur que dépend principalement l'agilité, & la raréfaction de la masse du sang. La vertu dissolvante des sucs bilieux se remarque, surtout par rapport aux substances chileuses ; car dans les veaux ces substances se trouvent coagulées jusqu'à ce qu'elles soient parvenuës à l'endroit où elles se mêlent avec la bile, où alors toute coagulation disparoît, & le chile devient très-coulant & méable. La bile semble ne pas agir si puissamment sur la partie rouge du sang, car du sang que j'avois tiré sur du fiel de bœuf, ne laissa pas de se coaguler un peu, bien moins à la verité que celui que j'avois tiré à part de la même saignée : de plus, il ne lui permit pas de se coaguler également ; car le *coagulum* avoit une consistence très-inégale, ce qui prouve que cette humeur agit plus sur quelques-uns de nos sucs, que sur d'autres.

167. C'est l'humeur bilieuse qui

De toutes les humeurs bien examinées, on ne trouve que celle-ci qui puisse être la mere des *récrémens dissolvans* (a), comme la salive & les sucs qui ont du rapport avec elle; tels sont ceux de *l'œsophage*, de l'estomac, du pancreas, & des intestins à qui l'on a donné le nom generique de *serum salivosum*; car la salive, comme la bile, est savoneuse, detersive; elle devient amere & acre, lorsqu'on s'abstient longtems de prendre des alimens, & quand on a la fiévre. fournit les récrémens dissolvans.

La bile, qui se filtre dans le foie, a d'autant plus de rapport avec ces sucs, que quand elle est encore dans les couloirs, elle n'est elle-même qu'une humeur limpide & presque sans saveur: ce n'est que lorsqu'elle a séjourné, ou qu'elle devient trop abondante, qu'elle se distingue par une couleur jaune, & par une amertume sensible; encore est-ce presque toujours sans aucune acrimonie considérable; puisqu'il arrive tous les jours que cet humeur manque de se filtrer, & que la masse du sang s'en trouve quelquefois extrémement remplie, sans causer dans les vaisseaux d'irritation ni de troubles bien 168. La bile.

a Par récrémens, on entend des sucs qui se séparent de la masse du sang, pour être emploiés à quelque usage; en quoi ils different des excremens qui s'en séparent pour être expulsées.

remarquables. L'humeur bilieuse destinée à être filtrée par le foie, pour former la bile, semble être préparée auparavant dans la veine porte, à la faveur d'une circulation qui y est très-lente, où elle se marie, à ce qu'on croit, avec un suc adipeux que l'épiploon dépose dans cette veine, comme l'a remarqué un célebre anatomiste. C'est apparamment cette huile grasse, dont l'humeur bilieuse se refournit ici, qui fait qu'elle ne prend point si-tôt cette putréfaction, dont les huiles un peu exaltées par l'action de nos vaisseaux, sont si susceptibles, & que par son moien cette humeur bilieuse avec
n°. 112, son sel presque alcali, forme une huile savoneuse, qui peut sans beaucoup d'acrimonie, se conserver assez longtems dans la vessicule du fiel.

169. *L'usage des récremens bilieux ou dissolvans.* L'usage de tous ces récrémens bilieux, est de faciliter le délaiement des matieres, qui doivent entrer dans la composition du chile, de pénétrer, de
n°. 144. dissoudre les substances pâteuses, visqueuses, adherentes, d'y donner entrée à la boisson pour les détremper, pour les détacher, & leur donner autant de fluidité qu'il leur en faut, pour être reçûës par les vaisseaux chilidoques.

170. L'humeur bilieuse excrémenteuse.

Ces récrémens revenus dans le sang, y souffrent de nouveau l'action des vaisseaux : ces sucs se trouvent usés, ou plutôt excedés d'élaboration ; leurs sels se developpent trop, ils ne sont plus supportables dans l'œconomie animale, ils deviendroient nuisibles à cause de leur acrimonie, s'ils n'étoient pas promtement expulsés par les urines, comme nous l'avons remarqué, n°. 164 & sans doute aussi par les selles & par les sueurs ; car cette humeur devenuë excrémenteuse, étant extrémement miscible avec tous les vehicules, doit être entraînée par toutes ces voies qui se supplèent souvent les unes aux autres.

ARTICLE VI.

L'HUMEUR MELANCOLIQUE.

171. Ce que c'est n°. 84. 130 148. [8.]

LEs sucs gélatineux nous reconcilient avec les Anciéns, par rapport à l'humeur *mélancolique*. Nous trouvons dans ces sucs, cette humeur qui vient, comme ils le disent, de la substance caseuse, ou de la partie la plus friable, la plus grossiere, la plus terrestre, & la plus acescente du chile ; c'est-à-dire la plus pulpeuse, & la plus farineuse, la plus visqueuse, & où reside le sel essentiel de nos alimens. Cette partie caseuse devenuë gélatineuse, est travaillée & affinée au point qu'on ne la reconnoît plus : elle est claire, transparante, fusible ; il n'y a plus que cette tendence à l'acidité qu'elle conserve, qui accuse encore avec certitude son origine.

172. On la découvre par la coction des viandes dans l'eau. Les sucs gélatineux que nous tirons par ébulition de la chair des animaux, ne sont sans doute que dominamment gélatineux, & non purement gélatineux; car il y a tout lieu de croire qu'une partie des graisses, qui se sont fonduës avec ceux-ci, y est restée embarrassée ; ce qui doit nous donner à penser que ces sucs sont encore plus maigres qu'ils ne nous paroissent. A l'égard des sucs albumineux, il y a toute apparence qu'ils ne s'y trouvent guere, parcequ'ils doivent perdre leur fluidité par la coction, & rester adherens à leur tuiau, à peu près comme le blanc d'œuf durci, reste attachée à sa coquille : c'est ce qu'on voit à l'égard du sang, qui dans ce cas, demeure endurci dans les vaisseaux.
n°. 160. Cette substance spongieuse, semblable à de la moüelle de sureau, qu'on découvre avec le microscope dans les

fibres des chairs qu'on a fait boüillir, pouroit fort bien n'être que des sucs albumineux ou limphatiques, qui s'y sont épaissis par la chaleur du feu. Ces sucs albumineux qui s'échappent des extrémités de leurs tuiaux dans l'eau où l'on fait boüillir de la chair, s'élevent, à la premiere ébulition, au-dessus de l'eau en forme d'écume; & si on manque de les retirer, ils durcissent & se rassemblent par flocons tenaces, & d'un rouge sale. Ainsi il n'y a point d'apparence que cette coction confonde les sucs albumineux avec l'humeur mélancolique. Les sucs gélatineux, ou cette humeur mélancolique, se distingue encore facilement, lorsqu'on tire du sang sur du verjus pris bien avant la maturité; ce suc les coagule par petits flocons, qui se fondent à la chaleur de la main, sans qu'on y apperçoive rien de gras ni de glaireux.

Les Anciens ont cru que l'humeur mélancolique étoit noire, parceque la couleur du sang des mélancoliques est plus foncée que chez ceux d'un autre temperament: nous en rendrons raison, lorsque nous parlerons du temperament mélancolique.

Nous avons dit ci-devant, que la

substance caseuse est de toutes les parties, la plus susceptible de mucosité.

n°. 148 [3.] Pour entendre ceci, il faut faire attention à la partie la plus visqueuse ou mucilagineuse des sucs qui est susceptible

173. L'humeur mélancolique est la matiere des sécrémens lubricans.

d'un changement considérable, soit par la fermentation, soit par la putréfaction, soit par le jeu des vaisseaux; changement qui consiste à la débarasser tellement de ses sels, qu'ordinairement elle se convertit en une humeur glaireuse qui n'est plus dissoluble à l'eau, comme lorsqu'elle étoit simplement visqueuse, elle se change en cette espece d'huile muqueuse, dont nous avons parlé à l'article des huiles. Cette mucosité se remarque aisément dans le vin, dans le cidre & autres sucs qui ont fermenté, par ces lambeaux glaireux qui se forment dans les vases, dont on se sert continuellement pour recevoir ces liqueurs. Elle se remarque fort bien aussi dans les sucs qui tombent en putréfaction; par exemple l'urine qui se corrompt dans la vessie, ou hors du corps, abonde aussitôt en cette mucosité qui se manifeste par ces glaires, dont cette urine qui a croupi, se trouve toujours chargée, & qui y tient même contre l'acrimonie alcaline que les sels acquie-

n°. 83.

rent dans ce croupissement. Mais rien ne contribuë plus à la formation de cette humeur muqueuse, que le jeu des vaisseaux; nos corps la dégorgent de toutes parts, par le nez, par la voie des crachats, des urines, les premieres voies surtout, en sont souvent garnies à l'excès.

Or c'est de la substance caseuse du [2.]
chile, que viennent ces mucosités dans les animaux. La preuve s'en fait aisément; il suffit de laisser un fromage sans le saler; peu de jours après qu'il est fait, il se convertit presqu'entierement en peau ou en lambeaux muqueux, à la reserve cependant de la partie la plus aqueuse qui s'en sépare, & qui entraîne avec elle toute la partie saline: c'est par cette partie saline, qui n'est formée que du sel essentiel de nos alimens, que la partie caseuse se délaie facilement dans l'eau.

Les mucosités tirent leur origine de la substance caseuse.

Il n'est pas difficile à présent d'appercevoir d'où viennent ces récrémens muqueux qui servent à enduire les parties, qui agissent & qui fraient les uns contre les autres, qui servent à les enduire pour les humecter, pour les rendre lisses & glissantes, & pour en défendre d'autres contre l'activité & l'acrimonie des humeurs, surtout des humeurs excrémenteuses qu'elles renferment, ou qu'elles conduisent, ou contre l'impression de l'air, que quelques unes ont continuellement à supporter.

174. Humeur mélancolique excrémenteuse.

Ces récrémens *lubricans* deviennent excrémenteux, lorsque leur séjour y occasione quelque dépravation. La premiere chose qui leur arrive, est d'acquerir plus de consistence; car dès que leur fluidité n'est plus entretenuë par le jeu des vaisseaux, tout contribuë à les épaissir, s'ils se trouvent exposés à beaucoup de chaleur, ils se racornissent & se durcissent; s'ils sont exposés au froid, ils se coagulent. Delà viennent ces glaires épaisses, ces crasses, ces matieres glaireuses, qui accompagnent ordinairement les excrémens de tous genres, ou qui s'échappent seules par le nez, par les poulmons. Ces matieres tiennent longtems contre la putréfaction, on s'en apperçoit facilement par les urines; car lorsque l'urine se corrompt; ces glaires s'unissent de plus en plus aux substances terrestres, & forment avec celles-ci une matiere visqueuse fort tenace & épaisse; ce qui a fait dire, que la putréfaction de l'urine peut plutôt contribuer à la génération des pierres que s'y opposer.

Nous venons de remarquer, que lorsqu'une partie de la substance caseuse se convertit en mucosité, une autre partie se resout en une sérosité qui entraîne avec elle tout le sel essentiel qui reside dans cette substance caseuse; de-là on voit que la séparation de l'humeur muqueuse & de la sérosité saline, se fait facilement. Cette sérosité saline est chez nous, la partie de nos humeurs que les Anciens ont appellé *serum salsum* ou pituite salée; parcequ'elle se mêle avec l'humeur pituiteuse, excrémenteuse, c'est-à-dire avec le vehicule qui sert à délaier & à entraîner les parties excrémenteuses de la masse du sang. C'est ce *serum salsum* qui fournit les urinesde ce sel essentiel dont elles sont toujours remplies : on n'a pas cependant toujours le bonheur, que cette sérosité salée soit parfaitement expulsée, ou qu'elle ne parvienne pas avant, à un certain dégré d'acrimonie qui empêche en partie la secretion de cet excrément; ce qui entretient dans les humeurs une acrimonie qui est, comme on le verra ailleurs, la cause de diverses maladies, ordinairement fort longues & fort rebelles.

175. L'humeur mélancolique produit le *serum salsum*.

176. L'humeur mélancolique ou gélatineuse, joue un grand rôle dans la medecine tant parcequ'elle fournit la matiere de toutes les excrétions visqueuses, qui viennent de la surabondance de ces enduits dont on vient de parler, & qui farcissent souvent les endroits où elle se ramasse, que parcequ'elle est le siege de l'acrimonie acide, qui a tant amusé les Praticiens, & qui a tant occupé dans ces derniers tems, les Chimistes, à découvrir & à nous fournir des absorbans de nouvelle fabrique pour la détruire, & à préparer divers autres remedes pour dissoudre les prétenduës coagulations qu'elle fait dans le sang. Il suffit de parcourir en détail, toutes les differentes sortes d'acrimonie dont nos humeurs sont susceptibles, pour se convaincre qu'il n'y a que l'humeur mélancolique qui puisse s'aigrir; encore n'est-ce pas sous l'action des vaisseaux; car il est constant que celle ci est un préservatif si souverain contre toute acidité, qu'elle change même les sels acides en sels neutres, & ensuite les sels neutres encore acescens, en sels neutres alcalescens. Ainsi ce ne peut être que dans le cas de croupissement, que l'acidité des sucs gélatineux

Il n'y a que l'humeur mélancolique, qui puisse être le siege de l'acrimonie acide des humeurs.

n. 151. jusq. 155.

n. 120.

gélatineux peut avoir lieu;encore faut-il que l'air y ait accès : car cette acidité suppose pour cause, une fermentation qui ne peut arriver sans cette circonstance. Aussi ne s'apperçoit-on de cette acidité, que dans les cas où les sucs sont susceptibles de l'atteinte de l'air extérieur ; comme il arrive quelquefois aux sucs qui sont dans l'estomac, à ceux qui s'échappent par la voie de la transpiration, ou par les glandes salivaires ; d'où viennent ces aigreurs d'estomac, ces sueurs qui sentent l'aigre, ces marques d'acidité qui se trouvent quelquefois dans l'humeur muqueuse qui accompagne la salive, surtout chez ceux qui usent beaucoup de choses acescentes, & dont l'action des vaisseaux est extrémement languissante. n°. 132.

ARTICLE VII.

L'Humeur pituiteuse.

177. *La pituite est l'humeur la plus aqueuse.*

L'Humeur pituiteuse est cette eau qui donne la fluidité aux autres humeurs, qui leur sert de vehicule, qui leur ouvre les chemins les plus étroits, & qui les y conduit. Les tuiaux les plus n°. 57. 148. serrés ne peuvent lui refuser le passa- n°. [4.] 157.

ge ; elle a , comme nous l'avons prouvé ailleurs , une force étonnante pour
s'insinuer dans les canaux les plus imperceptibles des végetaux & des animaux ; elle les tient toujours dilatés &
en état d'admettre nécessairement les
sucs qui doivent les parcourir. Cette
eau se marie aisément avec les parties
oléagineuses qui se trouvent miscibles
avec elle , telles que peuvent lui en fournir les sucs gélatineux , & telles qu'elle en reçoit aussi des débris de l'huile grasse , auxquels elle s'unit si intimement , qu'on ne peut par aucun arti-
n°. 95. fice,parvenir à les en séparer. Ces alliages ne servent qu'à la rendre plus glis-
sante , plus relachante , & plus agile ,
pourvû qu'elle ne s'en trouve pas sur-
chargée, notamment de la part des huiles gélatineuses : inconvenient qui n'arrive que trop souvent , surtout à ceux
qui sont d'un temperament froid , débile & peu actif , ce qui la rend lente
& limoneuse : d'où est venu que les
Anciens ont regardé la pituite, comme
l'humeur la plus cruë de la masse du
sang.

ARTICLE VIII.

LES LIMPHES.

LEs Anciens n'ont point cru que les quatre premieres humeurs, dont on vient de parler, fussent assez perfectionnées, pour servir prochainement à la nourriture des parties. Ils ont pensé qu'elles devoient passer par un autre degré d'élaboration, & qu'alors elles formoient un second genre d'humeurs, qu'ils ont appellé *secondaires*. Mais ces humeurs leur étoient peu connuës; & à cet égard nous ne sommes encore gueres plus avancés qu'eux. Il est vrai que nous avons quelque chose sur cette matiere qui peut nous être connu par des preuves de faits; du reste il faut que nous nous en tenions à des conjectures. Voici d'abord ce qu'on en peut dire de plus certain. 178. Les limphes sont les humeurs secondaires des Anciens.

Il y a constamment un genre d'humeur, connu aujourd'hui sous le nom de *limphe fibreuse*, qui ne peut être rapporté à aucune des humeurs, dont il a été question jusqu'à présent: elle a seulement ceci de commun avec le sang, qu'elle se durcit dans l'eau chaude, au- 179. Limphe fibreuse.

lieu de s'y dissoudre, comme les graisses, les sucs gélatineux, &c. mais elle
ne s'y disperse point comme le sang;
elle s'y réünit par floccons, & forme
une substance d'un tissu fort délié, pellucide & blanc, à la difference du sang
qui y conserve sa couleur rouge: c'est
une substance filamenteuse, extrémement tenace, nullement gluante. Cette
substance se remarque fort bien dans
ces lambeaux blancs, qui se forment,
quand on fait une saignée dans l'eau
chaude. Observez cependant que cette
substance ne fait pas elle seule ces lambeaux; elle n'y est que pour fort peu
de chose, en comparaison du volume sous lequel ces lambeaux vous paroissent. Ces mêmes lambeaux sont
non-seulement fort étalés & moussus,
mais ce sont encore les sucs gélatineux
qui les forment en plus grande partie;
aussi ces lambeaux ne deviennent-ils un
peu sensibles, que lorsque l'eau commence à se refroidir, & que ces sucs
viennent à se congeler autour de la limphe. Il est aisé de les en détacher; on
n'a qu'à manier un de ces lambeaux
entre les doigts dans l'eau chaude; ces
sucs se fondent; ce lambeau se réduit
presqu'à rien: il ne reste plus, ou quasi

plus, que la lmphe. Cette humeur qui se prend & durcit ainsi à la chaleur, est incontestablement une huile fixée, une huile préparée par consequent pour la nutrition. Vraisemblablement, cette limphe éparse & étenduë dans la partie séreuse de la masse du sang, vient d'une humeur, qui auparavant a toujours pû se mêler avec cette partie séreuse, comme sont les sucs gélatineux; autrement elle se trouveroit comme le sang, toute réduite en globules. Tandis que la substance huileuse de ces sucs, qui reste après le dépoüillement de sa partie saline, fournit les recrémens *lubricans* qui sont fort aqueux, sa partie la plus terrestre, se fixe de plus en plus, & forme un suc qui se façonne aussi de plus en plus pour la nutrition; en un mot une limphe formée de petites parties filamenteuses, extrémement déliées, & dispersées dans l'humeur pituiteuse. On prétend qu'on en apperçoit quelque chose avec le microscope: pour moi, quand j'ai examiné la partie séreuse du sang par ce secours, j'ai apperçû que les sucs gélatineux, tels qu'on les remarque sur les lambeaux, dont on vient de parler, dominent tellement dans cette sérosité, que cette

n°. 81.

180. La limphe fibreuse est fournie par l'humeur mélancolique.

n°. 151.

limphe s'y trouve entierement cachée par ces sucs qui peuvent même paroître aux yeux, lorsqu'on trempe une petite baguette dans la partie sereuse du sang refroidi, & qu'on regarde attentivement cette baguette moüillée. C'estpourquoi on ne peut pas s'attendre de découvrir les limphes par le microscope, puisqu'elles doivent toujours se trouver engluées par ces sucs, surtout dès que la masse du sang vient à perdre un peu de sa chaleur.

181. Limphes globuleuses. n°. 160. Le sang, comme nous l'avons remarqué, est aussi une huile fixée, mais qui n'est point encore parvenuë au point requis pour la nutrition; puisqu'elle n'est point, à beaucoup près, débarassée entierement de ces sels: on en peut juger par cette acrimonie urineuse, que le sang prend, lorsqu'il vient à se corrompre. Il y a donc encore, pour cette huile, des degrés d'élaboration, par où il faut qu'elle passe, & qui doivent sans doute lui faire perdre sa forme de sang. Voici ce que *Mr. Boerrhaave* conjecture à cet égard: il prétend que quand les globulettes, dont ses globules sont composés, viennent à se désunir, il doit en resulter divers genres de limphes, suivant les divers étages de globulettes qu'on remarque dans ces globules.

Cette désunion ou décomposition doit arriver continuellement ; l'action des vaisseaux qui rassemble d'abord ces globulettes, doit aussi après un certain tems, ou après un certain degré de perfection, les séparer : car il faut que la destruction des globules du sang soit proportionnée à leur formation, afin qu'il ne se trouve toujours, qu'à peu près, la même quantité de sang, ou qu'il ne s'en amasse pas plus qu'il ne convient, pour les usages auxquels il est destiné entant que sang. Or tous les jours de nouveaux globules du sang se composent : donc tous les jours aussi d'anciens globules se décomposent. On observe en effet, que cette désunion se fait assez facilement ; puisqu'en quatre ou cinq jours, après que le sang est sorti de ses vaisseaux, ses globules se décomposent, pour former un liquide beaucoup plus fluide, transparent, & seulement un peu jaunâtre.

182. Limphe globuleuse du premier genre, ou la limphe rousse.

De la résolution des globules du sang en ceux qui les composent immediatement, doit se produire une humeur particuliere, que *M. Boerrhaave* appelle limphe du premier genre, ou *serum* ; mais ce dernier nom est un peu équivoque, car il signifie communément toute la partie blanche de la masse du sang, ou toute cette sérosité qui se sépare ordinairement du sang, lorsqu'il se ramasse en *coagulum* après une saignée. *M. Boerrhaave* reconnoît lui-même encore deux autres genres de *serum*, un qu'il appelle *serum crudum vel chilosum*, & un autre, qui est cette sérosité qui se filtre dans tout le trajet des premieres voies, qu'il appelle *serum salivosum*. Il y a encore un autre sorte de *serum*, que les Anciens appellent *serum salsum*. Pour ôter la confusion, on pourroit appeller la limphe qui vient des globules du sang, *limphe rousse*, à cause de la couleur que l'on croit que ses globulettes lui donnent.

n°. 157. 183. Limphe globuleuse du second genre. De la résolution des globulettes de la limphe, dont on vient de parler, en celles qui les composent, naît un autre genre d'humeur, que le même Auteur nomme limphe du second genre, ou limphe simplement.

On doute si la gradation des globulettes, qui composent les globules du sang, se borne aux deux étages qui se remarquent avec le microscope, & par-conséquent si la décomposition des globules du sang ne va pas plus loin, & s'il n'en resulte pas encore des limphes mitoiennes entre la derniere dont on vient de parler, & le suc nouricier.

ARTICLE IX.

LE SUC NOURRICIER.

NOus n'avons dans cet article, 184.
qu'à résumer ce que nous avons déja dit ailleurs sur ce sujet. Il faut se ressouvenir d'abord qu'il est prouvé, que nos parties solides (abstraction faite de tous les sucs qui les arrosent, & qu'elles contiennent continuellement) ne sont composées que d'une terre, dont les atômes sont seulement liés entr'eux par une huile qui leur est tenacement unie.

La substance des parties est une huile presque toute terrestre.

n°. 64 81. 160, 179. 181.

n°. 64.

Il semble cependant que l'eau doit 185.
entrer pour quelque chose dans cette composition, surtout dans la substance des parties molles; car on observe, qu'en faisant desseicher ces parties, elles perdent leur flexibilité, & qu'on leur rend cette flexibilité en les humectant avec de l'eau : mais cette observation laisse une difficulté; car elle donne à penser que l'eau ne fait point corps avec la substance des parties, qu'elle ne lui est qu'extrinseque, puisque

L'eau paroît entrer pour quelque chose dans la composition du suc nouricier.

cette eau peut l'abandonner, & qu'elle peut y revenir, ſans que dans l'un ou dans l'autre cas, il arrive de changement eſſentiel dans la tiſſure de cette ſubſtance. Il paroît en un mot, que ce n'eſt qu'en s'inſinüant dans tous les plus petits canaux des parties, & par la ſimple moüillure, qu'elle en augmente ſi conſidérablement la ſoupleſſe: c'eſt ce qu'on remarque facilement dans un morceau de peau, ou de parchemin ſec qu'on imbibe d'eau; de ferme qu'il étoit, il devient ſur le champ extrémement ſouple, & mou; ſi on le fait ſeicher de nouveau, il reprendra ſa fermeté, avec la même diſpoſition à redevenir mou, dès qu'on le remoüillera: ainſi qu'il ſoit moüillé, ſoit qu'il ſoit ſec, il ſe trouve toujours fonciérement le même.

Mais lorſqu'on compare les parties dures, c'eſt-à-dire les os & les cartilages, avec les parties molles, même deſſeichées, ou privées entierement de leurs ſucs, on trouve toujours dans ces dernieres, un reſte de ſoupleſſe qui n'eſt jamais dans les premieres, quelqu'humectées & quelques remplies de ſucs qu'elles ſoient. Il y a donc dans les parties molles, une ſoupleſſe qui appartient inséparablement à leur substance. Soit que cette substance soit plus huileuse, soit qu'elle soit plus aqueuse que celle des parties dures, il est toujours vrai qu'il y a ici un *humide radical*, qui est même d'autant plus remarquable, qu'on est peu éloigné du tems de la production de ces parties; puisqu'il est constant que la vieillesse consiste dans un desseichement, dans une rigidité de parties que rien ne peut empêcher, qui peut être cependant retardé dans un temperament où la chaleur domine peu, & où les sucs dominent beaucoup en parties aqueuses. Cet humide radical est donc avec le tems susceptible d'évaporation: par-là, & par cette souplesse qu'il donne aux parties, on a lieu de présumer qu'il entre des particules aqueuses dans la composition du suc nouricier. En effet rien n'est égal à l'eau pour les amollir: l'huile qui seule après l'eau, peut encore avoir cette vertu, semble même ne la tenir que de l'eau; car plus les huiles sont aqueuses, mieux elles produisent cet effet. L'huile mucilagineuse, qui est une huile extrémement aqueuse, l'emporte en cela sur les autres; après elle, c'est l'huile grasse qui est

[2.] *Humide radical.*

aussi fort aqueuse; au-contraire plus les huiles sont pures, plus elles sont capables de rafermir. L'esprit de vin en est un exemple: ainsi tout concourt à nous convaincre, que l'humide radical consiste en des particules aqueuses, qui sont restées intimement unies aux principes terreux & huileux, qui composent le suc nouricier; mais de cette difference d'entre les parties dures, & les parties molles, il faut conclure aussi, qu'il se trouve de la diversité dans la fixation des huiles qui doivent fournir à chacune leur suc nouricier; car celle que la nature prépare pour la nourriture des os, doit être beaucoup plus terrestre & moins aqueuse, que celles qu'elle destine pour les chairs: peut-être même que les differentes huiles que la nature emploie, contribuent
n°. 179.181. beaucoup à cette diversité; la limphe que fournissent les sucs gélatineux, & celle que le sang fournit aussi, peuvent chacune se convertir en un suc nouricier different, dont l'un est pour les parties molles, & l'autre pour les parties dures.

186. Le suc nouricier est en fort petite quantité.

Le suc nouricier doit faire un fort petit objet par rapport à la masse des humeurs; puisque la terre, qui en fait la base, se trouve en si petite quantité dans cette masse, qui, si on a égard à celle qui reste après la distillation de cette même masse, elle n'y est pas pour $\frac{1}{30}$. Ainsi quand on y joindroit même l'huile fixe qu'on tire aussi par cette voie, le tout ne feroit qu'environ $\frac{1}{16}$. La plus grande partie de ces matieres fixes est enlevée avec les humeurs excrémenteuses. Ces substances crasses & salino-terrestres, que l'urine entraîne continuellement avec elle, suffisent seules, pour nous faire connoître, que ce que la nature conserve pour elle, doit se réduire à fort peu de chose. Mais quand on aura examiné combien les solides sont en petite quantité, par rapport aux liquides, on ne sera plus étonné de ce que la nature a besoin de si peu de suc nouricier, pour les entretenir.

ARTICLE X.

DE LA QUANTITÉ DES LIQUIDES PAR RAPPORT AUX SOLIDES.

CEux qui ont avancé que les liquides faisoient au-moins les deux tiers de la masse de notre corps, n'ont rien dit de trop: car sans beaucoup raisonner pour le prouver, on n'a qu'à jetter les ieux sur ce qui arrive à un homme, qui de son embonpoint ordimaire, tombe dans une extrême maigreur : il semble qu'il ne lui reste plus que les os ; cependant les chairs sont encore fournies de sucs, autant qu'il en faut du-moins pour lui soûtenir la vie. Les os tout solides qu'ils paroissent être, contiennent, en liquides, approchant les deux tiers d'eux-mêmes. On peut s'en convaincre par la difference qu'il y a entre la pesanteur d'un os, qui vient d'être détaché d'un corps mort tout recemment, & celle d'un os bien sec & de pareil volume, trouvé dans un cimetiere, où il aura été longtems enterré, & longtems exposé à l'air. Mais cette difference est encore bien plus sensible à l'égard des chairs ; en voici une preuve. Je pesai un morceau de chair pris de la fesse d'un bœuf : après en avoir ôté toute la graisse, pour n'y laisser que la partie fibreuse, il s'en trouva 14 onces justes. Je fis tremper entierement cette chair pendant 15 jours, ou environ, dans de l'eau tiéde, c'est-à-dire qui étoit assez chaude pour dissoudre les sucs graisseux & gélatineux, mais qui ne l'étoit pas assez, pour cuire les sucs albumineux, c'est-à-dire ceux qui durcissent à la chaleur. Tous les jours je changeois cette eau, après avoir manié un peu fortement cette chair, pour en exprimer les sucs : au bout de ce tems, je la fis doucement secher ; elle ne s'étoit point corrompuë, son poids de 14. onces se trouva réduit à deux onces deux gros : ainsi il y avoit au-moins $\frac{7}{8}$. en liquides. Je pense bien que les parties osseuses ont plus de substances solides que les chaires, telles que celle qui a servi à notre expérience ; mais en récompense les parties purement graisseuses n'ont presque rien de solide, & ces parties graisseuses égalent au-moins les os par leur quantité ; c'est-pourquoi la chair musculeuse qui tient à peu près le milieu entre les os & les graisses, par rapport à ce qu'il y a de solide dans ces differens genres de parties, paroît la plus propre pour découvrir le rapport général qu'il y a entre les solides & les liquides. L'expérience que je viens de rapporter, a été faite sur la chair de bœuf, en quoi il faut avoir égard que cet animal qui est beaucoup plus robuste que l'homme, doit avoir ses parties encore plus fournies de substance solide que l'homme ; c'est-pourquoi en se servant de notre expérience pour évaluer la quantité des liquides, par rapport aux parties ſolides du corps humain, il doit y avoir quelque choſe à gagner pour nos ſolides : on ne leur fera donc point d'injuſtice en ſe reglant ſur notre expérience, c'eſt-à-dire en les

187. Les liquides ſont les $\frac{6}{5}$ de la maſſe du corps.

fixant au plus à $\frac{1}{6}$ de la peſanteur du corps ; le reſte doit entierement appartenir aux liquides.

ARTICLE XI.

LES HUMEURS RECREMENTEUSES ET EXCREMENTEUSES.

188. Trois genres de récrémens.

JE ne vois dans le corps que trois genres principaux de récrémens, en ſe bornant à ceux qui ſont continuellement emploiés pour l'utilité particuliere de la machine ; c'eſt-à-dire en n'y comprenant pas ceux qui ſont deſtinés pour la propagation.

n°. 95.

Premierement nous avons cette roſée, ou cette vapeur aqueuſe & légerement huileuſe, qui pénétre, qui humecte continuellement la ſurface des parties ſolides, ſurtout des viſceres.

n°. 167. 168. 169.

Secondement, ces ſucs ſavoneux, qui ſervent à diſſoudre, & délaier les autres ſucs, principalement les ſucs chileux.

Troisiémement, les sucs *lubricans* qui servent à enduire les parties pour les défendre contre le frottement, & à les parer contre l'acrimonie des humeurs. Il a été assez parlé ailleurs de ces récrémens, c'est pourquoi nous ne nous étendrons pas davantage ici sur cette matiere. Nous pourions aussi, par la même raison, nous dispenser de parler encore des humeurs excrémenteuses; nous allons cependant les reprendre, parcequ'elles nous donneront lieu de finir ce chapitre par une petite récapitulation des choses qui y sont traitées. n°. 171.

189. Excrémens. *Voiez l'art. neuf de ce chapitre.*

J'ai déja remarqué plusieurs fois, que la nature n'adopte & ne perfectionne que des huiles toutes terreuses, & surtout entierement dénüées de sels, & qu'il suit delà, que divers excrémens doivent se former des débris causés par le déchet qui arrive aux corps huileux, sur lesquels la nature travaille, qui sont la substance butireuse & la substance caseuse, que le chile lui fournit. Ces deux substances ont chacune leur partie saline differente l'une de l'autre. La partie butireuse renferme des sels peu terrestres, & très-déliés. Les sels, qui se trouvent engagés dans la substance caseuse, sont au-contraire fort ter- n°. 148.

restres & fort grossieres. L'une & l'autre de ces substances, doivent, comme
N°. 74. toutes les autres huiles naturelles, renfer-
mer beaucoup d'eau dans leur tissure.
Or la fixation parfaite des huiles exclut
l'un & l'autre des ces principes ; il
ne doit rester que les atômes huileux,
qui sont ténacement joints à la terre,
sans autre mélange, point de sels,
point d'eau ici interposés, ou s'il se
trouve un peu de la derniere seulement,
ce n'est que parceque la nature a besoin,
pour les parties molles, d'un suc nouricier, ou d'une huile qui ne soit pas
parfaitement fixée. Il est donc nécessaire que dans la fixation des huiles,
la nature les réduise à cette huile tenace, qui s'y trouve seule immédiatement
unie aux atômes de la terre. Il faut que
celle qui se trouve également jointe à
des particules terrestres, & à des particules salines tout ensemble, se détache de cette huile ténace pour être rejettée : c'est une perte ou un démem-
brement considérable, qui doit ar-
N°. 171. river à la substance caseuse. Il faut
aussi à plus forte raison, que celle qui
est particulierement unie à des sels,
soit démembrée de cette même huile
ténace ou conglutinante ; c'est alors un

grand retranchement qui se fait à la substance butireuse. Ce n'est pas assez n°. 64
que la nature ait retranché de l'huile qu'elle se prépare, celles qui sont salines, ou qui sont tout ensemble salino-terrestres, il faut encore qu'elle se défasse de la portion la plus aqueuse, soit qu'elle soit simplement aqueuse, ou qu'elle soit aqueuse & terrestre tout ensemble. Ce n'est que quand elle est parvenuë là, qu'elle a achevé de façonner l'humeur qui convient pour la nourriture des parties solides. Tous les débris, dont on vient de parler, ne sont pas chassés hors du corps aussitôt après leur disjonction : presque tous rendent auparavant, quelque service dans l'œconomie animale. La partie huileuse simplement saline, forme l'humeur bilieuse, & fournit tous les récrémens dissolvans. Celle qui est sim- n°. 164. 167.
plement aqueuse, fournit cette vapeur qui humecte les parties. L'autre partie n° 95. 188.
huileuse, qui est tout ensemble aqueuse & terrestre, & très-peu saline, forme les récrémens *lubricans*. Il n'y a n°. 173.
que cette partie salino-aqueuse, ou le *serum salsum*, qui ne paroît pas avoir d'usage dans cet intervalle, si ce n'est que répanduë dans le véhi-

cule des humeurs, elle n'empêche leur
at. 175. corruption. Mais enfin tous ces débris
ſe pervertiſſent : d'utiles, ils deviendroient bientôt nuiſibles, ſi la nature ne les expulſoit pas auſſitôt que leurs bonnes qualités commencent à dégé-
at. 95. 170. 174. 175. nerer. Delà viennent ces divers genres d'humeurs excrémenteuſes qui, indépendamment des differentes iſſuës que la nature leur fournit, peuvent toutes ſe remarquer bien diſtinctement dans les urines.

CHAPITRE TROISIEME

DES PARTIES SOLIDES.

ARTICLE I.

LA STRUCTURE DES PARTIES SOLIDES.

190. Les parties solides ne sont que des tissus de vaisseaux composés les uns des autres par gradation.

LEs parties solides du corps animal, ne sont que des tissus de vaisseaux, composés eux-mêmes de vaisseaux, qui sont encore formés d'autres vaisseaux; ainsi de suite jusqu'aux premieres trames de nos parties. Un tronc d'artere ou de veine est composé de plusieurs tuniques ou membranes, dont on apperçoit sensiblement les vaisseaux; ces derniers sont composés aussi de tuniques faites de vaisseaux; ceux-ci sont encore formés de tuniques qui ne sont de même qu'un tissu de vaisseaux, &c. Si on suit un tronc d'artere, il conduit à diverses parties auxquelles il se distribuë. Ces parties bien examinées se trouvent uniquement formées de vaisseaux rangés, entassés, repliés, entrelacés, entortillés, & de plus petits en plus petits; de façon que dix mille de ces plus petits n'égalent la grosseur d'un cheveu. *Ruisch* cet anatomiste celebre par ses merveilleuses injections, dit qu'il s'en trouve des millions renfermés sous le volume d'un grain de senevé. De ces vaisseaux disposés par couches, ou par pelotons, sont composés les muscles, les os, les membranes, la peau, les tissus vasculaires & vesiculaires, les reservoires, les glandes, le cerveau, le foïe, & les autres parties; d'où il resulte que la tissure des parties solides, consiste en de petits filets creux, extrémement fins & imperceptibles, dont se forment des toilles, ou membranes très-déliées & roulées pour construire le premier ordre de vaisseaux composés; de ceux-ci se forment d'autres membranes, desquelles se font encore d'autres vaisseaux plus composés; ainsi de suite : de maniere que chez nous tout est membranes, tout est vaisseaux.

191. Differens genres de vaisseaux sanguins & exanguins.

De cette composition resulte non-seulement des vaisseaux de divers étages, mais aussi de divers genres, & de differens usages. Nous nous contenterons ici de les diviser en *vaisseaux sanguins*, & en *vaisseaux blancs* ou *exanguins*. Les *vaisseaux sanguins* sont ceux qui sont de calibre à pouvoir admettre des globules rouges, & qui en contiennent effectivement : ces vaisseaux sont de deux sortes, les uns reçoivent le sang du cœur, pour le porter & le distribuer à toutes les parties, ce sont ceux-là que l'on nomme *arteres sanguines*.

[2.] *Arteres & veines sanguines.*

Les autres, que l'on appelle *veines sanguines*, reprennent le sang de toutes les parties, pour le reconduire au cœur. Entre les arteres & les veines, il y a les *fibres sanguines*, ou ces petits filets rouges qui composent la chair des muscles, qui sont les organes du mouvement des parties.

(3.) *Fibres sanguines.*

Les *vaisseaux exanguins* sont ceux qui sont destinés à conduire des sucs blancs ou dépoüillés de globules rouges. Il y en a de quatre sortes; de chileux, de limphatiques, de nerveux, & de secretoires.

(4.) *Vaisseaux chileux.*

Les *vaisseaux* chileux ou *chilidoques*, sont ceux qui reçoivent le chile des intestins, & qui le conduisent de-là au haut de la poitrine, où ils le versent dans la veine *souclaviere* pour être mêlé avec le sang.

[5.] *Arteres & veines limphatiques.*

Les limphatiques reçoivent la *limphe* confonduë dans la masse du sang, qui coule dans les arteres sanguines, pour la distribuer plus particulierement & plus intimement dans la tissure des parties, & pour la reconduire de-là dans les veines sanguines. Les troncs de ceux qui rapportent cette *limphe* dans les veines sanguines, sont assez sensibles, mais on ne peut pas les observer jusqu'à leurs racines, parceque là ils deviennent imperceptibles : on ne peut donc pas voir où, ni comment ils reçoivent cette liqueur. Cependant comme ces vaisseaux limphatiques font la fonction de veines, on présume avec beaucoup de fondement, que ces veines ont des arteres qui leur répondent. L'anatomie en fournit aussi quelques preuves ; on ne peut point sçavoir, quels sont les differens étages d'arteres limphatiques qu'il peut y avoir, selon les differens étages de limphes qu'il y a entre le sang & le suc

Voiez Boerhaave de viribus medic.

nouricier.

nouricier. *Les nerfs* sont des cordons formés par un assemblage de vaisseaux extrémement fins, qui contiennent une matiere très-subtile & très-mobile, qu'ils reçoivent du cerveau, & qu'ils distribuent à toutes les parties pour leur donner la vie & le sentiment. Enfin le quatriéme & dernier genre de vaisseaux blancs, ou de vaisseaux destinés à conduire des sucs differens du sang, sont ceux qui reçoivent les *récremens* & les *excremens*, & qui les conduisent où ils doivent être déposés.

[6.] *Nerfs.*

[7.] *Vaisseaux secretoires, & excretoires.*

ARTICLE II.

LE PRINCIPE VITAL, OU LE PRINCIPE DE L'ACTION DES PARTIES SOLIDES DU CORPS ANIMÉ.

192. Ressort des parties solides.

LEs solides n'ont point en propre le principe de leur mouvement. Tout ce qu'ils ont d'actif, se réduit à une élasticité qui tend toujours à rapprocher les atômes, ou les principes qui les composent. Ils ne souffrent aucune extention subite, qui ne fasse effort pour se racourcir. Cette force élastique n'est ignorée de personne ; car qui est-ce qui n'a pas remarqué, qu'un filet nerveux qu'on allonge, n'est pas sitôt libre, qu'il se retire brusquement.

193. De ce ressort, dépendent les diverses manieres d'agir qu'on remarque dans les solides.

On doit être fort attentif à ce ressort; car c'est par lui que le jeu des vaisseaux est modifié & varié, selon qu'il est plus ou moins fort, selon qu'il a plus ou moins de trait, selon qu'il est plus ou moins excité : de même qu'un arc plus ou moins roide, plus ou moins tendu, plus ou moins grand, varie beaucoup le jet de la flêche, même indépendamment de la force plus ou moins grande de celui qui le met en mouvement. De ce ressort dépendent radicalement nos differens temperamens, & toutes les facultés particulieres des differens organes, qui servent à façonner & épurer nos liqueurs.

194. Esprits animaux.

Mais ce ressort ne peut rien seul ; il faut qu'il soit mis en jeu, il faut qu'une premiere cause agisse : car si les solides avoient par eux-mêmes, le principe d'action en quoi consiste la vie, d'eux dépenderoit la fluidité des liquides, ou du-moins la chaleur qui produit cette fluidité essentielle à la vie. Or les solides n'ont pas par eux-mêmes, une action qui puisse rassembler, & exciter assez les atômes ignés, pour entretenir cette fluidité, puisqu'il faut, comme on l'a remarqué ailleurs, que ces atômes préviennent eux-mêmes les solides, &

toute action qui en depend. Ainsi ce n°, 23.
sont au-contraire les solides qui sont d'abord mis en branle par une premiere cause ; c'est-à-dire par ce qu'il y a dans la machine, de plus susceptible d'activité & de fluidité. Cette premiere cause répanduë partout, qui subvient à tout, qu'un rien excite & met en action, embarasse extraordinairement les Phisiciens. Une matiere très-fine, connuë sous le nom d'esprits animaux, distribuée par le moien de petits filets nerveux, à toutes les parties les plus simples qui composent nos divers organes, a prévalu dans l'esprit des Medecins, pour être ce premier principe materiel de l'action des solides ; a prévalu, dis-je, sur cette tension des nerfs imaginée trop légerement par quelques Philosophes, pour expliquer, en vertu d'un simple ébranlement, semblable à celui d'une corde tenduë, cette correspondance presque momentanée & réciproque, qu'il y a entre le cerveau & toutes les parties du corps. Le trajet tortueux des nerfs dans des parties molles & flottantes, où ils sont engagés & adherens, suffit pour nous convaincre de la fausseté de cette tension, & de cet ébranlement ; mais cette matiere la plus

subtile de la masse des humeurs, que l'on y substituë, souffre encore beaucoup de difficultés. Où trouver parmi les principes qui composent la masse du sang, une matiere assez fine & assez mobile, pour communiquer, dans l'instant, au cerveau, la moindre impression qui se fait sur les parties les plus éloignées, & réciproquement pour mettre ces mêmes parties en mouvement, dans le moment même que nous le voulons ? Qui est-ce qui ne trouvera pas de la difficulté, ou plutôt de l'impossibilité à expliquer comment la barbe d'une petite plume, ou autre chose aussi délicate, peut, en touchant légerement la peau, exciter un mouvement suffisant dans cette matiere, pour occasioner un sentiment très-importun, & même insupportable pour quelques-uns ? Il faut ici une matiere extrémement remuante, dont la marche n'ait cependant rien de turbulent, rien de violent. Comment accorder tant de vîtesse avec tant de modération ? Car l'expérience nous apprend que la violence d'un choc, est proportionnée à la rapidité du corps qui en frappe un autre : il n'y a qu'une extrême subtilité qui puisse affoiblir l'effort que pourroit faire cette matiere, qui est obligée, malgré la vîtesse de son mouvement, de changer sans cesse de détermination, en parcourant des canaux tortueux & repliés en differens sens.

Plus j'examine les principes de la masse du sang, moins je les trouve capables de nous fournir une pareille matiere. Les sels n'y ont point de rapport : car il est d'expérience que plus ils sont développés & subtils, plus ils sont piquans, plus ils sont ennemis des nerfs, en un mot, plus ils sont mortels. La *n°. 114.*
terre tend trop à se fixer. L'eau est ce *n°. 62.*
que j'y apperçois de plus insinüant, mais la marche en est trop grave & trop lente. L'huile la plus affinée ne l'emporte guéres ici sur l'eau : ni l'une ni l'autre ne peuvent être remüées par la simple lumiere, même la plus *intense*; en *n°. 13. (2.)*
quoi il n'y a pas de rapport avec nos esprits animaux, puisque ceux-ci sont mis en mouvement dans les nerfs optiques, par une lumiere très-débile ; c'est-à dire par cette matiere qui est capable de causer dans nos esprits, un ébranlement suivi chez nous du sentiment de lumiere. Nous voilà obligés d'avoir recours aux Elemens actifs : l'air ne peut être notre resource, non-seulement il

s'insinüe moins facilement que l'eau, mais de plus, il devient oisif lorsqu'il
n°. 4. [2.] 41. est étroitement enfermé.

Voilà sans doute les raisons qui ont porté quelques-uns à avoir recours au feu; opinion qui a paru outrée, & peut-être extravagante. L'idée du feu vulgaire qui brûle, & qui détruit tout, s'empare de l'esprit, & elle l'indispose contre une telle hipothese : l'imagination ne peut accorder ce prétendu feu, avec cette marche paisible, qui convient aux esprits animaux. On ne pense pas que le mouvement, par lequel les atômes ignés causent tant de desordres, & même celui par lequel ils excitent simplement la moindre chaleur sensible, est pour ces atômes mêmes un état violent, un état de contrainte qui suppose dans les causes qui l'excitent, quelque chose d'excessif: en un mot on ne pense pas que rien au-contraire n'est plus regulier, & plus docile que son mouvement naturel, malgré sa vî-
n°. 17. tesse. Consultez *l'Optique*, la *Dioptrique*, & *la Catoptrique*, Ces sciences vous apprendront que, sans qu'il perde de sa vîtesse, on lui change, on lui rompt sa route, on le conduit où l'on veut, & comme on veut : non-seule-

ment un morceau de verre, mais même un peu d'eau le maîtrise, & peut changer sa détermination en mille manieres, sans que ces changemens produisent sur cette eau, aucun effet. Trouvez donc une matiere qui soit plus soumise, & qui soit en même tems aussi mobile que les atômes ignés ; car il n'en faut pas une qui soit moins remuante que ces atômes, pour pouvoir être ébranlée aussi facilement que le sont les esprits animaux, par des causes incapables d'ébranler toute autre matiere qui nous soit connuë. En attendant, nous suspendons notre jugement sur la nature de ces esprits, nous nous en tenons seulement à leur extrême mobilité, pour expliquer par leur moien, ces mouvemens organiques du corps animé.

195. Les parties sensibles, ne sont pas également susceptibles des mêmes impressions.

Ce que nous avons encore à remarquer, par rapport au principe vital, c'est que les parties sensibles ne sont pas également susceptibles des mêmes impressions. Le trémoussement de l'air qui, en frappant l'oreille, est suivi du sentiment du son, n'est point suivi du même sentiment en frappant l'œüil. On peut faire la même remarque, non-seulement par rapport aux autres organes des sens, mais encore par rapport à toutes les autres parties. L'œil ne peut supporter l'acrimonie du poivre, ni de plusieurs autres choses, dont l'estomac n'est point blessé : celui-ci au-contraire ne peut souffrir, sans se revolter, le vin émetique, qui n'incommode point l'œil. La trachée artere ne peut supporter une goute d'eau, elle qui se laisse assez volontiers moüiller par les crachats. La vessie est plus susceptible, que toute autre partie, de l'impression des cantarides. Il y a mille autres exemples de pareilles affinités, qui nous apprennent assez pourquoi la cause d'une maladie affecte une partie plutôt qu'une autre, pourquoi une humeur, un récrément ou un excrément, se sépare par un filtre, par une glande plutôt que par une autre ; pourquoi toutes les personnes ne sont pas également affectés par les mêmes odeurs, par les mêmes saveurs, &c. pourquoi tous ne sont pas également susceptibles de la cause d'une maladie, qui regne en certains tems dans certains lieux ; pourquoi il peut y avoir tant de remedes spécifiques, capables d'agir sur certaines parties, plutôt que sur d'autres, d'exciter l'action d'un secretoire, plutôt que d'un autre, &c.

ARTICLE III.

L'ACTION DES SOLIDES.

I. Parties organiques.
II. Circulation du sang.
III. Agitation des liquides par les solides.
IV. Nutrition des parties.

I.

NOus remarquons que dans les parties qui agissent, du-moins dans celles dont la structure nous est sensible, plusieurs genres de parties doivent s'y trouver pour concourir à leur action. Il s'y trouve des nerfs qui y conduisent & distribuënt des esprits animaux; des arteres qui y conduisent du sang; des fibres qui reçoivent ce sang, & des veines qui le reprennent pour le reporter au cœur. Les nerfs s'y distribuent en petits filets extrémement fins, entrelacés avec les fibres. Le moindre surcroît d'esprits animaux, qui puisse arriver dans les filets nerveux, les gonfle & les racourcit, du-moins un peu; & c'en est assez pour gêner ou brider

196. Parties organiques.

les fibres aux endroits, où ils leur sont le plus étroitement unis. Le calibre de ces fibres rétréci dans ces endroits, par ce resserrement, refuse dans ce moment, le passage aux globules du sang

[2.] *L'action d'une partie organique simple, consiste dans l'accourcissement de cette partie.*

que les arteres y ont apporté, & qu'elles continüent dans ce même tems d'y apporter : ces fibres, tant par ce rétrécissement qui les retire, que par le retardement du sang qui les gonfle par endroits, s'accourcissent, & cet accourcissement cause celui de toute la partie.

197. L'action organique est de deux sortes, volontaire & naturelle ou purement machinale.

Cette action est ou volontaire, comme le mouvement des bras, des jambes, &c. ou naturelle & involontaire, comme le mouvement du cœur, le battement du pouls, en un mot toutes celles qui se font également, soit que nous dormions, soit que nous veillions. Dans les actions volontaires, un acte de la volonté suffit, pour determiner les esprits animaux à se porter dans les nerfs de la partie qu'on veut mouvoir ; mais pour les actions naturelles, elles sont purement machinales ; tout s'y fait par un simple concours de causes phisiques ; c'est toujours par un choc que commence l'action : de même que nous voions continuellement dans l'univers, qu'un corps n'entre en mouvement que parcequ'il est heurté ou poussé par une autre, de même aucune de nos parties organiques destinées pour les actions naturelles, (telles sont le cœur, les arteres, les veines, les glandes, l'estomac, les intestins, &c.) n'entre point en action, qu'elle ne soit prévenuë par quelque choc, qui ébranle les esprits animaux, qui les détermine à couler dans les nerfs de cette partie. C'est dans ces actions naturelles, que consiste la vie ou l'œconomie animale.

[2.] *La vie ou l'œconomie animale dépend des actions naturelles.*

II.

192. Circulation du sang.

La circulation du sang qui donne le branle à presque toutes les actions naturelles, le reçoit elle-même, comme nous l'avons vû, de l'air qui des poûmons pousse puissamment le sang vers le cœur. Ce sang, en arrivant brusquement dans l'oreillette de ce viscere, heurte contre cette partie; choc qui ébranle les esprits animaux, qui en détermine l'affluence dans les nerfs de cette oreillette, qui y cause sur le champ l'accourcissement de ses fibres; cet accourcissement rétrécit la cavité dans laquelle ce sang est entré; celui-ci expulsé avec

n°. 50. 51.

force par ce resserrement, est jetté delà dans le ventricule du cœur, où il cause encore en arrivant, une secousse qui détermine de même ici l'affluence des esprits ; ces esprits causent pareillement un resserrement qui chasse de même ce sang, & qui le pousse de-là dans l'artere, contre laquelle il heurte aussi. Ces mêmes esprits ébranlés par le coup, coulent vers cette artere, leur arrivée est aussitôt suivie d'un resserrement en cet endroit, qui pousse le sang plus loin, ce qui occasione encore là un pareil effet, & toujours de même. Le sang dont le mouvement est renouvellé par l'air, chaque fois que la circulation recommence son tour, n'a pas plutôt frappé contre quelque portion du vaisseau où il est envoié, que le coup lui est rendu sur le champ par cette partie même : ainsi successivement la communication du mouvement s'entretient dans tout le trajet de la circulation ; ainsi continuellement & partout, c'est choc pour choc, c'est action & réaction ; mais c'est toujours la partie que le sang met en action à chaque pas, qui doit, l'emporter sur le liquide, & qui l'emporte en effet. Les parois des vaisseaux sont des parties composées de toutes

(2.) *Pourquoi les solides l'em-*

celles qui sont nécessaires pour être parfaitement organiques, & capables d'avoir beaucoup de force ; mais il faut remarquer que cette force n'a lieu, que lorsque la partie est en action ; hors de-là, il ne reste à toute partie organique, que cette force élastique dont nous avons parlé, qui tend continuellement à resserrer les parties, & qui resiste tant qu'elle peut, à tout ce qui fait effort pour l'étendre. Le sang poussé avec force dans un vaisseau, en un endroit où ce vaisseau n'est point en action, peut à la verité vaincre ce ressort, & dilater beaucoup le vaisseau en cet endroit ; mais la partie qui se trouve ici dans un état violent, fait un effort d'autant plus grand pour repousser ce sang, que l'abord de celui-ci a été brusque, & qu'il a causé une grande distention à ce vaisseau. Le sang, après avoir frappé son coup, se ralentit ; le ressort du vaisseau qui est tendu, profite de ce moment pour retomber sur ce liquide, & pour l'oliger d'avancer plus loin, où ce sang trouvera de même un ressort égal, & dont la résistance contrebalancera à peu près l'effort du premier. Ce dernier qui ne pourroit être que très-peu forcé par l'arrivée de ce liquide, ne retomberoit sur ce mê-

portent sur les liquides.

[3.] *Le ressort des solides peut contrebalancer la force des liquides, mais il n'est pas suffisant pour les entretenir en mouvement.*

me liquide qu'à proportion, c'est-à-dire très-peu. Ainsi peu-à-peu cette action réciproque s'affoibliroit, & se trouveroit enfin anéantie de part & d'autre; bientôt les choses parviendroient à un équilibre parfait, le mouvement du liquide cesseroit, si l'action organique du vaisseau ne se mettoit chaque fois de la partie. Cette action à la verité n'est que passagere ou *momentanée*; mais dans le moment qu'elle a lieu, elle double au-moins la force du vaisseau, à l'endroit d'où le liquide est chassé. La résistance que peut faire à ce liquide, le simple ressort de la partie du vaisseau où il est envoié, ne peut contrebalancer la force avec laquelle ce liquide est poussé; ainsi toujours l'équilibre est rompu, toujours la partie du vaisseau qui est en action, l'emporte & sur ce liquide, & sur le ressort de la partie voisine de ce même vaisseau, vers laquelle le liquide est chassé, & qui ne se mettra en action qu'après le choc. Le sang repoussé par l'action organique d'une partie d'artere, ne peut plus remonter dans cette artere, vers l'endroit d'où il est venu; d'autre

(4.) *Précis de la circulation.* sang le suit qui l'oblige d'aller en avant, ainsi toujours le sang est assujetti à un mouvement progressif & circulaire.

Continuellement poussé des *poûmons vers l'oreillette du ventricule gauche du cœur ; de cette oreillette, dans le ventricule gauche même ; de ce ventricule, dans les arteres ; des arteres, dans les fibres ; des fibres, dans les veines ; des veines, dans l'oreillette du ventricule droit du cœur ; de cette oreillette, dans le ventricule droit même ; de ce ventricule, dans l'artere qui le conduit, & qui le distribue dans les poûmons, d'où l'air le chasse pour lui faire recommencer toujours la même route* : de façon que tout le jeu vital de notre machine, est continuellement entretenu par l'air, comme les mouvemens d'un moulin qui dépendent du vent.

(2.) *Usage de la circulation.*

L'usage de la circulation est de distribuer à toutes les parties, les sucs dont elles ont besoin; d'entretenir dans les fibres, ou dans les muscles des parties organiques, un liquide continuellement en mouvement, pour mettre ses parties en état de satisfaire à chaque instant, aux actions & aux usages à quoi elles sont destinées ; de conduire tous les sucs récrémenteux & excrémenteux, sur les filtres qui doivent les séparer ; de répandre dans toute la masse des humeurs, les sucs nouveaux qui viennent réparer continuellement les pertes qu'elle fait ; enfin de faire passer les humeurs par les divers laboratoires où elles doivent être façonnées ou perfectionnées.

199. Vîtesse de la circulation. On s'est fort tourmenté pour découvrir à peu près la vîtesse de la circulation ; mais on n'a pu encore fournir sur ce sujet, que des conjectures si vagues, qu'elles ont induit les uns à croire, que le sang circule trois fois en une même heure, & les autres à penser qu'en une heure il circule 24 fois. Outre que le fondement sur lequel les uns & les autres s'appuïent, ne peut conduire à rien de précis, ces Auteurs ne comptent d'ailleurs que sur la masse du sang contenuë dans les vaisseaux sanguins, & ils négligent les autres humeurs qui viennent sans cesse se rendre à cette masse pour circuler avec elle. De plus on ne peut pas dire, en se reglant comme ils font, sur la quantité de liquide qu'ils croient qui peut passer par le cœur en une heure, combien cette masse circule de fois dans cet espace de tems ; car le sang ne va pas également vîte dans toutes les parties, & ne parcourt pas toujours un chemin également long. Le sang qui circule dans le voisinage du cœur, a bien moins de trajet à faire,

que celui qui va jusqu'à l'extrémité des membres : celui-la doit achever son tour bien plutôt que ce dernier. De plus c'est que la vitesse de la circulation n'est pas à beaucoup près, toujours la même dans une même personne ; il y a à cet égard une varieté étonnante, même sans aucune cause sensible. Il n'y a pas longtems qu'en passant le doigt sur une veine bien apparente, du bras d'une Dame d'environ 60 ans en bonne santé, le vaisseau pendant un tems bien remarquable, se tint vide depuis le poignet jusqu'au coude, c'est-à-dire, dans toute l'étenduë du vaisseau que mon doigt avoit parcouru en appuiant assez pour en chasser le sang : celui qui vint reprendre la place, marchoit avec une extrême lenteur. Quelques jours après, dans un tems où cette Dame étoit fort tranquille, je fis la même expérience pour voir si cette lenteur de circulation lui étoit ordinaire ; j'y trouvai une difference entiere, car jamais je ne pus rompre le fil de la circulation en passant mon doigt avec toute la vîtesse possible sur la même veine : son pouls n'étoit cependant pas beaucoup plus promt que dans le cas précédent ; c'étoit de la mobilité du sang que dépendoit cette difference. Les Chirurgiens ont souvent lieu, quand ils saignent, de faire cette même remarque. On peut juger delà que la santé ne dépend pas absolument du plus ou moins de vitesse de la circulation ; mais plutôt, comme nous le remarquerons, de l'état du pouls, c'est à-dire de la maniere ou de la force, dont les arteres frappent & tourmentent nos humeurs.

Cependant il faut convenir qu'on ne parvient pas, pour l'ordinaire, à rompre le fil de la circulation en passant promptement le doigt sur une veine ; ainsi on peut conclure en général, que la circulation est très-rapide : il y a d'ailleurs bien d'autres expériences qui le prouvent. Mais on ne peut éviter d'en excepter la marche du sang dans la veine porte ; car tout concourt à ralentir la circulation dans cette veine.

(1.) *Le sang circule très-lentement dans la veine porte.*

10. Il faut que le sang y parcoure trois plans de veines, avant que d'arriver au tronc de la veine cave, qui sont, pour nous exprimer comme M. Winslow, la veine porte ventrale ou inferieure, la veine porte hepatique ou superieure, & la veine cave hepatique. Les veines en général, sont des vaisseaux sans action ou presque sans action : cette suite de veines

que le sang a ici à parcourir, le retient donc, pendant un long trajet, dans des vaisseaux qui doivent beaucoup laisser ralentir son mouvement.

2°. Ces veines sont destituées de ces valvules qui, dans les autres veines, aident beaucoup à la circulation.

3°. La plus grande partie de ce trajet, se fait dans des parties molles & flottantes, incapables de cette grande compression qui accelere la circulation du sang dans les veines, par exemple, celles qui sont placées entre de gros muscles. Il est vrai que le sang qui circule dans la poitrine, dans le cerveau, paroît se trouver dans le même cas, ce qui n'est pas cependant, car le sang qui circule dans les poûmons est acceleré par l'air qu'on respire. Dans le cerveau il y a, pour le retour du sang dans les veines, une pente qui ne facilite que trop ce retour, puisque la nature y a mis des brides pour faire obstacle à sa rapidité. Mais ici, pour faire avancer le sang de veine en veine, il n'y a que l'action irreguliere des muscles de l'abdomen; encore est-ce un foible secours que leur compression : car faute de valvules dans ces veines, il faut la regarder comme une compression laterale, qui n'oblige presque pas plus le sang d'avancer que de reculer.

4°. Le sang, qui va du tronc de la veine porte superieure dans ses branches, tient une route opposée à celui qui coule dans les autres veines, où il va des branches dans le tronc, c'est-à-dire d'un chemin étroit dans un plus large; au-contraire ici d'un endroit plus large, il passe dans une infinité de petits tuiaux, où au-lieu d'action comme dans les capillaires arteriels, ce sont des frottemens multipliés, qui ne peuvent que ralentir beaucoup son mouvement.

5°. Ce qui est encore plus contre l'ordinaire, c'est qu'ici le sang est conduit de veines en veines, dans un viscere des plus considérables, dans un viscere glanduleux qui n'est, pour ainsi dire, formé que de vaisseaux veineux mille & mille fois repliés & entrelassés, qu'il lui faut parcourir.

6°. Non-seulement ce sang n'est pas conduit par des arteres, dans toutes ces tortuosités; mais quel sang est-ce qui a ici de telles routes à parcourir? Un sang dont les globules se sont dilatés & évasés par leur propre ressort, & défaits en partie par un frottement continuel, tant entr'eux que contre les parois des vaisseaux ; un sang par-conséquent grossier, lié, embarrassant, lent, & très-peu coulant.

7°. La lenteur de la circulation du sang dans ces veines, & le peu de rapport & de liaison de cette même circulation avec le courant de la circulation générale, ne sont que trop sensibles dans les affections *hémorroïdales* & *uterines*. Car des incommodités & des maladies fort rebelles, cedent sur le champ à une petite évacuation de sang par la veine *hémorroïdale* qui dépend de la veineporte, où par les arteres *uterines* qui communiquent avec cette même veine ; tandis que beaucoup de saignées faites pour ces maladies à d'autres vaisseaux, n'y apportent que très-peu de soulagement ; effets qui prouvent à n'en pas douter, que ces deux circulations n'ont presque rien de commun.

8°. Ces grandes dilatations variqueuses, auxquelles les branches de la veine porte sont si sujettes, sont encore une preuve de la difficulté extrême qu'a le sang à parcourir ces vaisseaux.

Toutes ces preuves du retardement du sang dans les veines portes, & leurs dépendances, nous doivent faire regarder ces veines, plutôt comme un lac, que comme un courant, & même comme une suite de lacs dans lesquels le sang reside successivement, & d'où il ne se retire qu'avec une lenteur extrême; tandis que celui qui coule des arteres dans des veines qui vont immédiatement au cœur, marche avec rapidité. Ces deux differentes circulations reconnuës, facilitent l'explication de plusieurs phénomenes *pathologiques* fort embarrassans.

III.

100. Agitation des liquides par les solides.

Un autre effet du jeu des vaisseaux encore aussi important que la circulation, est l'agitation dans laquelle elle tient continuellement les molécules des humeurs. De-là dépendent la chaleur naturelle, la fluidité, les diverses préparations, le perfectionement, les secretions des humeurs, la force & l'agilité des parties organiques.

[2.] *Sistole & Diastole.*

Nous avons remarqué que l'action des vaisseaux, consiste alternativement dans une contraction ou *Sistole*, & dans une dilatation ou *Diastole*. De l'une & de l'autre resulte ce battement qu'on remarque fort sensiblement, lorsqu'on pose les doigts sur une artere un peu considérable ; c'est ce battement qu'on appelle le pouls. Les liquides sont continuellement frappés & tourmentés par ce mouvement : cette collision se communique à toutes les molécules du liquide, car en les poussant brusquement les unes contre les autres, elle les oblige de s'entre-heurter. De ces chocs résultent les changemens que nous avons remarqué qui arrivent aux huiles & aux sels. De-là vient le partage de divers humeurs qui composent la masse du sang. De-là encore vient leur agilité, leur chaleur, leur raréfaction. La perfection des unes, la destruction des autres, la formation, la composition, la rougeur, la décomposition, & la défaite des globules, le dessalement, la compaction, la fixation & même l'endurcissement des sucs albumineux, la volatilisation, l'activité, l'acrimonie, la couleur vive & foncée de l'humeur bilieuse, l'affinement, la dépuration de l'humeur mélancolique, le délaiement, la lotion & l'entraînement par l'humeur pituiteuse, de ce qui tombe en dechet. L'élaboration, la coction qui donnent aux récrémens & aux excrémens, ce degré d'affinité avec leurs secretoires propres, ou qui les rend

(1.) *Le pouls.*

n°. 92. 123.

n°. 189.

n°. 23. [2.] 26. 49. *Art. 11. du 2. chap.*

n°. 157. 158. 159. 160. 173.

n°. 173. 179. 181. *Art. 5. du 2. chap.*

Art. 6.

Art. 7.

[2.] *Secretions.*

n°. 195.

compatibles avec ces organes, & les met en état de les exciter par leur action à s'en saisir; enfin la force & l'agilité des parties organiques; car c'est de la perfection des humeurs, mais principalement du sang que dépend cette force: c'est une verité dont tout le monde est frappé. Qui est ce qui n'a pas apperçu que plus cette partie rouge est détrempée ou noiée de sérosité, plus l'action des muscles est débile? La remarque en est trop aisée à faire dans les *phlegmatiques*, dans les filles qui ont les pâles couleurs, dans les maladies croniques, où le sang est fort dissout, dans ceux où une fiévre un peu considérable, a détruit une grande partie du sang, dans ceux qui ont supporté une grande hemorragie ou plusieurs saignées. La masse du sang excessivement détrempée, n'a point assez de corps; elle est trop coulante; elle glisse trop facilement dans les fibres musculeuses; elle s'en échappe au moindre effort qu'il faut faire pour enfler & accourcir ces fibres. Ainsi les parties musculeuses formées de ces fibres, se relâchent & cedent trop promptement; leur effort n'est ni assez intense, ni assez durable pour agir, & pour tenir vigoureusement

[3.] *Force des parties organiques.*

ment contre ce qu'ils ont à vaincre. Non-seulement la force dépend d'une quantité de sang requise, mais elle demande encore que cette humeur soit perfectionnée, du-moins jusqu'à un certain degré de coction, capable d'affermir & de durcir en quelque sorte, la substance dont cette humeur est formée; car ce sang qui est encore trop crud, & dont les globules sont trop mollasses, ne donne que très-peu de vigueur; elle devient au-contraire fort considérable, lorsque la chaleur est assez forte pour donner beaucoup de fermeté aux sucs albumineux. C'est delà que vient en partie, cette force extraordinaire dans ces délires fougueux qui arrivent dans les grandes fiévres. Il est vrai que cette force étonnante, dépend aussi beaucoup du mouvement excessif qui est répandu alors dans la machine, & de la grande raréfaction des humeurs, qui contribuë à la distention des fibres; aussi cette force tombe-t'elle dès que la fiévre vient à se calmer. On ne doit donc pas beaucoup avoir égard aux causes de cette force extraordinaire & passagere, lorsqu'il est question de découvrir celles de la force habituelle.

L'agilité des parties organiques dé- [4.]

Agilité des

parties organiques. pend entierement de la mobilité des humeurs : la fermeté, l'élasticité, & la regularité des globules du sang, & l'activité de l'humeur bilieuse, sont les dispositions qui contribuënt le plus à cette mobilité. L'activité de l'humeur bilieuse y contribuë, non-seulement en ce qu'elle rend cette humeur fort susceptible de mouvement, mais encore parcequ'elle empêche les adherences & les concrétions qui pouvoient rendre les molécules des humeurs trop liées, trop lentes & trop embarassantes.

201. L'élaboration des humeurs, se fait principalement dans les capillaires arteriels.

Il y a tout lieu de croire que c'est dans les capillaires arteriels, que les humeurs sont le plus travaillées: chacune de leurs particules y est plus immédiatement exposée à l'action des parois des vaisseaux; car les circonférences des vaisseaux & des colonnes de liquides qui parcourent ces vaisseaux, augmentent à mesure que les vaisseaux se partagent. Par exemple, convenons que l'artere mésentrique se divise, comme on le dit, en 37418 ramifications; quand même ces ramifications ne seroient toutes ensemble que seulement égales au tronc, la somme totale des circonférences de toutes ces ramifications, surpassera près de 200 fois la circonférence du tronc. La colonne du liquide, qui passe dans ce tronc, & qui se partage dans toutes ces ramifications, se trouvera divisée aussi en 37418 petites colonnes, qui toutes ensemble, seront dans leur grosseur, égales à celle du tronc; mais la somme totale de leurs circonférences, surpassera autant la circonférence de cette colonne du tronc, que la circonference totale des ramifications de l'artere, surpasse celle de ce même tronc: c'est-à-dire près de 200 fois, ou pour parler en rigueur 193 fois, & quelque chose de plus. Delà suit qu'ici dans les rameaux, un liquide égal en quantité à celui qui est dans le tronc, est touché & frappé immédiatement par les parois des vaisseaux en plus de 193 endroits que dans le tronc; ainsi un bien plus grand nombre de molécules du liquide, sera exposé à l'action immédiate de ces parois. On verroit encore tout autre chose, si on pouvoit suivre ces divisions & sousdivisions jusqu'où elles vont; on trouveroit indubitablement que dans les petits tuiaux, chaque molécule un peu grosse, est, pour ainsi dire, exposée dans toute sa circonférence, à l'action immédiate du vaisseau. Car il y a cette difference à ob- [2.] *Les parois des arteres sont des agens qui augmentent extensivement à proportion que ces vaisseaux se sousdivisent.* servent entre les arteres dont les parois agissent beaucoup, & les tuiaux dont les parois sont sans action, que plus ceux-ci se divisent, plus le liquide s'y trouve exposé à des frottemens capables de ralentir sa course; au-lieu que les parois des arteres sont des agens qui augmentent du-moins extensivement, à mesure que ces arteres se divisent & se sousdivisent. On est donc bien fondé à croire que les capillaires arteriels sont les principaux laboratoires, où nos humeurs sont plus travaillées.

IV.

202. Nutrition.

[2] *L'impletion & l'impinguation different de la nutrition proprement dite.*

La nutrition est tout ensemble un effet de la circulation & de l'élaboration des humeurs. Le terme de *nutrition* est fort équivoque; on le prend souvent pour l'entretien de l'embonpoint, c'est-à-dire pour le renflement ou *l'impletion* des vaisseaux, & même pour *l'impinguation* ou engraissement: c'est en ce sens que l'on dit qu'un homme est bien nourri, quand il est gras, ou quand il a beaucoup de corpulence: c'est presque toujours dans le même sens aussi, qu'on dit qu'un aliment est plus ou moins nourrissant, parce qu'il est rempsi de sucs propres à refournir nos vaisseaux de ceux qu'ils perdent. D'autrefois par la nutrition on entend la réparation des pertes que les solides font de leur propre substance, ou l'augmentation de cette substance pour l'accroissement de ces mêmes solides. C'est dans ces deux derniers cas, que le terme de nutrition est emploié en rigueur, & selon sa véritable signification. Cette double signification, qu'on vient de remarquer, a occasioné plusieurs faux raisonnemens sur la nature du suc nouricier. Le sang, dit-on, ne fournit point la matiere du suc nouricier, parceque ceux qui meurent de faim, se trouvent encore assez fournis de sang. Il y a bien de la difference entre mourir d'inanition, & mourir faute de nutrition; car je crois que ce dernier cas n'a jamais lieu. Quelques jours peuvent suffire, faute d'alimens, pour mettre nos liqueurs hors d'état de contribuer pour leur part, aux actions nécessaires à la vie: mais la substance de nos parties est trop durable, pour être exposée en si peu de tems, à un détriment mortel. D'ailleurs la réparation dont elle pourroit avoir besoin en si peu de jours, exigeroit si peu de chose, que ce ne peut jamais être par le défaut de suc nouricier proprement dit, que l'on perit par amaigrissement, ou faute d'alimens; c'estpourquoi on ne doit pas beaucoup s'occuper de cette nutrition, mais seulement de la quantité & des dispositions des humeurs requises pour l'entretien des actions nécessaires à la vie.

[3.] *La nutrition & l'accroissement, se font par une addition de matiere qui devient propre aux solides.*

La réparation des solides a paru un si petit objet à quelques-uns, qu'ils ont refusé de reconnoître non-seulement la nutrition, mais encore l'accroissement des solides par adjection de substance. L'accroissement, selon eux, n'est qu'une amplification, ou qu'un déploiement des tuiaux entretenus pleins par des liquides qui les étendent, & qui les dilatent peu-à-peu jusqu'à certaines bornes. Ils alleguent, pour exemple, ces extentions qui arrivent aux mammelles, & à la matrice des femmes grosses, & dont le volume revient à son premier état, lorsque les sucs en sont retirés. Pour détruire cette opinion, il suffit de remarquer qu'il reste beaucoup plus de matiere dans les grands os déseichés & dépoüillés de leurs sucs, que dans les petits pareillement desseichés; c'est-à-dire, dans ceux d'un adulte que dans ceux d'un enfant.

[4.] *La nutrition ne se fait que dans les plus petits vaisseaux.*

Il paroît évident que la nutrition & l'accroissement ne peuvent avoir lieu que dans les plus petits vaisseaux, je veux dire dans ceux qui composent les premieres trames dont tous les autres vaisseaux sont formés. Ces plus petits vaisseaux composent d'abord une toile très-mince; cette toile sert de tunique aux petits vaisseaux qui commencent à devenir composés. De ces premiers vaisseaux composés, se forme une toile plus grosse, qui sert de tunique à d'autres vaisseaux moins petits, & qui commencent à être composés de vaisseaux composés; ainsi, comme nous l'avons déja dit, par gradation se forment des vaisseaux de plus gros en plus gros, & de plus composés en plus composés, la tissure des plus gros commençant toujours par les plus petits. Ceux-ci ne peuvent croître & se nourrir, que de suc nouricier qui coule dans leur propre cavité: car le suc nouricier, qui couleroit dans les canaux composés, ne pourroit pas nourrir ceux qui les composent, parceque ce suc nourricier ne pourroit les toucher ni s'y appliquer, que par le côté qui se trouve au-dedans de ces canaux qui en sont formés. Il faut donc convenir que les parois de ces petits tuiaux ne peuvent se nourrir, s'accroître également partout, c'est-à-dire dans toute leur circonférence, que par un suc qui se trouve au-dedans d'eux mêmes, où il est à portée de pouvoir de tous côtés, se saisir de petits vides qui peuvent arriver à ce parois; soit que ces petits vides soient occasionés, par l'extention de ces parois, comme dans l'accroissement; soit qu'ils soient causés par la perte de substance qui peut laisser des brêches aux petits tuiaux. Il suit delà encore que la nutrition & l'accroissement n'ont point lieu dans les vaisseaux composés; car ces plus petits vaisseaux ne sçauroient croître, que les tuniques qu'ils composent, n'augmentent aussi: ces tuniques ne peuvent augmenter & s'étendre, qu'elles ne rendent plus grands les vaisseaux qu'elles composent: ainsi de suite jusqu'aux plus gros vaisseaux, & par-consequent toutes les parties, puisque toutes les parties ne sont que tuiaux, qui dans les premiers tems de la formation paroissent tous de même genre: car dans la génération du fœtus toutes les parties naissent peu à peu d'une espece de ver, qui par la suite se trouve être la moëlle allongée: ainsi c'est de cette partie que sortent toutes les autres. Pendant un tems la ſubſtance de toutes les parties de l'embrion, reſſemble par ſa couleur à une ſubſtance nerveuſe, molle, & encore un peu glaireuſe comme du blanc d'œuf épaiſſi. Ce n'eſt qu'avec le tems que ces parties ſe trouvent, par rapport à leur conſiſtence, de differens genres, les unes dures, les autres molles; encore celles-ci reſtent-elles toujours de nature à pouvoir devenir dures, puiſqu'il y en a qui s'oſſifient quelquefois, d'où l'on peut juger que le ſuc nouricier des unes & des autres, doit être à peu près de même nature.

Ceci donne lieu à une remarque capable de revolter un peu l'imagination, ſur cette *tenuité* ou fineſſe preſqu'inconcevable des molécules du ſuc nouricier, eu égard ſurtout à la matiere groſſiere dont il eſt formé, puiſque c'eſt un compoſé des plus terreſtres. Il faut cependant qu'il ſoit non ſeulement aſſez diviſé pour parcourir ces plus petits vaiſſeaux, & pour y flotter même dans le véhicule qui l'y conduit, il faut encore que ſes molécules ſoient proportionnées aux petites breches qui ſe font à ces tuiaux, pour la réparation deſquelles il eſt deſtiné. Mais de quel-

(5.) *Les molécules du ſuc nouricier, ſont extrêmement petites.*

le grandeur peuvent être ces breches qui arrivent aux parois de pareils vaisseaux. Peut-on imaginer rien de si petit, puisqu'on ne peut déja se représenter rien de plus étroit que ces vais-
n°. 190. seaux eux-mêmes ? Voilà cependant des molécules qui s'y promenent, toutes composées qu'elles sont, & qui y admettent avec elles d'autre matiere pour leur servir de véhicule : car elles sont d'une substance qui, par elle-même, n'est pas capable de fluidité ; l'eau y doit être encore leur véhicule ; mais l'eau elle-même tient sa fluidité des atô-
n°. 54. mes du feu. Il faut donc, malgré que l'on en ait, admettre dans ces vaisseaux, quelques étroits qu'ils soient, un liquide fort composé. Il faut de plus que ce liquide soit extrémement mobile : car ces tuiaux étant les plus simples parties du corps, ils ne peuvent être organiques. Le mouvement progressif du liquide n'y dépend point de l'action de leur parois ; une simple impulsion doit donc l'ébranler, & lui faire parcourir ces tuiaux d'un bout à l'autre, malgré les frottemens extraordinaires que doivent causer des conduits si étroits. Voilà un cas tout pareil à celui que nous
n°. 194. avons remarqué à l'égard des esprits

animaux, ou plutôt n'eſt-ce poin[illegible] même qui ſe trouve ici ? car encore faut-il que les conduits que parcourent ces eſprits animaux, aient auſſi leur ſuc nouricier qui les parcourt interieurement, auſſi-bien que les eſprits animaux : il s'y trouve donc confondu avec ceux-ci, quels qu'ils puiſſent être. Ainſi ils ne doivent former tous enſemble qu'une même maſſe, qu'un même liquide. Ces eſprits ne ſont donc pas ſi ſimples qu'on pourroit le croire ? Il y a encore ici une choſe à laquelle il faut faire attention : c'eſt que les premieres trames de nos parties, & par-conſequent toutes leurs ſubſtances, paroiſſent n'être qu'un tiſſu de filets nerveux. La couleur de ſes parties, lorſqu'elles ſont deſtituées de leurs ſucs, le principe d'où elles tirent leur origine lors de leur formation, qui comme nous l'avons remarqué, eſt le même que celui des nerfs, la ſenſibilité répanduë univerſellement, & en plein dans toutes celles qui ne ſe ſont point endurcies, déterminent beaucoup à croire que nos parties, du-moins dans leur origine, ne ſe ſont point trouvées de pluſieurs ſortes, quant à leur ſubſtance ; & que d'abord la même matiere qui ſert à nou-

(6.) *Le ſuc nourricier paroît confondu avec les eſprits animaux, & faire partie du fluide qu'ils composent.*

(7.) *Comment le fetus eſt nourri.*

les nerfs dans la mere, va aussi pour nourrir les parties du fœtus, jusqu'à ce que les organes capables de produire un pareil suc, soient formés. Il suit de cette remarque, que les esprits animaux ne seroient que le suc nouricier avec son véhicule suffisamment rempli d'atômes ignés, pour lui donner cette fluidité & cette grande mobilité si nécessaire à ce liquide, soit qu'on le regarde comme esprit animal, ou comme suc nouricier simplement; car dans l'un & dans l'autre cas, ces dispositions doivent se trouver à-peu-près les mêmes.

ARTICLE IV.

LES TEMPERAMENS.

203. La diversité dans l'action des solides, diversifie les dispositions du corps & de l'esprit.

L'Action des solides sur les liquides, n'est pas la même dans tous les hommes: on peut en juger par le pouls qui est different dans les uns & dans les autres. Cette varieté du jeu des vaisseaux, qui se remarque par le pouls, doit mettre de la diversité dans les humeurs; de-là viennent les divers *temperamens* ou *complexions* permanentes, qui mettent tant de difference entre les hommes, soit par rapport aux dispositions du corps, soit par rapport aux caracteres de l'esprit. Les Anciens ont fait à cet égard, d'excellentes observations, qui sont capables de mettre au fait des differens effets que produisent en nous les differentes qualités du pouls, ou les differentes manieres dont les arteres agissent sur la masse des humeurs. Cependant c'étoit à l'humeur qui dominoit dans chaque complexion, que les Anciens attribüoient le temperament de chaque particulier : c'est-pourquoi ils ont, conformément aux quatre premieres humeurs, réduit les temperamens à quatre : sçavoir le sanguin, le bilieux, le mélancolique & le pituiteux : mais ils ont observé ce qui suit. 204. Les quatre temperamens des Anciens.

Que les principaux caracteres qui constitüent le *temperament sanguin*, sont un pouls grand, souple, médiocrement fort & fréquent ; le corps charnu, ferme & vigoureux ; les veines amples, tenduës & bleuâtres, la peau souple & unie ; une couleur vermeille, une chaleur douce ; beaucoup de gaieté & d'attachement aux plaisirs ; l'imagination feconde, la conception aisée, la memoire un peu bornee, les manieres très-sociables ; une tendance à la fiévre [2.] *Temperament sanguin.*

sinoque, aux maladies inflammatoires, aux hemorragies, aux lassitudes, à la *plethore*, aux ruptures de vaisseaux, aux apoplexies, &c.

(3.) *Temperament bilieux.* Que ceux d'un *temperament bilieux* ont le pouls grand, vigoureux, brusque & fréquent; les veines fort grosses & apparentes; le corps maigre, la peau ardente, seiche, âpre & jaûnastre; le sang boüillant & d'un rouge clair; les urines fort colorées, enflammées, & peu chargées; les matieres fecales fort fœtides & jaûnes, le ventre libre, la salive souvent un peu amere, le sommeil leger; beaucoup de soif & de peine à soutenir le jeûne; les sensations vives, une vieillesse prématurée, une grande précipitation dans leurs actions; une conception & une imagination vives, le jugement peu solide; beaucoup d'inconstance, de legereté & d'emportement dans les mœurs; beaucoup de disposition aux fiévres ardentes, aux inflammations erisipellateuses, aux éruptions inflammatoires cutanées; à des vomissemens & à des flux bilieux. Que les choses rafraîchissantes & humectantes leur sont avantageuses, & les choses acres, échauffantes & déssechantes fort nuisibles.

Que ceux qui sont d'un temperament mélancolique ont les vaisseaux rigides, denses & serrés; le pouls dur, petit & lent, le corps maigre, la couleur de la peau terne & brune, les humeurs grossieres, ténaces & acides; peu de soif; tantôt peu d'appetit, tantôt beaucoup; les urines quelquefois claires, quelquefois fort chargées; le ventre paresseux, les sensations peu vives; l'esprit soucieux, & l'aspect hagard; la conception tardive; l'imagination ingrate, la mémoire fidele; le jugement solide. Que ceux de ce temperament sont ingenieux, constans, opiniâtres, songeurs, inquiets, craintifs, taciturnes, tristes, tardifs à se déterminer, & à agir; sujets à la fievre quarte, aux affections *hemorroidales* & *hipochondriaques*, aux gonflemens de rate, d'estomac & des intestins, aux rapports vaigres, aux maladies *psoriques*, aux varices, au scorbut, à un crachottement continuel, &c. Que les choses relachantes, émolientes, humectantes & dissolventes leur sont utiles, & que celles qui ont de l'acidité ou de l'acrimonie, ou bien qui sont échauffantes, terrestres leur sont contraires. [4.] *Temperament mélancolique.*

Que ceux qui sont d'un tempera- [5.] *Temperament*

Pituiteux. ment pituiteux ou phlegmatique, ont le pouls petit, tardif & mou; les vaisseaux sanguins petits, les autres amples, relachés; beaucoup de corpulence; les chairs & la peau molles, le teint pâle, les humeurs cruës, les urines blanches, les matieres fecales peu teintes, & peu fœtides, la conception aisée, l'imagination assez feconde, mais peu relevée, la mémoire infidelle, le genie fort borné, les sensations peu délicates. Que ceux de ce temperament sont lourds, paresseux, stupides, grands dormeurs; qu'ils sont sujets aux maladies *catharrales*, à la bouffissure, aux *hidropisies*, à la *cachexie glutineuse*, à la *lethargie*, à la *paralisie*, aux *œdemes*, &c. Que les choses déssechantes, échauffantes & fortifiantes leur sont utiles, & les rafraichissantes & humectantes nuisibles.

205. *Si les temperamens dépendent des solides.* Avant que d'expliquer les phénomenes qui caracterisent en particulier ces temperamens, il faut; pour ne pas prendre ici, comme ont fait les Anciens, les causes pour les effets, ni les effets pour les causes, il faut, dis-je, décider, si c'est l'action des solides qui produit le temperament, ou si ce sont les humeurs qui dominent dans chaque tem-

perament, qui reglent l'action des solides, & qui constituënt le temperament.

Il est bien constant que les differentes qualités des liquides, peuvent causer differentes modifications dans les solides; sans cela l'art de guérir seroit extrément borné. Les Praticiens sçaventque les sucs aqueux huileux, gras, onctueux & mucilagineux, s'ordonnent avec succès pour amollir & relâcher les solides trop rudes, trop rigides, trop desséchés: que d'abondantes saignées, parcequ'elles rendent le sang plus crud & plus aqueux, produisent le même effet; qu'au-contraire des sucs terrestres, acerbes, spiritueux, ardens, produisent un effet tout opposé. Quels changemens n'observe t'on pas dans le pouls, par les differentes qualités des choses qui se mêlent avec nos humeurs? L'abord du chile dans le sang, rend le pouls plus fréquent. Les acres l'agitent violemment. Les volatiles salino-sulphureux, les spiritueux aromatiques, le gonflent & y causent une agitation excessive. Les *analeptiques* alimenteux, vineux, balsamiques, le rendent plus vigoureux: l'usage du mars le rend plus robuste. Pendant l'action d'un émetique où d'un fort purgatif, il est fréquent, petit & dur : les acides, les nitreux le calment & le retardent ; les boissons tiédes de thé, & semblables, le dilatent, le relâchent & l'accelerent : mais ce qui marque bien davantage ces changemens, c'est ce qui arrive lorsque quelque heterogene incompatible avec l'œconomie animale, vient à se mêler à nos humeurs. Quel ravage n'est pas capable de causer une goute de pus de petite verole, introduite par inoculation dans nos vaisseaux ? Mais voici d'autres faits qui sont plus précis, & qui semblent même décider la question : n'est-il pas certain que la force du jeu des vaisseaux dépend de la partie rouge de la masse du sang ? C'est donc de-là que doit venir cette force considérable qu'on remarque dans les sanguins. L'humeur bilieuse, comme toutes les autres substances salino-sulphureuses exaltées, peut hâter ce jeu des vaisseaux. Faut-il donc s'étonner de la vîtesse du pouls des bilieux ? La densité des vaisseaux, & le peu d'agilité du pouls dans les mélancoliques, ne peuvent-elles pas venir de cette humeur mélancolique, qui chez eux est trop abondante, trop grossiere & trop lente ? L'abondance de la pituite ne suffit-elle pas pour causer ce relâchement, & cette molesse des vaisseaux qu'on remarque dans les pituiteux ? Il est donc visible que nos humeurs, selon les differentes qualités qu'elles ont, ou qui leur surviennent, débilitent, fortifient, reglent, maitrisent l'action des vaisseaux ? Et ne pourroit-on pas croire delà, que bien loin que les differens caracteres de nos humeurs soient l'effet de l'action des solides, ce seroit au contraire les liquides qui feroient la loi aux solides, & que les differences du pouls, dans les differens temperamens, seroient l'effet de ces temperamens, & non la cause ?

[2.] *Les differens temperamens dépendent de la diversité du jeu des solides.*

Nous ne sçaurions d'abord disconvenir, que les differentes qualités qui surviennent par extraordinaire, à nos humeurs, ne causent aussi quelque chose d'extraordinaire dans les solides : mais ces changemens ne sont que passagers, & les temperamens sont permanens. Les hommes gardent toute leur vie, le temperament qu'ils ont apporté en naissant. Ce *temperament* inné, je l'avoüe, peut, selon l'âge, les saisons, les alimens, les exercices, les commodités, & les incommodités de la vie, se combiner avec d'autres, que l'on appelle

[3.] *Temperament inné.*

[4.] *Temperament acquisitif.* *temperamens acquisitifs* ; mais le premier ne s'efface jamais. Si les humeurs prennent des dispositions qui lui soient contraires, elles ne tiendront pas contre lui ; peu à peu il reprendra le dessus. Si l'humeur dominante de chaque temperament vient à souffrir une perte, ou une diminution considérable qui la mette à son tour au-dessous des autres, le temperament s'en ressent, les actions ne sont plus les mêmes ; mais les autres humeurs qui alors viennent à dominer, ne feront point un nouveau temperament ; l'ancien qui consiste radicalement dans le ressort des solides, N°. 193. regarnit insensiblement la masse des humeurs, de celle qui lui est favorite & qui lui étoit déchûë, & ce rétablissement remet en plein les vaisseaux dans la maniere d'agir qui appartient à ce temperament. En voici un exemple : Un sang fort aqueux, relâche & détend extrémement les parties solides : on s'en apperçoit bien dans les filles de complexion robuste & vigoureuse, qui tombent dans les pâles couleurs ; elles deviennent débiles & abatuës, parceque leur sang ruiné, devient trop détrempé & trop inondé de serosité. La cause qui entretenoit ce desordre n'a pas plutôt cessé, que le ressort de leurs vaisseaux, foncierement vigoureux, commence en quelque sorte à retablir le sang; l'action des vaisseaux se fortifie peu-à-peu, le sang se repare de plus en plus, ces filles se rencontrent bientôt dans leur premier état de force & de vigueur. La même chose arrive tous les jours, dans ceux qui ont supporté beaucoup de saignées ou une grande hemorragie; leur temperament inné & foncierement vigoureux, se défend alors contre des dispositions qui lui sont contraires; car, quoique le sang de ces personnes soit devenu très-crud & très-pituiteux, l'action de leurs vaisseaux n'est point languissante, comme dans le temperament véritablement pituiteux; au contraire cette action augmente; un pouls de Lion, une espece de fiévre ne les quittent point, que cette crudité dominante ne soit dissipée, & qu'ils ne soient remis dans leur temperament ordinaire. On remarque encore assez combien les humeurs sont peu capables de former le temperament, lorsqu'on jette les yeux sur ces personnes qui vivent dans une communauté des mêmes alimens, qui observent les mêmes regles, qui ont les mêmes exercices, &

les mêmes occupations, & qui indépendamment de cette uniformité, conservent chacun leur temperament particulier & different l'un de l'autre. Ces preuves ne forcent-elles pas de reconnoître l'action des solides, modifiée par ce ressort qui leur est particulier dans chaque sujet, pour la premiere, pour la principale, & continuelle cause du temperament propre à chacun; & les qualités des humeurs dans chaque temperament, ne doivent-elles pas être rapportées à cette même cause.

ARTICLE V.

LE TEMPERAMENT SANGUIN.

206. Explication des principaux caractères de ce temperament.

CEux qui ont le pouls grand, souple, vigoureux, & médiocrement fréquent, sont sanguins, parcequ'en eux les vaisseaux sont fort amples, les vibrations des parois de ces vaisseaux, sont grandes, les molécules chileuses

n°. 204. [2.] reçoivent de la part de ces vibrations, des coups qui peuvent les jetter fort loin dans des vaisseaux qui, par rapport à elles, sont très-spacieux, puisqu'ils le sont même par rapport à un globule du sang, qui est de toutes les molécules de nos humeurs, la plus composée & la plus grossiere : car ce globule poussé en ligne droite d'une parois à l'autre parois opposée d'une artere, dont le calibre a une ligne de diametre, ce globule, dis-je, aura dans cette traverse, un trajet à faire qui sera au-moins de 800 fois plus grand que le diametre de ce globule, que l'on a observé n'être que la centiéme partie de la centiéme partie d'un pouce, de façon qu'un globule du sang, a plus de champ ici pour se mouvoir, que n'en a une bale dans un jeu de paume le plus grand. Ainsi jugez combien ces vaisseaux sont spacieux par rapport aux autres molécules, & combien par-conséquent, le grand jeu des vaisseaux dans les sujets de ce temperament, doit faciliter le dégagement & la séparation de la substance butireuse d'avec la substance caseuse. Car plus les molécules chileuses encore composées de ces deux substances, sont fortement frappées & jettées loin, plus elles sont exposées à des chocs rudes & libres, à la rencontre des autres molécules de divers genres qui composent la masse des humeurs. De ces chocs resulte le partage de ces substances, dont le grand espace dans lequel ces molécules se trouvent, facilite leur

[2.] *Séparation de la partie butireuse de la partie caseuse du chile formé.*

détachement en entier, & leur éloignement réciproque. De-là naissent en
[3.] *Abondance de la graisse.* abondance, & en peu de tems, ces goutelettes huileuses, dont se doivent former les goutelettes destinées pour la composition des globules du sang. Cependant comme le jeu des arteres n'est point extrémement fréquent, ni violent dans ce temperament sanguin, le caractere doux & onctueux ou gras de
n° 158. cette huile, n'est pas sitôt détruit. La
n°. 91. 97. graisse tient assez longtems contre cette action moderée des vaisseaux, pour s'entretenir ici en bonne quantité; une partie est obligée de se retirer dans les tissus cellulaires qui en sont les reservoirs; c'est ce qui contribuë le plus à
[4.] *Embonpoint.* l'embonpoint ordinaire des sanguins: l'autre partie demeure sous l'action des arteres, distribuée en goutellettes qui continuënt de se diviser & sous-diviser. Cette action des arteres, surtout des capillaires, jointe à la chaleur qui en resulte, exprime peu à-peu la partie la plus délaiable & la plus fusible de ces goutelettes huileuses; il n'en reste plus que la partie fixe, du-moins assez fixe
[5.] *Formation du sang.* pour resister à l'action des vaisseaux; de maniere que la soudivision de ces goutelettes, trouve là enfin des bornes, &

& alors ces goutelettes sont parvenuës
à ce degré de coction ou de fixité, qui
les change en de petits globules assez
fermes & assez indissolubles, pour
composer par gradation les globules du
sang. Non-seulement la matiere ne *n°. 158.*
manque point ici, pour la formation [6.]
de ces globules, mais il faut encore *Abondance*
remarquer que dans ce temperament, *du sang.*
où l'action des vaisseaux est moderée,
ils peuvent tenir longtems contre cette
action ; de-là vient que la masse des [7.]
humeurs s'en trouve très-garnie, & *Fermeté des*
que la chair fibreuse ou musculeuse, *chaires.*
qui en est fort remplie, est ferme, &
bien rouge ; c'est ce qui donne aussi [8.]
tant de force à ces parties musculeuses. *Force.*
Cette même abondance de globules, qui
se trouve dans les vaisseaux capillaires
sanguins qui se terminent à la peau, [9.]
donne aux sanguins une couleur ver- *Couleur ver-*
meille, surtout aux endroits où ces *meille de la*
capillaires sont en grandes quantité, *peau.*
comme aux jouës.

La gaieté est un des principaux ca- [10.]
racteres du temperament sanguin : en *Gaieté.*
voici la raison. L'union de l'ame & du
corps qui ne permet pas que celui-ci
soit indisposé, ou dans le besoin, sans
que celle-là n'en soit blessée ou inquie-

tée, veut aussi que quand le corps est dans l'aisance, l'ame s'y trouve agréablement. Pour le mieux concevoir, faites attention que l'ame est sujette de la part du corps, à deux sortes de délé-ctations, le *plaisir* & la *gaieté*; & qu'elle est pareillement sujette à deux sortes de souffrances, *la douleur* & *l'anxieté*, qui sont opposées l'une au plaisir & l'autre à la gaieté. La douleur est un sentiment vif & distinct, qui blesse l'ame à l'occasion de quelque effort qui tend incontinent à diviser, ou qui divise en effet les parties solides qui ont de la sensibilité. L'anxieté ou l'angoisse est un sentiment obscur & langoureux, ou un mal-aise qui inquiete, qui opprime, qui afflige l'ame, & qui semble la ménacer d'anéantissement, à cause de quelqu'affection qui attaque le principe vital, ou qui apporte de la difficulté dans les actions naturelles les plus nécessaires à la vie. Le plaisir qui est l'opposé à la douleur, est une sensation agréable, assez distincte, causée par une douce impression qui se fait sur les organes des sens. La gaieté ou la bonne humeur, est opposée à l'anxieté; c'est un contentement sans cause apparente, ou une

ſorte de béatitude naturelle à l'ame unie au corps; parceque celui-ci eſt pour elle, un ſéjour que le Créateur lui a rendu fort gracieux, tant que le corps eſt bien diſpoſé. Ainſi on peut concevoir aiſément, d'où vient cette gaieté ordinaire à ceux de temperament ſanguin. Le corps a chez eux avec abondance, ce qui lui eſt néceſſaire pour ſa conſervation, & pour remplir facilement toutes ſes fonctions. Un bon reſſort dans les ſolides, bien ſecondé par l'humeur qui fait la force des parties organiques, rend les actions naturelles, ſuperieures à tout ce qui doit leur être ſoumis dans l'ordre de l'œconomie animale: la circulation, l'élaboration des ſucs, tout s'execute regulierement dans la machine. Le cerveau & les nerfs ſont toujours bien entretenus d'eſprits animaux; dont l'agilité, comme on le remarque aiſément, ſuit dans tous les temperamens, celle des autres humeurs en général. Or dans le temperament ſanguin, où la circulation & l'agitation des humeurs ne ſont ni languiſſantes ni extrêmes, les eſprits animaux y doivent être aſſez remuans ſans être néanmoins turbulens. Delà vient que, dans ceux de [11.]
ce temperament, les ſenſations & les *Les ſenſations exquiſes*

La conception aisée, l'imagination riche, l'attachement aux plaisirs.

facultés de l'ame qui dépendent de l'activité de ces esprits, comme la conception & l'imagination, se trouvent dans un degré éminent. Ainsi tous les plaisirs qui dépendent des sens, les attachent beaucoup ; leur imagination riche & féconde les rend agréables, amusans, & fort sociables ; ils se dégoûtent aisément des choses abstraites ; ils aiment à joüir des biens de la vie.

[12.] *Ce temperament est chaud & humide.*

Les Anciens ont regardé ce temperament comme chaud & humide, parceque le jeu des vaisseaux y cause dans les humeurs, des secousses, & une agitation capable d'exciter & de rassembler suffisamment les atômes du feu, pour produire une chaleur bien sensible. Cette agitation, qui cependant n'est pas excessive, n'y desseiche pas les humeurs ni les solides. Ainsi ce temperament concilie très-bien la chaleur & l'humidité, jusqu'à un dégré fort notable.

[13.] *Regime.*

Excepté les choses trop chaudes & trop acres, les sanguins s'accommodent assez bien de tout du côté du regime; leur estomac qui est vigoureux, ne succombe gueres qu'à l'excès, dans lequel ces voluptueux tombent assez ordinairement du côté des alimens, aussi bien que du côté des autres sortes de sensualités. Sans cet inconviennent leur complexion pourroit les conduire au plus grand âge ; mais ils acheteroient trop cher la vie, en menageant leurs jours par la tempérance : leurs sens & leur imagination les sollicitent trop pour les plaisirs sensibles.

ARTICLE VI.

LE TEMPERAMENT BILIEUX.

n°. 204. [3.]

CEux qui ont le pouls grand, fort, & fréquent, sont de temperament bilieux. Ce temperament differe du précedent, en ce que le ressort des vaisseaux y est encore plus déploié & plus vigoureux : les vibrations de leurs parois, qui pour cette raison y sont plus grandes & plus fortes, causent dans les liquides une agitation plus considérable ; d'où resulte une plus grande agilité dans ces liquides, & par-conséquent des esprits animaux plus remuans & plus actifs. Ces dispositions, que les fluides reçoivent ici des solides, influent sur ceux-ci, & les rendent plus agissans & plus promts dans leurs actions organiques ; ainsi c'est du ressort des solides, qui est fort, & qui a beaucoup de trait, que dépend radicale-

207. Explication des principaux caractères de ce temperament.

ment le temperament bilieux. La fréquence du pouls, qui en est une dépendance, ne vient pas immédiatement de ce ressort. L'agilité des liquides y fait presque tout, mais la verité est que cette agilité des liquides, est l'effet de ce ressort ample & vigoureux : car l'action prompte, déploiée & forte des vaisseaux, démêle & sépare bientôt la partie caseuse de la partie butireuse ou huileuse du chile, elle rend ces substances très-déliées & très-mobiles. La partie graisseuse se trouve même ici exposée à une action trop violente pour pouvoir y tenir longtems : son caractere gras, onctueux & adoucissant, est presqu'aussitôt détruit : c'est-pourquoi ceux de ce temperament ne peuvent pas être bien fournis de graisse. Il suit delà aussi, que le sang & l'humeur bilieuse doivent se produire fort promptement : car la partie salino-huileuse de cette graisse, qui est par elle même fusible & délaiable, se fond à cette chaleur considérable, excitée par les fortes vibrations des parois des vaisseaux ; & ces mêmes vibrations tourmentent violemment les goutelettes d'huile grasse, où se trouve cette partie salino-huileuse. Celle-ci ébranlée & dissoute par cette agitation, & par cette chaleur qui en est l'effet, se laisse bientôt delaier & détacher par le véhicule où nagent ces goutelettes : ce véhicule de son côté est aussi fort agité, & déja rempli de cette même humeur qui le rend encore plus actif. Ainsi s'extrait la portion savoneuse qui formoit en partie ces goutelettes. Ces dernieres se trouvent donc en peu de tems, presque réduites à leur partie fixe ; alors elles forment les globulettes qui composent les globules du sang : mais quoique ces globules se forment promptement ici, la masse des humeurs n'est pas pour celà plus fournie. L'humeur bilieuse qui se produit aussi promptement, & dont l'activité, comme nous le remarquerons dans la suite, est toujours proportionnée à la force & à la vîtesse du jeu des vaisseaux, domine ici en toute maniere. Ce dissolvant abondant, fort actif, & dans un grand mouvement, dissout & détruit beaucoup les parties liantes de nos humeurs ; il empêche par-là les globulettes qui composent les globules du sang, de tenir fortement collées ensemble ; ces globules ne peuvent donc pas durer longtems, d'autant plus qu'ils sont toujours ici rudement frappés &

n°. 161.

[4.] *L'humeur bilieuse est dominante.*

tourmentés ; mais d'ailleurs cette même agitation, qui détruit le sang peu de tems après qu'elle l'a formé, ne fait au-contraire que relever les qualités de l'humeur bilieuse, au-dessus de celles de toutes autres humeurs. Ces globules du sang qui se trouvent tout d'un coup dans un état parfait, & en mediocre quantité dans un véhicule bien libre, ne donnent point à la masse du sang une rougeur foncée, mais une rougeur claire & vive.

[5.] *Peu de sang ; son peu de durée.*

[6.] *Rougeur vive.*

La partie sereuse de la masse du sang, & les urines des bilieux sont fort colorées, parcequ'en général la partie sulphureuse de nos humeurs, notamment la bilieuse, tire d'autant plus sur le jaune, & même sur le rouge, qu'elle a souffert longtems ou fortement l'action des vaisseaux ; leurs déjections sont plus jaunes & plus fœtides que celles des autres, à cause qu'il s'y mêle beaucoup de bile qui les teint, & qui les corrompt promptement. Ils ont le ventre fort libre, parceque la bile qui est un clistere naturel & continuel, sollicite ici beaucoup par son acrimonie, les intestins à se décharger. Ils ont la peau ardente & seche ; l'acrimonie & la grande agitation des humeurs en

[7.] *Couleur foncée des urines.*

[8.] *Matieres fécales jaunes*

[9.] *Liberté du ventre.*

[10.] *Ardeur, secheresse, couleur jaune de la peau.*

sont la cause : la couleur de leur peau est jaûnatre, parceque cette couleur domine dans leurs sucs : leur salive est souvent amere, à cause que l'humeur bilieuse qui la forme, est trop élaborée ; de-là vient aussi cette soif qui les tourmente ordinairement. La grande dissipation qui se fait chez eux, contribuë beaucoup aussi à cette soif. La partie grasse & gélatineuse que le chile fournit, est bientôt consumée par la grande activité de leurs vaisseaux ; c'est pourquoi le jeûne leur est fort contraire. La grande chaleur, qui resulte de cette activité, desseiche les solides & avance la vieillesse. L'agilité des humeurs est proportionnée à cette activité, & la vivacité des esprits animaux à cette agilité ; d'où il arrive que les sensations, la conception, & l'imagination sont très-vives dans les bilieux. Les promptes allées & venuës de ces esprits dans les traces du cerveau, occasionent successivement une multitude d'images ou d'idées précipitées, qui tour-à-tour les frappent vivement, & ne leur laissent, ni le tems, ni l'attention pour faire sûrement un bon choix, à l'égard des choses qui demandent un peu de reflexion avant de se détermi-

[11.] *Soif.*

[12.] *Jeune nuisible.*

[13.] *Vieillesse prématurée.*

[14.] *Sensations, conception, imagination, vives.*

[15.] *Défaut de jugement, colere & inconstance.*

ner : c'est la cause des faux jugemens, de l'inconstance, de la précipitation, & des emportemens ordinaires aux bilieux. Les Anciens ont regardé ce temperament comme chaud & sec : les vibrations violentes des vaisseaux excitent ici fortement les atômes du feu ; d'où suit nécessairement une chaleur vive & dessechante; c'est pour cette raison même que les choses humectantes, rafraichissantes & temperées, sont salutaires aux bilieux, & que celles qui sont dessechantes, échauffantes, acres, alcalescentes & grasses, leur sont pernicieuses.

[16.] *Temperature chaude & seche.*

[17.] *Regime.*

ARTICLE VII.

Le Temperament melancolique.

n°. 204. [4.]

209. Explication des principaux caractéres du temperament mélancolique.

CEux qui ont les vaisseaux denses, serrés & rigides, le pouls petit & peu fréquent, sont de temperament mélancolique. Les vibrations des arteres ne sont pas chez eux, assez amples ni assez déploiées, pour dégager & désunir la partie butireuse d'avec la partie caseuse ; au-contraire ces vibrations fermes & racourcies, semblent devoir en quelque sorte, rapprocher les parties qui se tiennent, les fouler, & les engager fortement les unes avec les autres. De cette maniere une portion de la partie caseuse, demeure mêlée & embarrassée avec la partie butireuse, & une portion de la partie butireuse avec la partie caseuse; ce qui d'un côté produit une humeur mélancolique, ou des sucs gélatineux trop visqueux, qui rendent le véhicule de la masse des humeurs fort embarrassant : les globules qui se forment, se meuvent dans ce véhicule qui les empêtre & ralentit extrémement leur mouvement : d'un autre côté les coups que ces globules reçoivent des parois des vaisseaux, dont le jeu est fort borné, ne peuvent les jetter loin dans ce véhicule, non plus que les goutelettes huileuses dont ils se forment. Un mouvement si retenu ne peut parvenir que très-difficilement à l'extraction de la partie bilieuse, & à la fixation de ces goutelettes ; c'est-pourquoi le sang & la bile ne peuvent se former que fort lentement & que fort imparfaitement ; ce qui fournit encore une double cause de la grossiereté des humeurs : car d'une part des globules du sang irréguliers, grossiers, molasses, peu élastiques ; & d'une autre part une humeur bilieuse, peu exaltée, peu active, peu dissolvante, concourent à entretenir dans

[2.] *Viscosité & la grossiereté des humeurs.*

[3.] *Le sang & la bile sont long-tems à se former.*

les sucs, une grossiereté & une liaison qui les rend tenaces & peu agiles. Les globules du sang qui n'ont pas leur mouvement de progression ni de volubilité bien libres, ne peuvent acquerir ce degré de perfection, ni cette rondeur

[4.] *Couleur foncée du sang.* exacte & polie qui leur donne une belle couleur écarlatine : leur irrégularité les fait paroître au contraire d'un rouge obscur, foncé & comme noirâtre : c'est ce qui rend la couleur de la peau des

[5.] *Couleur brune de la peau.* mélancoliques terne & brune. Quoique dans le cas présent les globules du

[6.] *Durée des globules du sang.* sang se forment avec peine, la masse du sang n'en est pas moins garnie ; parcequ'une fois formés ils durent longtems ; & pourquoi durent-ils longtems? C'est que les globulettes qui les composent, se tiennent fortement collées ensemble, & que le mouvement & l'activité de l'humeur bilieuse, qui sont la cause de leur décomposition, sont

[7.] *Sucs excrémenteux crasses.* ici trop languissans pour détruire sitôt ces globules. La tenacité des humeurs des mélancoliques rend leur sueur huileuse & crasse, & assez souvent leur urine chargée d'un sediment brun, tartareux & poixeux. Deux causes contribuent principalement à leur grande

(8.) *Maigreur.* maigreur : 1°. leurs vaisseaux denses &

fort serrés, qui ne se laissent pas étendre & renfler par les liquides. 2°. La
partie butireuse ne se débarrasse pas assez
pour fournir des sucs adipeux ou graisseux. Le crachottement continuel des [9.]
mélancoliques, vient d'une salive limo- *Crachottement conti-*
neuse qui arrose & englüe la bouche; *nuel.*
delà vient aussi leur peu de soif. Leur [10.]
ventre est paresseux, parceque la bile *Peu de soif.*
qui ne peut être chez eux ni active ni [11.] *Paresse du*
abondante, ne solicite que très-foible- *ventre.*
ment les premieres voies à se déchar-
ger. Une mucosité épaisse & coriasse,
qui les enduit ordinairement ici à l'excès, les pare contre tout ce qui pourroit les exciter. Delà vient encore qu'ils
sont peu importunés de la faim. Le
peu d'activité qu'il y a dans les solides
& dans les liquides, fait qu'ils peuvent [12.] *Facilité à sou-*
soûtenir facilement le jeûne. C'est en- *tenir le jeûne.*
core par le défaut d'activité dans les
dissolvans, que l'estomac & les intestins se farcissent de matieres lentes,
glaireuses, pâteuses, tenaces, flatueu-
ses, d'où viennent les gonflemens, les [13.]
digestions difficiles, les rots, les rap- *Aigreurs,*
ports, les aigreurs ordinaires aux mé- *gonflemens d'estomac.*
lancoliques.

Dans ce temperament on a la con- [14.]
ception difficille, l'imagination ingra- *Faculté de l'esprit.*

te, le jugement sûr, mais borné, la
15. Conception tardive, memoire heureuse. mémoire fidelle; parceque les traces que les objets doivent laisser dans le cerveau, s'y impriment avec beaucoup de peine à cause de sa lenteur, ou du
[16.] *Imagination ingrate.* peu d'activité des esprits & de la secheresse ou rigidité des solides; ainsi la conception ne peut être prompte; mais ces traces une fois faites, doivent tenir longtems: ainsi la memoire doit être heureuse. La difficulté que les traces ont à se former, fait qu'elles ne peuvent être fort nombreuses; ainsi l'imagination ne peut être féconde; mais celle ci occasionant peu d'idées, l'esprit peut les contempler, & en examiner à l'aise tous les rapports;
[17.] *Jugement sûr, mais borné.* ainsi le jugement qu'ils portent à leur égard, doit être sûr, borné cependant, parceque leur imagination peu vaste, assujettit l'esprit à peu d'objets. Aussi sont-ils sujets à prendre de grands travers dans les cas, où il faut envisager beaucoup de choses, & en comparer tous les rapports pour juger sainement. Ils sont ingenieux & rusés, parceque leur
[18.] *Finesse d'esprit.* esprit n'étant point troublé par une multitude d'idées, il s'attache facilement à decouvrir toutes les proprietés des choses auxquelles il s'applique. Ils

sont constans, opiniâtres, vindicatifs, & tenaces dans leurs passions; parceque les traces des objets sont peu sujets à s'effacer, ou à changer à cause de la fermeté & de la secheresse du cerveau, & à cause du cours tranquille des esprits. La grossiereté de leurs humeurs, l'action peu prompte & bornée de leurs vaisseaux, rendent la circulation très-lente: le sang qui parcourt, surtout la veine porte & ses dépendances, ne peut s'en tirer que très-difficilement: cette circulation penible doit entretenir une espece d'anxieté, qui sourdement produit chez eux un fond de tristesse, ou de mauvaise humeur, dont ils ne peuvent découvrir la cause, à quoi la stérilité de leur imagination doit, ce semble, beaucoup contribuer. L'imagination est la compagnie de l'ame; elle la divertit, quand elle est feconde, par la varieté d'objets ou d'idées agréables qu'elle lui occasione, comme feroit en quelque façon une promenade en divers lieux, dont l'aspect de beaucoup d'objets differens, est capable de dissiper l'ennui. L'imagination des melancoliques au contraire, tient l'ame dans une espece de solitude, ou, pour ainsi dire, elle ne voit toujours que les mê-

[19.] *Constance.*

[20.] *Anxieté ou mauvaise humeur.*

n°. 199. [2.]

n°. 206 [10.]

[21.] *Amour de la solitude.*

mes objets. Cependant ceux-ci ne se trouvent pas mieux en compagnie que seuls, parceque cette même imagination ingrate, ne leur fournit pas de quoi y joüer agréablement leur rôle ; aussi préferent-ils encore la retraite. Dominés presque toujours par quelque objet, ils s'en occupent trop, ce qui les rend taciturnes, abstraits, songeurs, & par-conséquent peu sociables. Les Anciens ont regardé ce temperament comme froid & sec. En effet dans le temperament purement mélancolique, & distingué de la disposition atrabilaire, dont nous parlerons dans la suite, le jeu des vaisseaux est trop borné & trop tardif, pour exciter une chaleur considérable. Les vaisseaux ici trop serrés & trop fermes, expulsent l'humeur aqueuse, & l'obligent à prendre les voies de décharge. Par-là les humeurs se trouvent peu détrempées : ainsi la sécheresse, tant dans les liquides que dans les solides, doit dominer. Cette sécheresse fait que les mélancoliques sont fort incommodés des choses acres, échauffantes, & dessechantes ; les crudités pâteuses qui, comme nous l'avons remarqué, dominent ordinairement dans les premieres voies, surtout

[22.] *Ce temperament est froid & sec.*

(23.) *Regime.*

Ci-devant. [13.]

dans l'estomac, font que les alimens visqueux & acescens leur sont contraires. Par les mêmes raisons les choses dissolvantes, humectantes, relâchantes, & les alimens les plus friables & les plus dissolubles, leur conviennent particulierement.

ARTICLE VIII.

LE TEMPERAMENT PITUITEUX OU PHLEGMATIQUE.

n°. 204. (5.)

Ceux qui ont le pouls petit, lent & mou, les vaisseaux sanguins, étroits, les autres vaisseaux amples & relachés, ont le temperament pituiteux. On conçoit facilement qu'une telle disposition met ces vaisseaux hors d'état de pouvoir assez travailler, cuire & démêler les humeurs; qu'une crudité doit dominer universellement par tout le corps; que les filtrations doivent se faire fort lentement; que la serosité se dissipe peu par la transpiration; que les globules doivent se former en petite quantité; que les parties butireuses & gélatineuses doivent rester fort détrempées, & comme noiées dans la par- 209. Explication des principaux caractéres du temperament pituiteux.

tie aqueuse ; qu'elles doivent rester longtems confonduës, & ne former ensemble qu'un fluide plus ou moins

[2.] *Crudité glutineuse des humeurs.* *glutineux*. Ce dernier mot m'oblige de faire ici une remarque sur les termes *glutineux*, *visqueux*, *mucilagineux*, *gélatineux*, *limoneux*, *mucides*, *muqueux*, *glaireux*, qui sont fort équivoques en médecine, où ils servent indifferemment d'épithete à quatre sortes d'humeurs très-differentes. 1°. Aux limphes, surtout à la limphe fibreuse ; 2°. à l'humeur mélancolique ; 3°. aux récrémens lubricans ; 4°. aux crudités pituiteuses. Ces quatre genres d'humeurs ne paroissent presque point distingués dans les Auteurs. Pour éviter cette confusion, nous n'emploions ces termes que dans leur signification la plus rigoureuse : nous n'appellons mucilagineux, glutineux & visqueux, que les sucs gluans encore capables de se dissoudre dans l'eau. Le mot glaireux signifie au-contraire ceux qui ne s'y dis-

n°. 83. [2.] 148. [3.] note 160. solvent pas, comme les sucs albumineux, & les sucs muqueux ou mucides, dont nous avons parlé ailleurs. Nous nous sommes assez expliqués aussi sur les sucs gélatineux, pour faire comprendre ce que nous entendons précisement par ces sucs. Ainsi par le terme de glutineux que j'emploie ici, j'entends des sucs qui ont quelque chose de gluant, qui ne peuvent parvenir que difficilement à cette tenacité qui, selon leur genre, doit les rendre muqueux ou albumineux, parceque la partie aqueuse, qui domine à l'excès, fait que du-moins pendant longtems, ils se laissent trop facilement pénétrer & inonder de cette partie aqueuse, ce qui forme une humeur cruë, lente & grossiere, qui contribuë à la molesse, & au relâchement des minces tuniques des plus petits vaisseaux, & des vésicules adipeuses : elle séjourne, elle s'accumule dans ces petits vaisseaux, & dans ces vesicules ; elle les élargit & augmente par-là le volume des parties ; elle rend mollasses, & entretient le corps comme bouffi. La molesse du cerveau qui tient toujours ce viscere dans une espece d'affaissement, joint à la lenteur du cours des esprits, qui répond à celle des humeurs, rend les sensations peu vives, & entretient les autres facultés de l'ame dans une sorte d'imbecilité, qui fait que ceux de ce temperament sont indolens, stupides, paresseux, pesans, & débiles. Les Anciens ont re-

n°. 1716

[3.] *Bouffissure.*

[4.] *Qualités de l'esprit.*

[5.] *Ce temperament est froid & humide.*

gardé ce temperament comme froid & humide. En effet les humeurs y sont toujours noiées par la partie aqueuse,
[6.] *Regime.* & la débilité du jeu des vaisseaux ne peut exciter qu'une chaleur très-foible. C'estpourquoi les choses échauffantes, dessechantes, fortifiantes, attenüantes leur sont avantageuses, & les choses glutineuses, rafraîchissantes, humectantes & relâchantes nuisibles.

ARTICLE IX.

LES TEMPERAMENS COMPOSÉS.

210. Rarement le temperament est simple.

Nous venons de considerer chaque temperament dans le degré le plus dominant qu'il est possible, sans qu'il excede cependant une certaine proportion nécessaire pour la santé. Il est rare que les marques d'un temperament uniquement dominant, se trouvent seules. Souvent les caracteres de deux ou trois temperamens sont dans un même sujet, au même degré de prééminence.

211. Les temperamens composés sont difficiles à déterminer.

Delà vient que pour l'ordinaire, il n'est pas facile de reconnoître le temperament d'un chacun; un signe se trouve assez souvent démenti par un autre, ou bien il est confondu avec d'autres qui ensemble, marquent un mélange de temperamens difficiles à déterminer. Quelquefois même est-il nécessaire de commencer par remarquer celui des temperamens qui s'y montre le moins, pour s'assurer par degré, de ceux qui ont le dessus. On verra par la suite combien il est utile de s'appliquer à connoître le temperament d'un malade, pour découvrir la cause de plusieurs affections differentes qu'on remarque avec surprise dans un même sujet, & pour traiter, autant qu'il se peut, un malade, de la maniere qui lui convient le mieux selon sa complexion. Examinons donc présentement quels sont les principaux temperamens composés qui peuvent se trouver dans les hommes. Pour y parvenir, rappellons-nous les causes de chaque temperament simple, & voions celles qui peuvent compatir ensemble : mais il faut aussi se rappeller les principaux caracteres, qui manifestent chacun d'eux, afin d'apperçevoir les dispositions, & les marques qui doivent indiquer à-peu-près chaque temperament composé. La varieté du jeu des arteres sur laquelle nous établissons la difference des temperamens, se trouve tellement détaillée, lorsqu'on vient à examiner les differens temperamens composés, qu'on ne doit pas penser que cette varieté de pouls que nous allons remarquer, soit donnée ici à dessein de faire reconnoître par ce moien, chacun de ces temperamens. La difference qui se trouve entre le jeu d'artere qui constituë un de ces temperamens composés, & celui qui en constituë un autre qui approche de celui-là, est trop imperceptible au tact pour s'en appercevoir. On ne doit regarder ces differences de pouls qu'on va tacher de démêler, que comme causes des divers temperamens composés & non comme leurs signes. Ceux-ci se peuvent prendre des differens caracteres de corps & d'esprit, qui se remarquent sensiblement dans chacun de ces temperamens.

212. Temperament sanguin bilieux. Le pouls grand, vigoureux & un peu prompt, produit le temperament *sanguin-bilieux* : c'est le temperament des beaux esprits; une belle imagination ordinaire aux sanguins, réveillée par une activité des esprits animaux, qui tient du temperament bilieux, donne à l'esprit beaucoup de brillant. Ceux de ce temperament sont toujours prêts à paroître; la multitude d'idées, & un

jugement suffisant pour les exposer avec discernement & ornement, les mettent én état de s'exprimer avec facilité, avec grace, avec force, & de dominer sur les autres : ils sont très-sociables & très-récréatifs, mais suffisans, peu sistêmatiques, quoiqu'ils aiment assez à raisonner sur toutes choses ; parceque leur conception vive, leur fait saisir dans le moment certaines vraisemblances, qui, à la faveur de leur langage séduisant, les font souvent applaudir. Si la fréquence & la fermeté du pouls, l'emporte un peu considérablement sur les autres dispositions du pouls qui font le temperament sanguin, le temperament sera *Bilieux-sanguin*, assez approchant de celui dont on vient de parler ; cependant un peu moins maître de ses idées, un peu plus vif, plus brusque, & moins reglé dans le raisonnement. Ceux de l'un & de l'autre de ces temperamens, sont grands parleurs, mais beaux parleurs ; ils sont médiocrement gras ; ils ont la chair ferme, le teint legerement jaûnâtre, mais d'ailleurs assez vermeil ; ils sont ordinairement forts & robustes. 213. Bilieux sanguin.

Le pouls vigoureux, un peu roide, médiocrement gros, & peu fréquent, 214. Sanguin mélancolique.

donne un temperament *sanguin-melancolique*. Ceux de ce temperament sont sociables, tranquilles, sensés, méditatifs, imposans, judicieux, assez éloquens, surtout par écrit, doüés d'une memoire fidelle & fort étenduë ; ils ont de l'embonpoint, les endroits de leurs peau, où les capillaires sanguins abondent, sont teints d'un rouge foncé. Si le pouls est un peu moins souple, moins gros, un peu plus tardif, qu'il ait ses membranes un peu plus épaisses que le dernier dont on vient de parler, le temperament sera *mélancolique-sanguin* approchant du précé-
215. Mélancolique sanguin. dent ; si ce n'est qu'il rend encore plus meditatif, plus grave, plus dissimulé, que l'imagination y est moins riche, & par-conséquent l'esprit moins apparent, que le teint est d'un rouge plus brun, & qu'il y a moins d'embonpoint.

216. Sanguin-phlegmatique, & le phlegmatique-sanguin. Ceux qui ont le pouls fort souple, médiocrement gros, peu fréquent, ont le temperament *sanguin-phlegmatique* : si le pouls est un peu plus mou, le temperament sera phlegmatique-sanguin. Ce sont les temperamens des personnes fort grasses, surtout le dernier, parceque l'action du pouls qui est à peu près suffisante pour démêler la partie butireuse

reuse ou graisseuse, de la partie caseuse, ne l'est pas pour produire abondamment des globules & d'humeur bilieuse; ainsi ces sujets doivent être surchargés de graisse, & avoir un teint de lis & de roses, la peau douce & unie, les humeurs assez coulantes & onctueuses, le corps peu vigoureux, les cheveux grands, la memoire courte, le genie borné, peu pénétrant, peu relevé; mais paisible & traitable, surtout le phlegmatique sanguin; car le sanguin-phlegmatique tient davantage des belles qualités d'esprit du temperament sanguin.

217. Bilieux-mélancolique, & le melancolique-bilieux.

Le pouls fréquent, rigide, mediocrement gros, & les tuniques des arteres denses, produit le temperament bilieux-mélancolique. Si le pouls est un peu plus serré & dur, & un peu moins fréquent, le temperament sera *Melancolique bilieux*. Ce sont les temperamens des bons esprits: l'imagination vive & féconde du temperament bilieux, joint à la sagacité du temperament melancolique, rend l'esprit maître de ses idées, pénétrant, vaste, meditatif, solide, ingenieux & sistêmatique: ceux-là sont secs, maigres & ont la couleur de la peau un peu terne; c'est à eux qu'il faut appliquer cette sentence, *siccitas vultûs, splendor mentis.*

218. Bilieux-phlegmatique, & le phlegmatique-bilieux.

Le pouls fréquent, dont les ſinuſes ſont minces & fort ſouples, donne un temperament *Bilieux-phlegmatique*; mais ſi le pouls eſt fréquent & fort mou, le temperament eſt *phlegmatique-bilieux.* Un peu d'attention ſur la nature du temperament bilieux, & du temperament phlegmatique, ſuffit pour s'appercevoir que ceux qui tiennent de l'un & de l'autre, doivent avoir le cerveau fort ſuſceptible d'impreſſions, & des eſprits animaux peu aſſujetis; ce qui leur donne une imagination vive & féconde, mais triviale, parceque leur cerveau trop mou, n'eſt point capable de cette tenſion, propre à entretenir le cours des eſprits aſſez de tems dans un même état, pour contempler à l'aiſe les idées qu'ils occaſionent, & pour les faire valoir; c'eſt pour cette raiſon auſſi qu'ils ſont très-peu capables de reflexion; ce qui les rend capricieux, babillards, ſans diſcernement, ſans prudence, ſans ſuite, ſans regle & ſans fineſſe. Dans ces temperamens, la corpulence eſt médiocre, le teint un peu coloré d'un rouge vermeil: ces temperamens conviennent ſurtout aux enfans.

219. Pituiteux-

Le pouls petit, tardif, peu mou, produit le temperament *pituiteux-melanco-*

lique ; mais si ce pouls petit & tardif est tant soit peu plus dur que mou, le temperament sera *Melancolique-pitui-teux*. Ceux de l'un & de l'autre de ces temperamens, ont le cerveau plus susceptible d'impressions que les simples mélancoliques, & par-conséquent l'imagination plus remplie ; ils sont d'ailleurs plus capables de reflexion que les simples phlegmatiques ; mais le peu d'activité qu'il y a dans les esprits animaux, fait que leur imagination est languissante & peu relevée ; c'est pourquoi ceux de ces temperamens sont des contents fades, lents & fort ennuieux. Ces temperamens sont fort contraires à la sanguification ; ils rendent les humeurs cruës & glutineuses.

mélancolique, mélancolique-pituiteux.

220. Le pouls mou, grand & un peu fréquent, doit fournir un temperament *phlegmatique-sanguin bilieux*. Ce temperament approche du temperament *pituiteux-sanguin* : il y a cependant ici un peu plus de vivacité, de genie, & moins de corpulence. Un peu moins de molesse dans le pouls, le temperament devient *sanguin-bilieux-phlegmatique* ; c'est un temperament qui approche du temperament *bilieux-sanguin*, si ce n'est que le cerveau y a moins de fermeté,

Phlegmatique sanguin bilieux.

[2.] Sanguin-Phlegmatique bilieux.

que la conception y est encore plus aisée, & l'imagination fort remplie, mais moins relevée; parceque l'esprit y est moins vigoureux, & la mémoire un peu moins fidelle. Un peu plus de fréquence dans le pouls, donne une vivacité d'imagination qui, jointe à une conception très-facile, rend l'esprit pénétrant, orné, fécond, & fort actif, mais un peu aux dépens du jugement; c'est le propre du temperament *bilieux-sanguin-phlegmatique*. Dans cette même classe se trouvent encore les temperamens *sanguin-plegmatique-bilieux*, *bilieux-phlegmatique-sanguin*, & *phlegmatique-bilieux sanguin*. Ces temperamens tiennent une espece de milieu entre ceux qu'on vient de décrire, qui n'est pas difficile à déterminer, dès qu'on se rappellera les qualites des temperamens simples, qui dominent par degrés dans ces trois derniers temperamens composés.

[3.] *Bilieux-sanguin-phlegmatique, &c.*

221\. Sanguin bilieux-melancolique.

Le pouls médiocrement grand, un peu fréquent, & un peu dur, doit produire le temperament *sanguin-bilieux-mélancolique*. Ceux de ce temperament ont l'esprit excellent, l'imagination riche, la pénétration & la sagacité sont ici au plus haut degré où elles peuvent se trouver réünies, l'embonpoint est médiocre, la couleur de la peau est un peu basanée, & d'un rouge assez sensible où les capillaires sanguins abondent comme aux jouës. Un peu plus de fréquence rend le temperament *bilieux-sanguin-mélancolique*. Ce temperament rend l'imagination plus vive, & le jugement un peu moins sur. Un peu plus de densité & de dureté dans le pouls, compose le temperament *mélancolique-bilieux-sanguin*. Ce temperament rabat un peu des richesses & de la vivacité de l'imagination, & rend l'esprit un peu moins vaste; mais le jugement y est excellent, du-moins à l'égard des choses que l'esprit peut avoir présentes. Les temperamens *mélancoliques-sanguins-bilieux*, *bilieux-mélancoliques-sanguins*, *sanguins-mélancoliques-bilieux*, tiennent un milieu entre ces derniers.

[2.] *Bilieux-sanguin-mélancolique.*

[3.] *Mélancolique bilieux-sanguin, &c.*

222. Sanguin-phlegmatique-melancolique.

Le pouls un peu grand, moderé, tant soit peu plus dur que mou, doit donner un temperament *sanguin-mélancolique-pituiteux*. Ceux de ce temperament ont médiocrement d'embonpoint, la couleur de la peau est d'un blanc un peu terne, cependant assez vermeil où la rougeur a lieu. Ils ont peu de vivacité, mais d'ailleurs ils sont très sensés, assez bien partagés du côté de la conception, de l'imagination, de la mémoire & de la bonne humeur.

[2.] *Pituiteux-sanguin-mélancolique.* Un peu plus de molesse dans le pouls rend le temperament *phlegmatique-sanguin-mélancolique*: la peau y est plus claire, l'embonpoint plus considérable, l'esprit plus lourd, la molesse du cerveau, qui n'est que médiocrement dominante, rend la conception passable, du-moins pour les choses qui ne demandent pas extraordinairement d'application, ni beaucoup de pénétration; l'imagination doit par conséquent, quoiqu'assez remplie, être un peu plus triviale, & la mémoire moins fidelle.

[3.] *Mélancolique-pituiteux-sanguin, &c.* Si le pouls est plus serré que grand, & un peu plus dur que mou, le temperament sera *mélancolique-pituiteux-sanguin*: c'est à l'imagination & à la bonne humeur qu'il en coûte le plus dans ce dernier: le jugement s'y trouve aussi un peu moins étendu, & la conception plus tardive. Entre ces temperamens se trouvent *le sanguin-mélancolique-pituiteux*, *le Mélancolique-sanguin-pituiteux*, le *pituiteux-mélancolique sanguin.*

223. Bilieux-mé- Le pouls fréquent, dont les vibra-

tions sont un peu gênées, & les membranes des arteres un peu denses ou épaisses, & qui est un peu plus dur que mou, doit donner un temperament *bilieux mélancolique-pituiteux*. Il se trouve ici un mélange de temperamens qui se perfectionnent les uns les autres. Le cerveau qui n'est que médiocrement ferme, rend la conception aisée & l'imagination remplie, la memoire assez fidelle, les dispositions mélancoliques y moderent & rectifient les facultés trop remuantes, & trop précipitées du temperament bilieux; c'est pourquoi ceux de ce temperament sont fort intelligens, sensés, inventifs, fort entreprenans & actifs: l'étude leur coûte peu, parcequ'ils conçoivent aisément, & qu'ils ont le cerveau fort susceptible d'impressions; ce qui leur donne beaucoup de goût pour les sciences & pour les beaux arts. Ils aiment & recherchent les personnes qui s'y rendent recommendables. Ils ont un peu d'embonpoint, & sont médiocrement robustes & peu colorées. Si le pouls est un peu moins fréquent, le temperament sera *mélancolique phlegmatique-bilieux*: l'esprit sera moins élevé & moins actif, & les humeurs plus

lancoliques pituiteux.

[2. *Mélancolique-phlegmatique-bilieux.*]

[3.] *Phlegmatique mélancolique-bilieux.*

cruës. Un peu plus de molesse dans le pouls, & des vaisseaux plus minces, rendent le temperament *phlegmatique-mélancolique bilieux*. Les humeurs y sont encore plus cruës & l'esprit moins actif, l'humeur un peu sombre, brusque, & facheuse. Il faut rapporter à cette classe, les temperamens *bilieux-pituiteux-mélancoliques*, mélancoliques-bilieux-phlegmatiques, phlegmatiques-bilieux-mélancoliques.

Les temperamens different selon l'âge & le sexe.

Les temperamens varient encore beaucoup, selon l'âge & selon le sexe. Dans les enfans le temperament propre se trouve ordinairement joint au temperament bilieux-phlegmatique : dans l'adolescence, au temperament sanguin : dans le fort de la jeunesse, au temperament bilieux : dans la vieillesse, au temperament mélancolique. Les femmes généralement parlant, tiennent plus que les hommes, du temperament phlegmatique.

FIN.

TABLE

DES CHAPITRES, ARTICLES, sections, & matieres contenuës en cet ouvrage.

CHAPITRE PREMIER.

DES ELEMENS.

CHAPITRE SECOND.

DES HUMEURS.

CHAPITRE TROISIEME.

DES PARTIES SOLIDES.

FIN DE LA TABLE.

www.ingramcontent.com/pod-product-compliance
Ingram Content Group UK Ltd.
Pitfield, Milton Keynes, MK11 3LW, UK
UKHW020127220726
13923UKWH00001B/32